Springer-Lehrbuch

Weitere Bände in dieser Reihe http://www.springer.com/series/1183

Ettore Dezza

Geschichte des Strafprozessrechts in der Frühen Neuzeit

Eine Einführung

Aus dem Italienischen übersetzt und herausgegeben von
Thomas Vormbaum

Autor
Ettore Dezza
Dipartimento di Giurisprudenza
Università degli Studi di Pavia
Pavia, Italien

Herausgegeben von
Thomas Vormbaum
Institut für Juristische Zeitgeschichte
FernUniversität Hagen
Hagen, Deutschland

Übersetzung der italienischen Ausgabe: Lezioni di storia del processo penale, © Pavia University Press 2013. Alle Rechte vorbehalten

ISSN 0937-7433
Springer-Lehrbuch
ISBN 978-3-662-53243-0   ISBN 978-3-662-53244-7 (eBook)
DOI 10.1007/978-3-662-53244-7

Die Deutsche Nationalbibliothek verzeichnet diese Publikation in der Deutschen Nationalbibliografie; detaillierte bibliografische Daten sind im Internet über http://dnb.d-nb.de abrufbar.

© Springer-Verlag Berlin Heidelberg 2017
Das Werk einschließlich aller seiner Teile ist urheberrechtlich geschützt. Jede Verwertung, die nicht ausdrücklich vom Urheberrechtsgesetz zugelassen ist, bedarf der vorherigen Zustimmung des Verlags. Das gilt insbesondere für Vervielfältigungen, Bearbeitungen, Übersetzungen, Mikroverfilmungen und die Einspeicherung und Verarbeitung in elektronischen Systemen.
Die Wiedergabe von Gebrauchsnamen, Handelsnamen, Warenbezeichnungen usw. in diesem Werk berechtigt auch ohne besondere Kennzeichnung nicht zu der Annahme, dass solche Namen im Sinne der Warenzeichen- und Markenschutz-Gesetzgebung als frei zu betrachten wären und daher von jedermann benutzt werden dürften.
Der Verlag, die Autoren und die Herausgeber gehen davon aus, dass die Angaben und Informationen in diesem Werk zum Zeitpunkt der Veröffentlichung vollständig und korrekt sind. Weder der Verlag noch die Autoren oder die Herausgeber übernehmen, ausdrücklich oder implizit, Gewähr für den Inhalt des Werkes, etwaige Fehler oder Äußerungen.

Gedruckt auf säurefreiem und chlorfrei gebleichtem Papier

Springer ist Teil von Springer Nature
Die eingetragene Gesellschaft ist Springer-Verlag GmbH Germany
Die Anschrift der Gesellschaft ist: Heidelberger Platz 3, 14197 Berlin, Germany

Vorwort

Unter den Denkmustern, die in der Geschichte der Rechtswissenschaft besonders tiefe Wurzeln geschlagen haben, nimmt die Gegenüberstellung von akkusatorischem und inquisitorischem Strafprozess eine Stellung von höchster Bedeutung ein. Die Dichotomie „akkusatorisch/inquisitorisch" reicht zwar, historisch betrachtet, sehr weit zurück, wird aber bis heute allgemein verwendet, weil sie trotz ihrer offenkundigen Rigidität dem Gelehrten des Strafrechts ein Arbeitsinstrument von besonderer Gestaltungsfähigkeit an die Hand gibt, das mit besonderer Effizienz zur Interpretation, zum Verständnis und zur Klassifizierung sowohl der Formen der Strafjustiz, die sich in der Praxis herausgebildet haben, als auch der Entscheidungen der Gesetzgeber beiträgt. Zugleich vermag die Heranziehung des Binoms Anklage/Inquisition – das auch aus der Perspektive der Rechtsvergleichung besondere Möglichkeiten eröffnet – mit großer Klarheit die zahlreichen Widersprüche aufzudecken, welche die Strafrechtssysteme der Vergangenheit und mehr noch die modernen zeitgenössischen Strafrechtssysteme aufweisen, denn diese sind geprägt von eindeutigen, von hybriden und oft von nicht eindeutigen Entscheidungen, aus denen überaus häufig (mitunter unbewusst, mitunter mit bewusster Begründung) Reste vorangegangener Zustände wieder auftauchen. Von diesen Überlegungen ausgehend will der vorliegende Band die wesentlichen Aspekte des langen Weges von Lehre und Gesetzgebung beschreiben, der im Zeitraum vom gemeinen Recht bis zu den Reformen des Aufklärungszeitalters als Schwerpunkt das Thema der Alternative – und der Entscheidung – zwischen dem akkusatorischen und dem inquisitorischen Modell gehabt hat. Es handelte sich um einen Entwicklungsgang, der bewegt und reich an polemischen Stellungnahmen war und den nicht wenige Spitzenvertreter der europäischen Rechtskultur mit einflussreichen Äußerungen begleitet haben. Dieser Entwicklungsgang bildet das Fundament und die notwendige Voraussetzung der intensiven und mitunter rauen Diskussion über die Formen des Verfahrens und die prozessualen Institute, die auch heute noch, nachdem sie sich über das gesamte Kodifikationszeitalter hingezogen hat, nicht aufhört, die Aufmerksamkeit all derer zu erregen, welche die Strukturen der Strafjustiz als ein Lackmuspapier (nicht nur) der Rechtskultur ansehen.

Pavia, Italien   Ettore Dezza

Inhaltsverzeichnis

1	**„Interest reipublicae ne crimina remaneant impunita"**.	1
1.1	Inquisitorisches und akkusatorisches Prozedieren.	1
1.2	Zu den Ursprüngen des Dualismus „akkusatorisch/inquisitorisch".	4
1.3	Die kommunale Justiz im 13. Jahrhundert	6
1.4	Gewohnheitsrecht und Verfahren ex officio bei Albertus Gandinus.	8
2	**Die Ausbreitung des inquisitorischen Modells**.	15
2.1	Die fortschreitende Erosion des akkusatorischen Verfahrens	15
2.2	Die Voraussetzungen des römisch-kanonischen Inquisitionsprozesses.	17
2.3	Das 15. Jahrhundert: Angelus Aretinus und die *inquisitio* als Grundstruktur des Strafprozesses	19
2.4	Das 16. Jahrhundert: Egidio Bossi und die verbliebenen Widersprüche zwischen Lehre und Praxis	22
3	**Das konsolidierte System bei Julius Clarus**.	25
3.1	Das Verfahrensmodell der Blütezeit des gemeinen Rechts und die italienische Kriminalistik	25
3.2	Der Liber Quintus des Julius Clarus und die Inquisition als gewöhnliche Verfahrensart.	26
3.3	Die Merkmale des modus procedendi im 16. Jahrhundert	29
3.4	Die Tätigkeit der Privatperson als praeambulum legitimum der Inquisition	31
3.5	Die desuetudo des Akkusationsprozesses	33

4	Pour pourvoir au bien de notre justice.	37
	4.1 Die europäische Dimension der inquisitorischen Revolution	37
	4.2 Die Ursprünge des französischen Inquisitionsmodells	39
	4.3 Die Ordonnance von Blois (1498).	40
	4.4 Die Ordonnance von Villers-Cotterêts (1539).	41
	4.4.1 Die Verfahrensabschnitte.	42
	4.4.2 Die Etablierung des inquisitorischen Verfahrens in Frankreich.	43
5	Die Constitutio Criminalis Carolina.	45
	5.1 Die Vorläufer der Carolina	45
	5.1.1 Die Wormser Reformation.	47
	5.1.2 Die Maximilianischen Halsgerichtsordnungen	47
	5.1.3 Die Bambergische und die Brandenburgische Halsgerichtsordnung	48
	5.2 Der Erlass der Carolina	48
	5.2.1 Ein allgemeines inquisitorisches Verfahrensmodell im Sinne der Lehre	49
	5.2.2 Die Inquisition.	50
	5.2.3 Folter und „redliche anzeygung".	51
	5.2.4 Der „entliche Rechtstag".	53
	5.2.5 Die Aktenversendung	54
6	Die gesetzliche Konsolidierung des inquisitorischen Modells im übrigen Europa und in Italien	57
	6.1 Die weiteren europäischen Geschehnisse	57
	6.1.1 England	57
	6.1.2 Spanien	58
	6.1.3 Niederlande	58
	6.2 Die Lage in Italien.	59
	6.3 Die „Constitutiones Dominii Mediolanensis" (1541).	60
	6.4 Das Vierte Buch der „Novi Ordini" Emanuele Filibertos von Savoyen (1565)	62
	6.5 Strafjustiz und moderner Staat	64
7	Praxis und Lehrtradition in Italien vom 16. bis zum 18. Jahrhundert	67
	7.1 Der Primat der Praxis	67
	7.2 Der Strafprozess der „Praktiken": ein Verfahren mit variabler Struktur.	68
	7.3 Ein Modell: Die eklektische Position des Prospero Farinacci	73
	7.4 Eine Stimme außerhalb des Chores: Die skeptische Rationalität des Giovanni Battista De Luca	75
	7.5 Die letzte Etappe der „Pratiche criminali"	78
	7.6 Die Synthese des 17. Jahrhunderts bei Tommaso Maurizio Richeri	79

8	Die europäische Strafrechtswissenschaft im 15. bis 18. Jahrhundert und die Reaktionen in der Lehre auf das inquisitorische System	83
8.1	Die systemtreuen Juristen	83
	8.1.1 Joost Damhouder	83
	8.1.2 Benedict Carpzov	84
	8.1.3 Johann Böhmer	87
8.2	Die Reaktionen auf die großen Ordonnanzen des 16. Jahrhunderts.	88
8.3	Die ersten Schritte der Opposition in der Lehre gegen das inquisitorische Modell	89
8.4	Humanistische Polemik und Idealisierung des akkusatorischen Modells im Werk von Pierre Ayrault	91
8.5	Tiberio Deciani und die „Wiederentdeckung" des akkusatorischen römischen Modells	92
9	Vorschläge und Debatten im Zeitalter des naturrechtlichen Rationalismus: Anton Matthaeus und Christian Thomasius	95
9.1	Das „Manifest" des Anton Matthaeus	95
	9.1.1 Der akkusatorische Ansatzpunkt	96
	9.1.2 Die Beschränkung der Inquisition und die Statuten von Utrecht.	97
	9.1.3 Vorläufer einer kulturellen Entwicklung	99
9.2	Auf dem Wege zur aufklärerischen Kritik: Christian Thomasius	99
	9.2.1 Definition und Unterscheidungsmerkmale des Inquisitionsprozesses	101
	9.2.2 Der Strafprozess im Lichte der Vernunft und des Naturrechts.	103
	9.2.2.1 Die naturrechtliche Prägung der accusatio	103
	9.2.2.2 Ermessen und Beweissystem	105
	9.2.2.3 Verleumdung und antikanonistische Kritik	105
	9.2.3 Eine pragmatische, laizistische und rationale Reform	106
10	Anklage und Inquisition in der Lehre der Aufklärungsepoche	109
10.1	Grundprinzipien der strafrechtlichen Aufklärung	109
10.2	Die neuen Bedeutungen einer alten Debatte	110
10.3	Beccaria und der Strafprozess	112
10.4	Paolo Risi, der „Seilschaftsführer"	114
10.5	Die Stellung Luigi Cremanis	116
10.6	Die Lehre Montesquieus (und Beccarias)	118
10.7	Die ideologische Matrix der Positionen Cremanis	119

10.8		Strafprozess und bürgerliche Freiheit bei Filippo Maria Renazzi	120
10.9		Die Unzuträglichkeiten des akkusatorischen Modells nach Ansicht von Schmid D'Avenstein	123
10.10		Die kritische Zustimmung Renazzis zum inquisitorischen Modell	124
10.11		Eine Stimme ohne Unsicherheiten: Alberto De Simoni	125
10.12		Das komplexe Bild der 70er Jahre	129
10.13		Der Standpunkt Pietro Verris	130

11 Konkrete Reformen, theoretische Konstruktionen und operative Vorschläge an der Schwelle zum Kodifikationszeitalter 133

11.1	Die Strafrechtsreformen des aufgeklärten Absolutismus		133
	11.1.1	Österreich	133
	11.1.2	Italien	135
		11.1.2.1 Die Leopoldina	136
		11.1.2.2 Die „Norma Interinale per la Lombardia austriaca"	137
11.2	Die zentrale Bedeutung der Verfahrensreform im Denken Gaetano Filangieris		138
11.3	Anklage und Inquisition im Vergleich		139
11.4	Die Rekonstruktion des akkusatorischen Systems		142
11.5	Inquisition als Ausnahme-Institut		143
11.6	Die Eigenschaften von Filangieris Reformentwurf		145
11.7	Garantismus und akkusatorisches Modell bei Francesco Mario Pagano		146
11.8	Die Ineffizienz der Anklage in der monarchischen Regierungsform		149
11.9	Die Vorschläge Paganos		149
11.10	Abschließende Betrachtungen		152

Ergänzende Hinweise auf deutschsprachiges Schrifttum 155

Kapitel 1
„Interest reipublicae ne crimina remaneant impunita"

1.1 Inquisitorisches und akkusatorisches Prozedieren

In der Materie des Strafprozesses erscheint die europäische Rechtstradition sowohl auf der Ebene der Lehre als auch in der Gesetzgebung gekennzeichnet durch eine offenkundige Entgegensetzung von Verfahrensformen inquisitorischer und solchen akkusatorischer Natur.

Hier gilt es vorab einige Begriffe zu klären. Was versteht man unter „inquisitorischem Modell" und was unter „akkusatorischem Modell"? Dabei ist festzuhalten, dass selbstverständlich die Bestimmung der Unterscheidungsmerkmale des jeweiligen Modells nicht aus einer bloßen gedanklichen Konstruktion abgeleitet werden kann, sondern das Ergebnis einer im Wesentlichen historischen Erkenntnis und Aufnahmebereitschaft sein muss. Mit anderen Worten: Begriffe wie „akkusatorisch" bzw. „inquisitorisch" müssen jeweils mit dem Bewusstsein der Komplexität der Ereignisse, aus denen sie hervorgegangen sind, verwendet werden, also mit Bezug auf reale Entscheidungen und Situationen.

Das Verfahren inquisitorischer Art wird deshalb historisch interpretiert

a) als Ausdruck des Prinzips der Autorität, verbunden mit Elementen der Entwicklung der Konzentration öffentlicher und staatlicher Gewalten;
b) als Reaktion auf gesellschaftlich-politische Situationen, welche besonders turbulent und/oder durch eine verbreitete Kriminalität gekennzeichnet sind.

In beiden Fallgestaltungen (die sich natürlich nicht ausschließen und ohne weiteres zusammentreffen können) wird das inquisitorische Verfahren ferner als das besonders geeignete Instrument zur Befriedigung der Forderungen nach einer raschen, strengen und wirksamen strafrechtlichen Bekämpfung angesehen.

Es ist – immer aus historischer Sicht – in erster Linie gekennzeichnet durch die Initiative von Amtswegen des Richters und durch die beachtliche Konzentration der Befugnisse (häufig sind es Ermessensbefugnisse) in den Händen des letzteren. Der Richter nämlich bringt nicht nur das Verfahren in Gang, sondern beendet es auch (durch das Urteil oder durch Entscheidungen anderer Art) und leitet alle Verfahrensabschnitte, insbesondere in dem entscheidenden Moment der Auswahl und der Aufnahme der Beweise.

Das inquisitorische Verfahren ist ferner gekennzeichnet durch folgende weitere Eigenschaften:

a) Konzentration der Funktionen von Anklage und Urteil (in extremen Fällen auch der Funktion der Verteidigung) in der einzigen Person des Richters;
b) daraus folgend das Fehlen eines über den Parteien stehenden unparteilichen Richters;
c) Einschränkung (und in extremen Fällen Ausschluss) der prozessualen Rolle der privaten Parteien (Verletzter und Beschuldigter), vor allem im Hinblick auf Beweisanträge;
d) Beschränkung des Rechts auf (Selbst-)Verteidigung;
e) Fehlen oder bloß marginale Existenz der professionellen Verteidigung (Advokat als Verteidiger oder andere Form des Beistandes);
f) regelmäßige Anwendung der Untersuchungshaft (Der Beschuldigte wird der persönlichen Freiheit auf der Grundlage einer Schuldvermutung beraubt.);
g) Umkehrung der Beweislast (Es ist Aufgabe des Beschuldigten, seine Unschuld zu beweisen, auch dies auf der Grundlage der Schuldvermutung.);
h) Heimlichkeit (Die Ergebnisse der Beweisaufnahme, in extremen Fällen sogar die Beschuldigung, werden erst nach der richterlichen Untersuchung bekannt gegeben.);
i) Schriftlichkeit (Alle Verfahrensabschnitte, insbesondere die Ergebnisse der Beweisaufnahme, werden in einer eigenen Prozessakte streng protokolliert; diese bildet die Grundlage für die Entscheidung der Sache.);
j) Entwicklung eines Beweissystems, das auf dem System der gesetzlichen Beweise beruht (d. h. auf dem zuvor feststehenden Wert der verschiedenen Beweistypen) und infolgedessen auf die Erlangung der „Königin der Beweismittel" *(regina probationum),* nämlich das Geständnis des Beschuldigten, zielt, das gegebenenfalls auch durch die Anwendung der gerichtlichen Folter zur Ermittlung der Wahrheit („durch Entreißen der Wahrheit") erlangt wird;
k) Einseitige Beweisaufnahme durch den Richter im Wege der Ermittlung;
l) Fehlen einer Verhandlungsphase;
m) Veränderbarkeit des Verfahrensganges (d. h. der Richter kann unter bestimmten Voraussetzungen und innerhalb bestimmter Grenzen die Abfolge der Verfahrensabschnitte modifizieren, um das Verfahren schneller und effizienter zu machen);
n) Veränderbarkeit der Verfahrensergebnisse (d. h. der Richter hat einen ganzen Fächer von Modalitäten zur Hand, um auch vorläufig aus dem Verfahren „auszusteigen", ist also nicht auf Verurteilung und Freispruch begrenzt, kann beispielsweise zu einer außerordentlichen Strafe verurteilen, die milder als nach dem gesetzlichen Strafrahmen ist und berechnet wird nach dem Zusammentreffen von Indizien und nach der *qualitas delicti et personae;* er kann mit der Instanzentbindung *[absolutio ab instantia]* den Beschuldigten bei offenem Verfahren entlassen, er kann ihn für eine bestimmte Zeit durch einen Verbannungsbeschluss *[bannum]* ins Exil schicken, er kann seine Freilassung *cum cautione* oder *cum fideiussione* anordnen, er kann mit einem Beschluss des *amplius cognoscendum* zu weiteren Beweisaufnahmen schreiten usw.).

1.1 Inquisitorisches und akkusatorisches Prozedieren

Das Verfahren akkusatorischer Art weist im Gegensatz zum inquisitorischen Verfahren Mechanismen auf, die als besonders geeignet angesehen werden, den Schutz der Rechte zu verwirklichen und den Genuss der bürgerlichen Freiheiten zu garantieren.

Seine Merkmale erscheinen meistens als solche, die spiegelbildlich zu den inquisitorischen sind, besonders was die Auslösung des Verfahrens angeht. Das Verfahren kann frei begonnen werden (ohne dass freilich die Rechtsordnung irgendeine besondere Pflicht in dieser Hinsicht kennt) von einer beliebigen Privatperson *(quivis e populo)*, die nicht unbedingt mit der verletzten Partei identisch sein muss. Dieser Ankläger, der auch die Verantwortung dafür übernimmt, benennt dem Richter eine andere Person, bezeichnet diese als Täter einer bestimmten Straftat und beantragt, dass gegen sie die im Gesetz vorgesehene Strafe verhängt werde und – wenn der Ankläger mit der verletzten Partei identisch ist – dass auch der gehörige Schadensersatz festgesetzt werde (man beachte, dass aus diesem Grundsatz das Fehlen einer Pflicht zur Erhebung der Anklage für öffentliche Anklageorgane abgeleitet wird, das bis heute die Strafrechtsordnungen mit akkusatorischer Tradition kennzeichnet).

Unter dieser Voraussetzung gestaltet sich das akkusatorische Verfahren aufgrund eines weit zurückreichendenden und bekannten Prinzips als *actus trium personarum* („Aktion von drei Personen")[1] und in Formen, welche häufig dem Zivilprozess nahe sind. Mit anderen Worten: Das akkusatorische Verfahren verlangt für seinen Ablauf die notwendige und gleichzeitige Anwesenheit von drei unterschiedlichen Prozesssubjekten, den Ankläger, den Angeklagten und den Richter (und lässt daher prinzipiell nicht die Möglichkeit zu, ein Abwesenheitsverfahren durchzuführen). Die ersten beiden stehen auf derselben Ebene, genießen dieselben Rechte und unterliegen denselben Pflichten. Der Richter seinerseits ist eine neutrale Person, der sich in einer Position des Entscheiders *super partes* befindet. Er ist der öffentliche Garant für die Beachtung der prozessualen Förmlichkeiten und ist berufen, die Sache mit einer Verurteilung oder mit einem Freispruch abzuschließen. Die prozessuale Initiative und das Einbringen der Beweise sind hingegen streng den beiden Parteien vorbehalten, die Beweislast liegt bei dem Ankläger.

Das akkusatorische Modell zeigt ferner eine sehr starke Neigung zur Aufstellung der Grundsätze von Öffentlichkeit und Mündlichkeit (und auch Teilnahme des Volkes an der Rechtsprechung – man denke nur, im Falle Englands, an die Jury), die sich in der zentralen Bedeutung der mündlichen Verhandlung als Element der Prüfung und Diskussion des Beweismaterials, das von den Parteien benannt und eingebracht wird, und damit als Element der Beweisaufnahme und der Herstellung der prozessualen Wahrheit durch kontradiktorische Verhandlung manifestieren.

Last, not least garantiert das akkusatorische Modell breiten Raum für das Recht auf Verteidigung und insbesondere auf Heranziehung professionellen Beistandes (natürlich sowohl zugunsten des Anklägers als auch des Angeklagten)

---

[1]Der Grundsatz („*Iudicium est actus trium personarum*") wird gewöhnlich auf das Werk *De iudiciis* des Glossatoren Bulgarus († um 1166) zurückgeführt, ist in Wirklichkeit aber erst in einigen juristischen Schriften des Spätmittelalters anzutreffen.

und beschränkt tendenziell die Fälle, in denen dem Beschuldigten die persönliche Freiheit entzogen wird (gemäß einem Prinzip, das mit fortschreitender Zeit als Unschuldsvermutung bezeichnet und kodifiziert wird).

1.2 Zu den Ursprüngen des Dualismus „akkusatorisch/ inquisitorisch"

Die Dichotomie „Anklage/Inquisition" durchzieht, die Entwicklung der politischen und gesellschaftlichen Institutionen von Mittelalter und Früher Neuzeit begleitend, die gesamte historische Praxis des europäischen gemeinen Rechts vom 12. bis zum 18. Jahrhundert. Offen für – häufig widersprüchliche – Einflüsse sowohl des römischen als auch des kanonischen Rechts, zeigt sie eine Entwicklung, die sich vor allem in der immer weiteren Verbreitung des inquisitorischen Modells zum Nachteil des akkusatorischen Modells, und zwar mehr in Praxis und Gewohnheit als in Rechtsprechung und Lehre, zeigt.

Die Transformation der Inquisition von einer Form, die gekennzeichnet ist durch außerordentlichen und Ausnahmecharakter (wie er aus den justinianischen Quellen hervorgeht und noch in der Praxis der ersten Hälfte des 12. Jahrhunderts bezeugt ist), zur ordentlichen und vorherrschenden Form ist im Wesentlichen in der ersten Hälfte des 16. Jahrhunderts nach einem sich über mehrere Jahrhunderte erstreckenden Prozess abgeschlossen, führt jedoch, vor allem auf doktrineller und akademischer Ebene, nicht zur endgültigen Aufgabe der Anklage und gestattet daher die Fortsetzung einer sehr artikulierten dialektischen Beziehung, welche erst mit den Kodifizierungen endgültig verändert wird.

Im Übrigen ist auch die Ausgangslage der hier untersuchten Vorgänge alles andere als homogen. Die Zeit des Hochmittelalters (in der es ein Überwiegen der akkusatorischen Formen gibt, die sich aus der Rechtstradition der germanischen Völker und aus deren Interessenlage und Auffassung von den öffentlichen Einrichtungen herleitet) entwickelt einen Strafprozess, der sich – besonders deutlich für Straftaten, welche direkt eine Einzelperson verletzen – in Strukturen abspielt, die im Wesentlichen denen des Zivilprozesses entsprechen: Der Kläger zitiert den Beklagten vor Gericht, um durch dessen Verurteilung eine Befriedigung vornehmlich pekuniärer Art zu erlangen. Häufig wird der Rechtsstreit dadurch entschieden, dass auf besondere Rechtsinstitute zurückgegriffen wird – wie die Ordalien, den gerichtlichen Zweikampf, die Komposition in Geld oder die *compurgatio,* d. h. den Reinigungseid, also den Eid, mittels dessen der Angeklagte, unterstützt von Verwandten und Freunden, welche mit ihm schwören und daher als *compurgatores* bezeichnet werden, seine Verantwortlichkeit verneint.

Sind allerdings Straftaten begangen, deren Bestrafung im unmittelbaren öffentlichen Interesse zu liegen scheint, so sehen die langobardische und in noch größerem Umfang die fränkische Gesetzgebung ein Einschreiten vor, das einem inquisitorischen Muster entspricht, insbesondere in Zeiten, in denen die

1.2 Zu den Ursprüngen des Dualismus „akkusatorisch/inquisitorisch"

öffentlichen Strukturen besonders gefestigt erscheinen, und ganz besonders in den Zeiten größten Glanzes der karolingischen Staatsorganisation.

Während das hochmittelalterliche Modell sich auch in den Verfahren der feudalen Gerichtshöfe niederschlägt, bleibt im Italien des 11. bis 13. Jahrhunderts in der Blütezeit der Gewohnheiten und der kommunalen Satzungen zunächst eine gewisse Bevorzugung akkusatorischer Elemente und generell von Formen der Justiz mit privater und/oder transaktiver Initiative und Durchführung erhalten. Als dann in der Folgezeit sich eine immer komplexere politische Organisation entwickelt und die städtischen Organe immer umfangreichere und präzisere Rechtsprechungsfunktionen übernehmen, welche als Mittel zur Erhaltung und Überwachung des öffentlichen Friedens mittels Bekämpfung von Straftaten mit größerer Bedeutung aufgefasst werden, neigen die städtische Praxis und Gesetzgebung dazu, das ursprüngliche Verfahrensmodell zu verändern, indem sie der Inquisition immer weitere Räume eröffnen, in denen sie – zuerst für einzelne außergewöhnliche Fälle, später als allgemeines Prinzip – für den kommunalen Richter zu einer präzisen, durch entsprechende Normen sanktionierten Amtspflicht wird.

Im selben Zeitraum findet das Aufkommen und die sich verstärkende Stellung der Schule der Glossatoren und der neuen Rechtswissenschaft sich, was die Quellen der strafprozessualen Disziplin angeht, einem vielgestaltigen Panorama gegenüber.

Einerseits nämlich besteht ein römisch-justinianisches Recht, das zwar typisch inquisitorische Institutionen durchaus kennt (man braucht nur an die gerichtliche Folter zu denken), jedoch eine Organisation des Strafprozesses aufweist, die überwiegend durch akkusatorische Strukturen geprägt ist. Das *Corpus Iuris Civilis* nämlich „betrachtet auch weiterhin die Anklage als ein immer noch höchst lebendiges Institut" (Piero Fiorelli) und sammelt hierzu zahlreiche rechtswissenschaftliche Fragmente und Konstitutionen unter den Überschriften *De accusationibus et inscriptionibus* der Digesten (Dig. 48, 2) und *Qui accusare non possunt* des Kodex (Cod. 9, 1), während umgekehrt die Prozesse, welche ohne akkusatorische Förmlichkeiten ablaufen *("citra solemnia accusationum")* nur sporadisch Erwähnung finden (Cod. 9, 2, 7). Die tatsächliche Bedeutung des akkusatorischen Systems im späten Kaiserreich und in der justinianischen Epoche war in Wirklichkeit moderater, und das gerade erwähnte Missverhältnis erklärt sich vielleicht mit dem größeren Bedarf, die Tätigkeit des privaten Anklägers gegenüber derjenigen des inquirierenden Magistrats zu bestimmen. Tatsache bleibt aber, dass die justinianische Kompilation äußerlich eine Bevorzugung des akkusatorischen Modells zeigt, die sich auch schon auf frühere Werke der Strafrechtsdoktrin auswirkt (wie beispielsweise ein früher *Tractatus criminum*, verfasst von einem unbekannten Autor zwischen 1162 und 1164, zeigt), und die, wie wir sehen werden, häufig für den spätmittelalterlichen Interpreten (und nicht nur für ihn) irreführend sein sollte.

Andererseits haben die Juristen es mit einem kanonischen Recht zu tun, das sich in starker Ausdehnung befindet und vor allem mit dem Pontifikat Innozenz' III. (1198–1216) und den Beschlüssen des Vierten Laterankonzils (1215) auf theologischer Basis mit Entschiedenheit das inquisitorische Prinzip entwickelt (und es konkret anzuwenden beginnt). Die Verfahrenseinleitung *ex officio* des Richters und die Anzeige werden mit der Anklage auf die gleiche Ebene als ordentliche Mittel für die Betreibung des Verfahrens gestellt[2].

Es wird eine erste schematische Landkarte des inquisitorischen Verfahrensganges gezeichnet (Wir beziehen uns insbesondere auf die Dekretale *Qualiter et quando* von 1206, aufgegriffen von Kanon 8 des Vierten Laterankonzils), in dem das Gerücht und die Stimme der Öffentlichkeit zum virtuellen Anklagesubjekt aufsteigen. (*„quasi deferente fama vel denunciante clamore"*). Den Priestern wird definitiv verboten, einseitige Ordalien und gerichtliche Zweikämpfe zu segnen (Kanon 18 des Vierten Laterankonzils), die infolge dessen ihre Rolle als bevorzugtes Entscheidungsinstrument verlieren – die ersteren verschwinden rasch (und mit für die damalige Zeit revolutionären Folgen: in England fördert nämlich das Aussterben der Ordalien das Aufkommen der Urteilsjury), während die letzteren noch einige Zeit überleben.

1.3 Die kommunale Justiz im 13. Jahrhundert

Auf der Grundlage dieser Voraussetzungen präsentiert das 13. Jahrhundert sich als eine Epoche mit recht lebhaften Widersprüchen und Experimenten sowohl auf der Ebene der praktischen und alltäglichen Rechtsprechung der kirchlichen und kommunalen Gerichte als auch auf der Ebene der Gesetzgebung und Rechtslehre. Auch einigen besonderen Rechtsquellen des *ius proprium* fehlt es nicht an Mischformen: Der *Liber constitutionum* des Kaisers Friedrich II. von 1231 beispielsweise behält zwar das akkusatorische Verfahren als ordentliches Verfahren bei, führt jedoch eine Reihe von inquisitorischen Verfahren mit Ausnahmecharakter ein (in Fällen der Flagranz gegen *„famosi latrones"*, für Straftaten mit besonderer öffentlicher Bedeutung) und erkennt, im Gefolge des kanonischen Rechts, dem öffentlichen Gerücht eine präzise Funktion zu.

Und gerade in der kommunalen Justiz (dort auch, weil sie Ausdruck dauernder innerer Konflikte ist, welche die italienischen Städte des 13. Jahrhunderts erschüttern) zeigen sich besonders deutliche Symptome dieser bewegten Übergangsphase, die durch die Suche nach neuen Gleichgewichten in einem Umfeld starker Ausweitung der öffentlichen Institutionen gekennzeichnet und dennoch reich an widersprüchlichen Elementen ist.

In den bürgerlichen Kommunen koexistiert nämlich die öffentliche Dimension des Strafrechts noch lange mit privat geführten gerichtlichen Verfahren, in denen der Richter häufig eine bloß schiedsrichterliche Funktion ausübt. Dort geschieht

---

[2]Bezeichnend ist insofern die Tatsache, dass auf der Ebene der Lehre die Bedeutung der Inquisition als Verfahrensmodell zuerst im kanonistischen Bereich sichtbar wird: die *inquisitio* wird nämlich erstmals der *accusa*, der *denunciatio* und der *exceptio* als legitime Methode der Prozesseröffnung an die Seite gestellt von dem Kanonisten Tancredi da Bologna (ca. 1185 Bologna – ca. 1236) in seinem *Ordo iudiciarius*, der um 1216 abgeschlossen wurde. Doch bereits die Dekretale *Licet Heli* von 1199 hatte *accusatio, denunciatio, inquisitio* und das Verfahren *per crimen notorium* auf die gleiche Ebene gestellt.

1.3 Die kommunale Justiz im 13. Jahrhundert

es auch, dass Verfahren inquisitorischer Art parallel zu akkusatorischen Verfahren stattfinden. Und auch in einem und demselben Verfahren können Phasen *ex officio* und Phasen, die durch private Initiative gekennzeichnet sind, einander ablösen und damit häufig regelrechte Mischformen hervorbringen. Die akkusatorischen Elemente ihrerseits (wie häufig auch die inquisitorischen) verflechten sich mit transaktiven Formen von Justiz wie dem privaten Friedensabkommen zwischen dem Täter des Delikts und der verletzten Partei (auch weil, wie erwähnt werden muss, in vielen Fällen die Einleitung eines akkusatorischen Verfahrens gerade das Ziel verfolgt, die Gegenpartei zu einer Vereinbarung zu zwingen).

Vor diesem vieldimensionalen Hintergrund gibt es jedoch bemerkenswerte Vorgänge, welche in der Justizpraxis mit besonderer Deutlichkeit hervorstechen und mit eben solcher Deutlichkeit miteinander in Verbindung stehen als Indiz für den starken öffentlichrechtlichen Charakter, der zunehmend die Strafjustiz seit der Mitte des 13. Jahrhunderts prägt. Wir nennen einige von ihnen:

a) Die Anzahl der Straftaten, welche als öffentlich bedeutsam angesehen und daher verfolgt werden, nimmt exponentiell zu;
b) auch die Belastung und die Schwere der im öffentlichen Interesse verhängten Strafen nimmt zu;
c) die inquirierende Rolle des Richters und seine Ermessensbefugnisse gewinnen an Bedeutung;
d) es entwickeln sich scharfe Untersuchungsmethoden, unter denen die Anwendung der gerichtlichen Folter eine beschämende Rolle zu spielen beginnt;
e) und das öffentliche Gerücht, aus dem kanonischen Recht übernommen, wird als Hilfsmittel der Anklage zum Schutze des öffentlichen Interesses aufgefasst.

In dem geschilderten magmatischen Kontext bemerken die kommunalen Eliten, „dass die Strafjustiz ein entscheidendes Mittel für das Regieren ist und dass es keinen Sinn hat, sie bloß der Initiative der Verletzten zu überlassen"[3].

Parallel dazu und als grundlegender Maßstab für das Aufkommen eines öffentlichen Strafrechtssystems setzt sich unter den Juristen ein Grundsatz durch, der sich zweifellos römisch-justinianischer Wurzeln rühmen kann (z. B. in Dig. 9, 2, 51, 2: *„cum neque impunita maleficia esse oporteat"*), in Wirklichkeit aber erst seit kurzem kodifiziert ist und gerade im Bereich des kanonischen Rechts praktische Bedeutung erlangt hat (z. B. in der Dekretale *Ut famae* von 1203: *„publicae utilitatis inter[est], ne crimina remaneant impunita"*). In seiner am meisten verbreiteten Formulierung lautet dieser Grundsatz: *interest reipublicae ne crimina remaneant impunita* („Es liegt im öffentlichen Interesse, dass Verbrechen nicht ungestraft bleiben").

Gleichzeitig Folge und Ursache der im 13. Jahrhundert eingeleiteten inquisitorischen Wende, sollte dieser Grundsatz über Jahrhunderte hinweg der konstante und am meisten verbreitete Bezugspunkt der Strafrechtslehre nicht nur in Italien, sondern in ganz Kontinentaleuropa bleiben. Mit ihm wird der Gedanke formuliert,

---

[3] *Mario Sbriccoli*, Giustizia criminale, in: Lo Stato moderno in Europa. Istituzioni e diritto, hrsg. von Maurizio Fioravanti. Rom, Bari (Laterza) 2002, S. 163–205, insb. S. 167.

„dass derjenige, der eine Straftat begeht, sein Opfer schädigt, zugleich aber auch die res publica verletzt, die das Recht besitzt, sich durch die Zufügung einer Strafe Genugtuung zu verschaffen"[4], an welche sich der Schadensersatz des verletzten Privatinteresses anschließen kann. Um diesen Grundsatz umzusetzen, kann man die verletzte Partei wohl zur Anklage „zwingen" (wie es dann einige Juristen auch vorschlagen), doch das auf die Dauer wirksamere Mittel sollte – vor allem in der gerichtlichen Praxis – die Verfahrensbetreibung *ex officio* des Richters werden, der, wenn er von der Begehung eines Verbrechens Kenntnis erlangt hat, auch die Funktionen des Anklägers übernehmen soll und die Inquisition in Gang bringen soll und hierbei Methoden anwendet, die auf lange Sicht schneller und „sicherer" für die Gewinnung der Beweise sind, welche die Schuld des Beschuldigten zu beweisen vermögen.

1.4 Gewohnheitsrecht und Verfahren ex officio bei Albertus Gandinus

Ein wertvolles Zeugnis für eine Lage, die am Ende des 13. Jahrhunderts als noch recht flüssig erscheint, ist das Werk eines Richters, der gerade in den Gerichten der städtischen Kommunen tätig war: Albertus Gandinus, „erster und größter erfolgreicher Lehrbuchverfasser" (Domenico Maffei) des Strafrechts im Zeitalter des gemeinen Rechts[5].

Verfasst in den letzten Jahren des 13. Jahrhunderts und den allerersten Jahren des 14. Jahrhunderts, zieht sein Werk *De maleficiis*[6] – auch wenn es sich in vielen Fällen um eine regelrechte Montage handelt – Schriften und Passagen nicht weniger Autoren des späten 13. Jahrhunderts heran, von Accursius bis Odofredo, von Azzo bis Dino del Mugello, von seinem Lehrer Guido da Suzzara bis zu Jacopo d'Arena, um schließlich beim *Speculum iudiciale* des Franzosen Guillaume Durand (Guilelmus Durantis) zu enden, dem ersten großen europäischen

---

[4]Ebd., S. 168.

[5]Albertus Gandinus (Alberto da Gandino) (Crema vor 1245 nach 1310), wahrscheinlich Schüler des Guido da Suzzara in Reggio Emilia oder in Bologna, ist ein Richter von Profession und mit hoher Bildung, der seit 1280 für ca. 30 Jahre bei den Podestà-Kurien zahlreicher Städte Nord-Mittelitaliens aktiv ist: Lucca, Perugia, Florenz, Bologna, Siena, Fano (wo er Podestà ist), Florenz.

[6]Ursprünglich konzipiert als *libellus* für die Praxis, bildet *De maleficiis* eine Art von offenem Werk, auf das der Autor bei mehreren Gelegenheiten mit Ergänzungen und Änderungen zurückkommt. Eine erste Abfassung geht auf jene Jahre zurück, in denen Gandinus Beisitzer in Perugia war (1286/1287). Das Werk ist sodann bis 1301 während Aufenthalten in Bologna, Siena und Perugia aktualisiert worden. *De maleficiis*, das die Verleger des 16. Jahrhunderts der Kategorie der *tractati* zuordneten, ist erstmals im Jahre 1491 in Venedig im Druck erschienen.

1.4 Gewohnheitsrecht und Verfahren ex officio bei Albertus Gandinus   9

restatement der gesamten Prozessrechtsmaterie[7]. *De maleficiis* integriert ferner nahezu vollständig zwei vorhergehende Bücher, das anonym veröffentlichte und umstrittene *De tormentis in materia di tortura* (das mitunter Guido da Suzzara zugeschrieben wird) sowie das Werk *De fama* des Bolognesers Tommaso da Piperata, ferner eine Reihe von *quaestiones ex facto emergentes di varia origine,* die häufig Problemen der statutarischen Gesetzgebung gewidmet sind. Auf der Grundlage einer umfassenden Kenntnis der justinianischen und der kanonischen Quellen (grundlegend für die Behandlung der Inquisition ist die Heranziehung des *Liber Extra* von 1239 und darin des Kapitels *Qualiter et quando* des Titels *De accusationibus,* der auf der schon erwähnten Dekretale von 1206 beruht), aber auch der *Lombarda* (einer Sammlung langobardischer Rechtsquellen), der Munizipal-Satzungen und der Gewohnheiten, aber auch aus Kanälen außerhalb der Buchproduktion sowie häufig aus persönlichen Berichten schöpfend, macht Albertus Gandinus, bestens informiert, ein breites und abwechslungsreiches Material fruchtbar und ordnet es mit technischer Erfahrung und eindrucksvollem Stil. Auf diese Weise vermag er einerseits ein umfassendes Bild der in der Lehre und Praxis seiner Zeit herrschenden Meinungen und Schlüsse zu zeichnen, andererseits die zahlreichen offenen Probleme zu benennen, zu denen er bereitwillig Lösungsvorschläge anbietet.

Als Text, der von einem Praktiker geschrieben und für die Praxis bestimmt, jedoch keineswegs ohne wissenschaftlichen Wert ist, entwickelt *De maleficiis* die Diskussion der strafrechtlichen Themen aus einer prozessualen Perspektive, in der das akkusatorische Modell auf den ersten Blick eine überwiegende Rolle zu spielen scheint. Die ersten fünf Abschnitte des Werkes bestimmen nämlich auf gründliche Weise die Merkmale dieses Verfahrens.

Der erste – *„Quid sit accusatio et quando accusator sit necessarius"* – bestimmt zunächst unter Verwendung alter romanistischer Formeln die Anklage, die nichts anderes sei, als jemanden als eines Verbrechens schuldig im Anklage-Libell anzuzeigen *(„accusare autem nihil aliud est, quam deferre aliquem reum criminis in libello").* Sodann stellt er den – auf den bekannten Bericht des Johannesevangeliums (Joh. 8, 10–11) über Christus und die Ehebrecherin gestützten – Grundsatz auf, dass das Vorhandensein eines Anklägers für den Prozess und für die Verurteilung bei öffentlichen wie bei privaten Verbrechen notwendig sei. Schließlich befasst er sich mit den zahlreichen Spezialfällen, in denen der Richter ohne Ankläger *ex*

---

[7]*Guillaume Durand* (ca. 1230 Puimisson – 1296 Rom), in Italien besser bekannt als *Guglielmo Durante* (und in Deutschland in der latinisierten Form *Guilelmus Durantis* – so im folgenden Text genannt), promoviert 1264 in Bologna und lehrt seit 1264 kanonisches Recht in Modena. Später erhält er einen Ruf nach Rom und arbeitet in der päpstlichen Verwaltung. 1274 ist er beteiligt an der Abfassung der Konstitutionen des zweiten Konzils von Lyon. Als päpstlicher Legat nach Bologna entsandt, wird er 1283 Gouverneur der Romagna und der Mark Ancona. 1286 wird er zum Bischof von Mende in Frankreich ernannt, bleibt aber bis 1291 in Italien. 1295 lehnt er die Ernennung zum Erzbischof von Ravenna ab. Das *Speculum iudiciale* geht in erster Fassung auf das Jahr 1271 zurück und wird 1286 und 1291 überarbeitet. Das Werk zeichnet sich aus durch Klarheit und durch den herausragenden praktischen Sinn, mit dem die prozessualen Materien des Zivil- und Strafrechts wie des kanonischen Rechts dargestellt werden.

officio tätig werden kann, vertritt jedoch – auf der Grundlage des bekannten und bereits erwähnten Grundsatzes *interest reipublicae ne crimina remaneant impunita* – die Auffassung, dass der Richter bei Vorliegen bestimmter Voraussetzungen die verletzte Partei zwingen kann, im öffentlichen Interesse die Anklage zu erheben *(„quia expedit rei publicae ne maleficia remaneant sine pena")*.

Der zweite Abschnitt – *„Qui possunt accusare et qui non"* – formuliert den Grundsatz, dass jedermann Ankläger sein könne, diskutiert aber auch sämtliche möglichen Ausnahmen.

Der dritte Abschnitt – *„Qui accusari possunt et qui non"* – widmet sich der Lösung einiger spezifischer Probleme, beispielsweise dessen, ob es möglich sei, Abwesende anzuklagen, ob eine weitere Anklage gegen dieselbe Person wegen derselben Straftat möglich sei, wenn sie bereits in einem inquisitorisch betriebenen Verfahren freigesprochen worden ist.

Der vierte Abschnitt – *„Qualiter fiat ipsa accusatio"* – benennt die formalen Kriterien für die Wirksamkeit der Anklage und beschreibt insbesondere die Merkmale des Anklage-Libells. In diesem Zusammenhang steht die Bemerkung zur Bedeutung dieser Einrichtung:

Heute aber wird in ganz Italien gewohnheitsmäßig als Grundsatz beachtet, dass der Libell nicht ausgehändigt wird, sondern eine einfache Anklage erhoben wird, deren Wahrheit der Ankläger beschwört und die danach so in das Register der Kommune eingetragen wird.	*Hodie autem de consuetudine communiter per totam Italiam observatur, quod libellus non datur, sed simplex accusatio fit, quam accusator iurat, veram esse, et sic scribitur postea in quaterno communis.*

Der fünfte Abschnitt – *„Qualiter advocati circa accusationem se debeant continere"* – beschreibt die Rechte und Pflichten der Beistände und verschmäht es auch nicht, eine Reihe von praktischen Ratschlägen zu geben.

In den drei nachfolgenden Abschnitten geht es hingegen um die Beschreibung der Verfahren durch Anzeige, durch Inquisition und durch Einspruch *(„per denuntiationem", „per inquisitionem", „per exceptionem")*. Es handelt sich um Verfahrensmodelle, die abermals auf den ersten Blick durch ihren Gelegenheitscharakter oder durch ihren Ergänzungscharakter gekennzeichnet zu sein scheinen. Insbesondere der Raum, welcher der *denunciatio* und der *exceptio* eingeräumt wird, ist sehr klein. (Auf das Verfahren durch Inquisition werden wir sogleich zurückkommen).

Denuntiare bedeutet, jemanden als Täter eines Verbrechens anzeigen *(„deferre aliquem reum criminis")*. Die darauf folgende prozessuale Form – die, wie Gandinus bemerkt, kanonische Wurzeln besitzt – weist wenige klare Umrisse auf und liegt zwischen dem Anklageprozess, von dem sie einige Merkmale beibehält (wie die Verpflichtung, an der Anzeige festzuhalten und mit ihr fortzufahren), und dem Inquisitionsprozess, den sie – wie auch Durantis bezeugt – meistens in Gang setzt. Der grundlegende Unterschied zur *accusatio* besteht darin, dass derjenige, der anzeigt, nicht den Bindungen und Lasten, die für den Ankläger gelten, unterworfen ist, beginnend mit der Einreichung des Anklage-Libells und der *inscriptio ad poenam talionis*, mit der im römischen Recht der Ankläger verbunden wird, die Talionsstrafe zu erleiden, d. h. dieselbe Strafe, welche für die Straftat gilt, die Gegenstand einer leichtfertigen oder verleumderischen Anklage ist. Es bleibt natürlich – bemerkt

1.4 Gewohnheitsrecht und Verfahren ex officio bei Albertus Gandinus

Gandinus – die Tatsache, dass auch dann, wenn man im Wege der Anklage vorgeht, das Wichtigste ist, dass Verbrechen nicht unbestraft bleiben. Und dies ist der Grund, warum das Gewohnheitsrecht gestattet, die *inscriptio* zu umgehen:

Nach der Gewohnheit ist es nicht nötig, die *inscriptio* vorzunehmen, denn träfe es zu, dass man sie vornehmen müsse, so würde man nur wenige Menschen finden, die bereit sind, sich zur Strafe der Talion zu verpflichten [...], denn der Beschuldigte kann ja freigesprochen werden [...], und damit würden aus Angst vor der Talionsstrafe viele Straftaten unbestraft bleiben, was nicht sein darf.	*inscriptionem de consuetudinem non esse faciendam; nam, si hoc esset verum, quod deberent fieri, pauci homines invenirentur, qui se vellent obligare ad penam talionis [...] quoniam possit reus absolvi [...] et sic timore pene subscriptionis multa maleficia remanerent impunita, quod esse non debent.*

Das Verfahren durch Einspruch wiederum wird gegen Ankläger, Zeugen und jene betrieben, die falsche Dokumente produzieren (und auch gegen denjenigen, der beantragt, in ein bestimmtes Amt befördert zu werden). Der Zweck der *exceptio* besteht nicht darin, eine Strafe zu verhängen (denn derjenige, der Einspruch erhebt, klagt ja nicht an, und gemäß allgemeinem Grundsatz kann, wenn es an der Anklage fehlt, auch keine Verurteilung erfolgen), vielmehr darin, Anklagen oder Anklagemittel zurückzuweisen, um die Strafe zu vermeiden. Anders ausgedrückt: Sie dient einzig und allein dazu, die Anklage zu verhindern (wegen Falschheit oder wegen Fehlens von Voraussetzungen), einen Zeugen zurückzuweisen und den Wert von falschen oder verdächtigen Dokumenten zu widerlegen oder zu schwächen (aber auch, um denjenigen abzuweisen, der ein bestimmtes Amt erlangen möchte).

Die typologische Darstellung der Verfahrensformen schließt – nach einer umfänglichen Untersuchung, die sich über mehr als acht Abschnitte von *De maleficiis* erstreckt und worin es vor allem darum geht, die Begriffe des öffentlichen Gerüchts *(fama)*, des schlechten Leumunds *(infamia)*, der Vermutung *(presumtio)* und des Indizes *(indicium)* zu bestimmen und zu diskutieren – mit der Prüfung der äußerst summarischen Merkmale, die eine fünfte Verfahrensform erwerben kann, die im Falle des notorischen Verbrechens *(crimen notorium)* angewendet wird[8].

---

[8]Bereits im Vorwort von *De maleficiis* stellt Gandinus klar, dass es fünf Arten der Erkenntnis von Straftaten gibt: *„per accusationem, denunciationem, inquisitionem, exceptionem et quando crimen est notorium"*. Diese typologische Einteilung der Prozessformen ist exakt deckungsgleich mit derjenigen, die im dritten Teil des *Speculum iudiciale* dargestellt ist, wo Durantis fünf Arten des gerichtlichen Vorgehens in Strafsachen unterscheidet, nämlich *„per accusationem"* (und dies ist die regelmäßige Form: *„et hoc est regulare"*), *„per denunciationem"*, *„per inquisitionem"*, *„excipiendo"* und schließlich *„extraordinarie"* (diese letztere Form erfasst das Verfahren *per crimen notorium*). Wir haben bereits bemerkt, dass im Bereich der Lehre die Bedeutung der Inquisition als Verfahrensmodell sich zuerst im Bereich der Kanonistik manifestiert, denn erstmals wird die *inquisitio* den anderen legitimen Methoden der Einleitung des Verfahrens gleichgesetzt im *Ordo iudiciarius* des Kanonisten Tancredi da Bologna (1216). Im Bereich des *ius civile* verfasst gegen Mitte des 13. Jahrhunderts Martino da Fano (ca. 1190 Fano – nach 1272 Bologna) eine *Summula super materia inquisitionum*, die fast ausschließlich auf justinianischen Texten (aber auch auf solchen des langobardischen Rechts) fußt und in der die *inquisitio* als eine der vier grundlegenden prozessualen Mechanismen zur Beweisaufnahme in Strafsachen *(accusatio, denunciatio, delatio, inquisitio)* angesehen wird.

Aus diesem aufgefächerten Panorama erschließt sich – vor allem auf der Ebene der Entwicklung der Lehre und in voller Übereinstimmung mit den römischrechtlichen Quellen – ein scheinbares Übergewicht des akkusatorischen Systems. Das am meisten kennzeichnende Faktum bildet jedoch der Umstand, dass dieses Übergewicht in Wirklichkeit durch eine immer weiter sich ausbreitende Präsenz der Inquisition in der Praxis auf eine harte Probe gestellt wird.

Dem Verhältnis zwischen den beiden Modellen – Anklage und Inquisition – widmet Gandinus vor allem die Paragrafen 3 und 4 des 7. Abschnitts von *De maleficiis: „Quomodo de maleficiis cognoscatur per inquisitionem"*. Nachdem er zunächst mit der Verfahrenseinleitung *ex officio* des Richters den besonderen und unterscheidenden Charakter der Inquisition bezeichnet hat, bekräftigt Gandinus als erstes den allgemeinen, bereits im ersten Abschnitt des Werkes aufgestellten Grundsatz, dass der Richter nicht sämtliche Verbrechen untersuchen kann, weil, wenn es an einem Ankläger fehlt, das Betreiben eines Prozesses und die Verhängung einer Strafe nicht gestattet seien *(„super quolibet crimine non potest nec debet inquirere, quia legitur quod sine accusatore criminis cognitio et pene impositio non procedunt")*. Es gebe allerdings zahlreiche Fälle, in denen sowohl nach dem *ius civile* als auch nach dem kanonischen Recht dem Richter die Möglichkeit gegeben sei, *ex officio* vorzugehen; und diese Fälle, die bereits bei der Behandlung der *accusatio* erwähnt worden seien, werden nun erneut mit skrupulöser Genauigkeit aufgelistet[9].

In einer Zusammenfassung des Gedankengangs scheint Gandinus am Ende mit der erneuten Bekräftigung zu schließen, dass *de iure civili* in der Regel eine Anklage erforderlich ist *(„regulariter necessaria est accusatio"),* und dass nach dem kanonischen Recht man ebenfalls der Regel nach nicht im Wege der Inquisition vorgeht *(„regulariter non proceditur per inquisitionem"),* außer in speziellen und bereits dargelegten Fällen *(„sed utroque iure in casibus specialibus potest procedi per inquisitionem officio iudicis, quos casus notavi supra").* Aber dies ist eben das, was *„regulariter"* zu geschehen hat. Die Realität des alltäglichen Justizgeschäftes aber ist eine ganz andere. Dies bezeugt der folgende Passus in *De maleficiis*, der unmittelbar an die soeben zusammengefassten folgt. Es handelt sich um den „berühmtesten und in der gesamten Geschichte des gemeinen Strafprozessrechts zitierten Satz"[10], da er einen fundamentalen Knotenpunkt in der gesamten hier behandelten Materie bezeichnet:

---

[9]Für das *ius civile* umfasst die Liste zwanzig Fälle und wird höchstwahrscheinlich von Durantis' *Speculum iudiciale* aufgegriffen. Für das kanonische Recht sind die Bedingungen, unter denen die Inquisition *ex officio* aufgenommen werden darf, die von der Dekretale *Qualiter et quando* des *Liber Extra* aufgestellten. Wir bemerken allerdings, immer zum Thema *inquisitio*, dass Gandinus bei mehreren Gelegenheiten unter Heranziehung eines von der *Lombarda* (2.25.15) übernommenen Textes von König Pippin, den er allerdings sehr weit auslegt, bemerkt, dass es nach langobardischem Recht möglich sei, für jede Straftat das Inquisitionsverfahren anzuwenden.

[10]Mario Sbriccoli, „Vidi communiter observari". L'emersione di un ordine penale pubblico nelle città italiane del secolo XIII, in: Quaderni Fiorentini 27 (1998), S. 231–268, insb. S. 238.

1.4 Gewohnheitsrecht und Verfahren ex officio bei Albertus Gandinus

Heute aber erkennen im Bereich des *ius civile* die Richter der Podestà kraft ihres Amtes jede Straftat mittels der Inquisition [...]. Und die Richter verhalten sich so aus Gewohnheit, wie Meister Guido bemerkt und wie ich es allgemein beobachtet gesehen habe, obwohl es in Wirklichkeit dem *ius civile* widerspricht.	*Sed hodie de iure civili iudices potestatum de quolibet maleficio cognoscunt per inquisitionem ex officio suo [...] Et ita servant iudices de consuetudine, ut notat dominus Guido, e ut vidi communiter observari, quamvis sit contra ius civile,*

Albertus Gandinus erklärt somit ganz offen, dass zu seiner Zeit die Inquisition regelmäßig für jede Straftat von Amts wegen betrieben werden kann. Eine teilweise Rechtfertigung in der Lehre für diese Erscheinung auf der Grundlage einiger Sätze der justinianischen Kompilation ist vielleicht möglich, erscheint aber letzten Endes nicht erforderlich[11]. Die Richter und die Podestà sind somit kraft der Gewohnheit in dieser Weise tätig: so hatte es der Lehrer unseres Autors, Guido da Suzzara[12] gelehrt, und so bestätigt es jetzt Gandinus selbst kraft seiner persönlichen und langjährigen Erfahrung als Richter – dies ist die allgemein befolgte und damit als normal wahrgenommene Methode, trotz ihres Widerspruchs zu den Geboten des *ius civile*. Was zählt, ist die Effektivität.

Ein Hinweis ist allerdings erforderlich. Eine Sache ist es nämlich, eine allgemeine Untersuchung über die Straftat und über den, der sie vielleicht begangen hat, anzustellen, eine andere Sache ist es, die Inquisition gegen eine bestimmte Person zu führen (die damit die Eigenschaft als Beschuldigter erlangt). Gandinus präzisiert insoweit:

Zur Inquisition, die der Richter führen muss, beachte aber, dass es von Bedeutung ist, ob der Strafrichter die Inquisition gegen eine einzelne bestimmte und namentlich benannte Person führt oder ob er allgemein im Hinblick auf eine Straftat der Frage nachgeht, wer sie begangen hat. Führt er die Inquisition gegen eine einzelne bestimmte Person, so müssen die im *Liber Extra, titolo De accusationibus, capitolo Qualiter et quando* aufgestellten Vorschriften beachtet werden.	*Super inquisitione autem per iudicem faciendam bene nota quod refert utrum iudex de maleficio inquirat contra aliquam singularem et specialem et nominatam personam an inquirat generaliter de maleficio quis illud maleficium commiserit. Et si quidem inquirat contra aliquem singularem personam tunc servandus est ordo traditus Extra De accu. c. Qualiter et quando.*

---

[11]Im Kontext des gerade zitierten Passus führt Gandinus im Ergebnis ein Verzeichnis mit sieben justinianischen Fragmenten an, welche Argumente zur Rechtfertigung des Verhaltens der Richter und der Podestà liefern könnten *(„quod videtur posse facere per haec iura")* – Verhaltensweisen, die sich aber, wie wir gesehen haben, auf bloße Gewohnheit stützen.

[12]Der Hinweis bezieht sich vielleicht auf die *Supleciones* zu Cod. 4, 2, pr. und zu Cod. 9, 42, 2, bei denen es sich im Wesentlichen um Kurse handelt, welche Guido da Suzzara in Form von *quaestiones* gehalten hat. Guido da Suzzara (1247–1293) gehört zu jenen Juristen der zweiten Hälfte des 13. Jahrhunderts, die besonders an der Verbindung von Theorie und Praxis interessiert sind. 1260 als Professor des *ius civile* nach Modena und 1266 nach Bologna berufen, ist er zwei Jahre lang, 1268 bis 1270, in Neapel Professor und Berater des Königs Robert von Anjou. Seit 1270 lehrt er in Reggio Emilia, seit 1278 abermals in Bologna.

Das Buch *De maleficiis* beschreibt auf diese Weise – unter Bezugnahme auf das kanonische Recht – eine Aufteilung, welche einen wesentlichen Knotenpunkt im allgemeinen Schema des Strafprozesses des gemeinen Rechts bilden sollte, nämlich die Unterteilung in *Generalinquisition – inquisitio generalis,* welche durchgeführt wird, um die erfolgte Begehung der Straftat festzustellen und um allgemeine Informationen zu erlangen, solange man noch nicht den Schuldigen kennt und ihn zu ermitteln sucht, und *Spezialinquisition – inquisitio specialis,* welche die Durchführung der Generalinquisition voraussetzt und auf die Gewinnung von Indizien und Beweisen zielt, welche die Schuld eines bestimmten Beschuldigten beweisen.

Die *inquisitio specialis,* ergänzt Gandinus, kann vom Richter nicht willkürlich betrieben werden, sondern setzt das Vorliegen bestimmter Bedingungen voraus, welche in dem schon zitierten Kapitel *Qualiter et quando* des *Liber Extra* aufgeführt sind: Aushändigung der Vorladung, Benennung der Anklagepunkte, Möglichkeit der Erwiderung auf die Anklagepunkte und Bestreiten der Zeugnisse.

Kapitel 2
Die Ausbreitung des inquisitorischen Modells

2.1 Die fortschreitende Erosion des akkusatorischen Verfahrens

Mag es übertrieben sein, im Anschluss an Albertus Gandinus zu behaupten, dass am Ende des 13. Jahrhunderts die akkusatorische Verfahrensweise der Vergangenheit oder höchstens noch einer romanistischen Lehre akademischen Charakters angehört habe, so lässt sich doch gewiss nicht bestreiten, dass die Worte des Juristen aus Crema auf das Bestehen einer Lage von prekärem Gleichgewicht hinweisen. Es handelt sich um ein Gleichgewicht, das schon bald – wie die Akten der Justizpraxis bezeugen – zugunsten jener Methode zerstört wird, die auf der Verfahrenseröffnung des Richters *ex officio* beruht; ihr Erstarken vollzieht sich parallel zum Niedergang der *accusa*, der seinerseits begleitet ist von der zunehmenden Schwächung des Einwirkens alternativer Formen der Konfliktlösung – vor allem des privaten Friedensschlusses zwischen dem Täter des Delikts und der verletzten Partei – auf die Justiz.

Die ursprüngliche, von der Regelmäßigkeit der *accusa* ausgehende Konfiguration, wie sie von der hochmittelalterlichen Tradition vertreten, in den älteren Munizipal-Statuten (mit ihren beachtlichen Berührungspunkten zwischen dem Zivilprozess und dem Anklageprozess) bestätigt und von den wiederentdeckten römischen Quellen bekräftigt worden ist, geht also – wie erwähnt – zuerst in der Praxis der Gerichte und Gerichtshöfe, sodann in den Munizipal-Gesetzen der italienischen Kommunen unter, und zwar mit beachtlicher Geschwindigkeit im Vergleich mit den Entwicklungen im Rest Europas, wo derartige Vorgänge sich zwar ebenfalls zeigen (vor allem in Frankreich und in Deutschland), dies jedoch mit einer Verzögerung von etwa einem Jahrhundert.

In Italien vollzieht sich der Übergang der Inquisition von einer Ausnahmestruktur zur Regelmodell infolge einer ganzen Reihe von teilweise bereits erwähnten Faktoren allgemeiner Art, von denen vor allem folgende in Erinnerung zu rufen sind:

a) zum einen der Prozess der Publizisierung, Zentralisierung und Technisierung der öffentlichen und administrativen Apparate (insbesondere der Justizfunktionen);
b) zum anderen die treibende Kraft der zunehmend – seit dem Ende des 12. Jahrhunderts – eingeführten Neuerungen in der kanonistischen Gesetzgebung, die recht bald anerkannt und nachgeahmt werden – auch dank des Vorhandenseins einer angesehenen Lehre und der ausgedehnten Zuständigkeiten (und verbreiteten Präsenz) der kirchlichen Gerichte.

Aus technischer Sicht im engeren Sinne tragen zum Erfolg des inquisitorischen Modells zumindest drei Elemente entscheidend bei:

a) Das erste ist die Präzisierung, die Ausdehnung und infolgedessen die zunehmende Anwendung der (nicht zufällig aus dem kanonischen Recht stammenden) *fama, infamia, vox publica* und des *crimen notorium,* die man als Requisiten ansieht, die es gestatten, in jedem Fall zur Inquisition (und mitunter zu summarischen Formen der Inquisition, wie im Falle des *crimen notorium*) zu schreiten. Von Albertus Gandinus genau untersucht, wurden diese Begriffe weitgehend auch von Guilelmus Durantis angewendet, der, obgleich er auch weiterhin als Maxime die Notwendigkeit der *accusa* vertritt, dennoch den typisch kanonistischen Grundsatz formuliert, wonach

| die Inquisition sich von den anderen Verfahrensarten insofern unterscheidet, als in ihr das Gerücht die Funktion des Anklägers übernimmt. | *inquisitio differt ab aliis iudiciis quia in ea fama habetur loco accusatoris.* |

Der Standard des öffentlichen Gerüchts bestimmt somit den Grad des erforderlichen Verdachts für den Magistrat, um das Verfahren auch ohne die Notwendigkeit eines privaten Anklägers einzuleiten, und seine Verbreitung seit der ersten Hälfte des 13. Jahrhunderts bildet einen mächtigen Ansporn in Richtung auf eine „Normalisierung" der Inquisition als Regelverfahren.

b) Das zweite Element ist die Entwicklung von im Wesentlichen gleichen prozessualen Formen wie jener, die auf der *denunciatio* beruht, die sich vor allem als ein Instrument erweist, das als Ermächtigung zum Beginn der Inquisition geeignet ist. Schon Guilelmus Durantis hatte eine Verbindung zwischen *denunciatio* und Inquisition hergestellt, wenn er betonte, dass man

| häufig nach einer auf ein Verbrechen bezogenen Anzeige zur Inquisition schreitet. | *saepe post denunciationem super criminibus ad inquisitionem proceditur.* |

c) Das dritte Element ist das – allerdings nur sporadische – Vorkommen von nicht wenigen Formulierungen in der justinianischen Kompilation, welche auf inquisitorische Strukturen bezogen werden konnten, beginnend mit einem breiten Fächer von Fällen, welche die *inquisitio* wegen einer allgemeineren Begünstigung der Schriftform und des Urkundenbeweises annehmen und dann auch Erkennungsmerkmale des inquisitorischen Modells des gemeinen Rechts sein werden.

Im Verlauf des 13. Jahrhunderts bemühen sich die Juristen, jene Konstruktion zu verteidigen, die ihnen am besten mit jener römischrechtlichen Tradition übereinzustimmen scheint, in der sie ausgebildet worden sind, und stellen daher ein Verhältnis zwischen Regel und Spezialfall auf, das sie aber selber mehr oder minder zu missachten verdammt sind, wenn sie die Wandlungen, die sich in Praxis und Gewohnheitsrecht vollziehen, zur Kenntnis nehmen.

Albertus Gandinus stellt mehrfach ein „Regel-Modell", die *accusa,* einem „speziellen" Modell, der Inquisition gegenüber. Wir erkennen dies z. B. in den folgenden Sätzen:

Natürlich gilt das Gesagte, also dass ohne Ankläger niemand verurteilt werden kann und der Prozess keinen Fortgang nehmen kann, nicht in den speziellen Fällen, in denen man im Wege der Inquisition des Richters von Amts wegen prozediert.	*Hoc tamen, quod dictum est, neminem sine accusatore damnari nec criminis cognitionem procedere, fallit in casibus specialibus, in quibus officio iudicis per inquisitionem proceditur.*
Nach kanonischem [...] Recht geht man bei jeder Straftat im Wege der Inquisition vor, wenn die folgenden Voraussetzungen vorliegen, und nicht in der regelmäßigen Form.	*Iure [...] canonico de quolibet maleficio inquiritur [...] si iam interveniant omnia, quae sequuntur, et non aliter regulariter.*
Nach dem *ius civile* ist bei Straftaten regelmäßig eine Anklage erforderlich. Ebenso geht man nach kanonischem Recht in der Regel nicht im Wege der Inquisition vor. [...] Nach beiden Rechten aber kann in speziellen Fällen im Wege der Inquisition des Richters von Amts wegen prozediert werden.	*De iure civili in maleficiis regulariter necessaria est accusatio. Item de iure canonico regulariter non proceditur per inquisitionem [...] Sed utroque iure in casibus specialibus potest procedi per inquisitionem officio iudicis.*

Selbst Guilelmus Durantis, der doch so aufmerksam das kanonische Recht beobachtet, stellt bei der Vorstellung der verschiedenen Verfahrensarten das akkusatorische Verfahren an den Anfang und betont dessen Regelcharakter *(„et hoc est regulare")*. Doch dieses Verhältnis von Regelcharakter der Anklage und Ausnahmecharakter der Inquisition erscheint sogleich nicht nur durch die tägliche gerichtliche Realität widerlegt (wie Gandinus hervorhebt), sondern auch dadurch, dass selbst die Lehre nunmehr nicht mehr zögert, die Inquisition als eine Methode zu behandeln, die im Wesentlichen ganz normal und regelmäßig ist.

2.2 Die Voraussetzungen des römisch-kanonischen Inquisitionsprozesses

Im 13. und 14. Jahrhundert, also zur Zeit der Abfassung des Werkes *De maleficiis* von Albertus Gandinus sind demnach sämtliche Faktoren vorhanden und wirksam, die geeignet sind, die volle Entwicklung jener Verfahrensform zu befördern, die heute abwechselnd „Strafprozess des (europäischen) gemeinen Rechts", „Strafprozess des Ancien Régime" oder – mit einer besonders in der deutschen und angelsächsischen Rechtskultur verbreiteten Formel – „römisch-kanonischer Inquisitionsprozess" genannt wird. Aufgrund des Zusammentreffens von gerichtlichen Strukturen im Wege der raschen Publizisierung, Entscheidungen des kirchlichen (und munizipalen) Gesetzgebers und Ordnungsprinzipien, die aus den römischen Quellen abgeleitet werden, hebt somit eine nicht immer leichte Phase der wissenschaftlichen Arbeit an, die im Lichte dessen, was in der Praxis geschieht, im 13. und 14. Jahrhundert ein prozessuales Instrument auf die Spitze treiben, das für lange Zeit im gerichtlichen Panorama Kontinentaleuropas vorherrschen wird.

In dieser Zeit nimmt die Strafrechtswissenschaft, die freilich noch lange Zeit nicht darauf verzichtet, den Gedanken zu vertreten, dass es eine Pluralität differenzierter Verfahrensformen gebe[1], die entschiedene Neugestaltung zur Kenntnis, welche das akkusatorische Modell in der Praxis erfahren hat, und schreitet – wenn auch unter Widersprüchen und mit Unklarheiten – zur endgültigen Systematisierung eines inquisitorischen Schemas, das den Innovationen entspricht, die sich in Praxis und Gesetzgebung verbreitet haben.

Die Gleichwertigkeit von *accusatio* und *inquisitio,* die auf dem Papier häufig behauptet wird, wird *in concreto* in ihrer Bedeutung entleert durch die zunehmende Schwächung der besonders wichtigen Erkennungsmerkmale der ersteren. Wie wir im Folgenden noch näher sehen werden, lässt sich in erster Linie das Aufgeben der zivilistisch geprägten Elemente und das graduelle Nachlassen der Autorität des romanistischen Akkusationsmodell beobachten:

a) Der Anklage-Libell wird nicht mehr eingereicht;
b) die Pflicht zur *inscriptio ad poenam talionis* wird nicht mehr beachtet;
c) es wird nicht mehr verlangt, bis zum Verfahrensende an der Anklage festzuhalten;
d) die Verleumdung wird nicht mehr wirkungsvoll bekämpft;
e) die klassische Einteilung zwischen *crimina publica* (bei denen die Anklage von jedermann erhoben werden kann) und *crimina privata* (die nur auf Initiative der verletzten Partei verfolgt werden können) verliert ihre Bedeutung[2].

In zweiter Linie verändert sich die Anklage *(accusatio)* tendenziell in die Privatklage *(querela)* der verletzten Partei, tendiert aber auch zur Verschmelzung mit der schlichten Anzeige.

Diesen typischen Anzeichen schließen sich weitere an, die bezeugen, dass mitunter selbst die Wahrnehmung der unterschiedlichen Natur von Anklage und Inquisition verloren geht. Während so in der Praxis der Grundsatz, dass die

---

[1]Die Lehre vertritt zwar eine prozessuale Systematik, welche grundsätzlich bipolar auf Anklage und Inquisition ausgerichtet ist, sie erkennt jedoch seit längerem selbstständige Natur auch kleineren Formen zu (die im Allgemeinen den bereits von Gandinus und Durantis bezeichneten entsprechen), von denen als die lebenskräftigste jene erscheint, die auf der Anzeige *(denuntiatio)* beruht.

[2]Das inquisitorische Verfahren, das in den Statuten des 13. bis 15. Jahrhunderts in der Regel für eine begrenzte Anzahl von schweren Straftaten vorgesehen ist, wird im Verlauf der Zeit in der Praxis nicht nur für *crimina publica* angewendet, sondern auch für *crimina privata,* und dank dieser Entwicklung verliert die betreffende Unterscheidung zumindest in prozessualer Hinsicht ihre Umrisse und konkreten Merkmale.

Existenz eines Anklägers notwendig sei, verloren geht, verliert auch die prozessuale Form selbst ihre Bedeutung für die Bestimmung der Art und der Höhe der Strafe[3].

2.3 Das 15. Jahrhundert: Angelus Aretinus und die *inquisitio* als Grundstruktur des Strafprozesses

In der ersten Hälfte des 15. Jahrhunderts ermöglicht das Werk *De maleficiis* des Angelo Gambiglioni (Angelus Aretinus)[4] – das „das bedeutendste einschlägige Werk jenes Jahrhunderts"[5] – die Feststellung, wie die Lehre in den Jahrzehnten im Anschluss an das Werk des Albertus Gandinus[6] auf die dargestellten Wandlungen reagiert und an ihnen teilgenommen hat.

Dieses neue Lehrbuch, abgefasst um 1438, dem eine weite verlegerische Verbreitung und dauerhafter Erfolg bestimmt ist, setzt sich das Ziel, die Probleme des Strafrechts und Strafprozessrechts entlang den Akten eines vom Autor selbst erfundenen Verfahrens zu diskutieren[7]. Für die Zwecke unserer Betrachtung ist das

---

[3]Der Grundsatz, dass die Strafe vom Typus des prozessualen Auslösers abhänge, ist kanonischer Herkunft. Er sieht in der Regel eine mildere Strafe in Falle des Prozedierens *ex officio* vor.

[4]Zugleich praktischer und akademischer Jurist, promoviert Angelo Gambiglioni (Angelus Aretinus, *Arezzo ca.1400 – †Bologna 1461) zu Bologna im Jahre 1422. Ein Jahrzehnt lang ist er Richter und Beisitzer in verschiedenen Städten Mittelitaliens und entfaltet eine intensive Tätigkeit als Berater, die er sein ganzes Leben lang fortsetzt. Professor zu Bologna von 1431 bis 1445, lässt er sich schließlich in Ferrara nieder, wohin er von Leonello d'Este berufen wird. 1452 erlangt er als Botschafter seiner Geburtsstadt von Kaiser Friedrich III. das Privileg der Legitimation des *studium* von Arezzo.

[5]*Domenico Maffei*, Giuristi medievali e falsificazioni editoriali del primo Cinquecento. Frankfurt am Main (Klostermann) 1979, S. 43.

[6]Die traditionelle Geschichtsschreibung verlegte in diese Zeit sowohl eine Iacopo di Belviso zugeschriebene und vor 1308 verfasste *Practica iudiciaria in materiis criminalibus* als auch einen *Tractatus super maleficiis*, verfasst von Bonifacio Vitalini nach der Mitte des 16. Jahrhunderts. Die Untersuchungen von Domenico Maffei haben nachgewiesen, dass diese Daten nicht zutreffen können: der *Tractatus super maleficiis* erscheint in Wirklichkeit in den allerersten Jahren des 14. Jahrhunderts, und zwar nicht als Werk eines nicht existierenden Bonifacio Vitalini, sondern des Mantuaner Richters Bonifacio Antelmi; und bei dem angeblichen Werk von Belviso handelt es sich angesichts der Aufreihung von Materialien aus verschiedenen Epochen um eine in Südfrankreich in der Mitte des 14. Jahrhunderts entstandene Arbeit.

[7]Das Buch ist in 86 Abteilungen aufgeteilt. Die erste enthält die Protokolle des von Aretinus erfundenen praktischen Falles, die sich sowohl auf die Rekonstruktion der Tatsachen („*Inquisitio*") als auch auf die Endentscheidung („*Forma Sententiae*") beziehen. Die übrigen 85 bilden ebenso viele Überschriften, in denen der Autor analytisch die problematischen Punkte vertieft, welche er selbst zahlreich in die Protokolle eingefügt hat. Diese Struktur zeigt die vorwiegend praktische Ausrichtung des Werkes und bestimmt zugleich die wichtigsten Merkmale, die in dem Überwiegen der Probleme prozessualer Natur und im Verzicht auf Vollständigkeit erblickt werden können.

Element dieses hypothetischen Modells, das am meisten interessiert, seine vollständige Anpassung an die Grundsätze des inquisitorischen Verfahrenstyps.

„*Haec est quedam inquisitio...*" („Dies ist eine bestimmte Inquisition ...") – mit diesen bezeichnenden Worten beginnt Aretinus eine erzählende Abhandlung, in der er sich unter Umkehrung der traditionellen Schemata der Lehre vor allem damit befasst, Rechtsinstitute zu beschreiben, Fragen aufzuwerfen und Begriffe zu klären, wie sie einer prozessualen Methode eigen sind, die nunmehr ihrem Wesen nach als Verfahren von Amts wegen gekennzeichnet ist (*„quod fit mero officio"*). Die Themen, welche mit jener prozessualen Form im Zusammenhang stehen, die ihren Anfang auf Antrag der klagenden Partei nimmt (*„ad partis accusantis petitionem"*), sind als ergänzende zusammen mit jenen eingeordnet, welche die weitere prozessuale Form betreffen die auf *denuncia* eines öffentlichen Amtsträgers stattfindet (*„ad denunciam et relationem officialis"*).

Aretinus selbst empfindet das Bedürfnis, – mitunter ausdrücklich, häufiger implizit – die Gründe darzulegen, die ihn veranlasst haben, der *inquisitio* den Vorrang einzuräumen und die Darstellung auf den Prozess *ex officio* zu konzentrieren.

In erster Linie berücksichtigt er die Entwicklungen, die sich auf gesetzlicher Ebene vollzogen haben: die Statuten der italienischen Städte lassen es praktisch samt und sonders zu, dass für jedes Verbrechen eine Inquisition stattfindet (*„quod de omni crimine possit fieri inquisitio"*). In zweiter Linie bemerkt Aretinus, dass viele der in der Vergangenheit von der Lehre befolgten Grundsätze nicht mehr als gültig angesehen werden oder doch jedenfalls nicht mehr beachtet werden. Die alten Schriftsteller (*„antiqui"*) pflegten zu wiederholen, dass die Spezialinquisition (also jene Phase der Inquisition, in der gegen eine bestimmte Person zwecks Nachweis ihrer Schuld vorgegangen wird) *de iure* in der Regel nicht gestattet sei (*„regulariter de iure non est permissa specialis inquisitio"*), wovon es nur eine Reihe genau aufgezählter Ausnahmen gebe. Bereits seit längerem aber handele man anders, und als Ermächtigung, im Wege der Spezialinquisition vorzugehen, hielten viele das bloße öffentliche Gerücht für ausreichend. Ebenso bestreitet Aretinus die traditionelle Maxime, wonach in der Regel niemand ohne einen Ankläger verurteilt werden kann (*„regulariter sine accusatore nemo potest damnari"*), und erklärt im Gegensatz dazu, dass ebenso, wie ein Privater stets anklagen könne, so auch der Richter stets inquirieren könne (*„[iudex] potest semper inquirere, sicut quis accusare"*). Sei nämlich die *accusatio* für jedes Verbrechen gestattet, dann müsse dasselbe für die *inquisitio* gelten, die deren Stelle eingenommen habe (*„quae succedit loco eius"*).

Die gerade zitierten Äußerungen verbinden sich zu einer allgemeineren Neigung des Aretinus, auch aus begrifflicher Sicht die Unterschiede zwischen Anklage und Inquisition abzuschwächen. Der Verfasser tendiert nämlich dazu, die Nähe zwischen den beiden Methoden zu betonen und die Entsprechungen zwischen beiden bis weit in die Vergangenheit zurück zu verlegen, und er bemüht sich um die Rekonstruktion eines einheitlichen Modells, in dem

2.3 Das 15. Jahrhundert: Angelus Aretinus und die ...

a) der Richter sich normaler Weise an die Stelle des privaten Anklägers setzen kann (außer in den Fällen der *inscriptio ad poenam talionis* als präventive Garantie gegen verleumderische und leichtfertige Anklagen);
b) der Akt der Anklage eine Bedeutung annehmen kann, die sich – jeweils ähnlich derjenigen der *querela* der verletzten Partei und der *denuncia* – mit den Erfordernissen des Verfahrens *ex officio* vereinbaren lässt.

Im Werk des Aretinus wird die *inquisitio* also nicht nur als ein gewöhnliches Hilfsmittel angesehen, sie steigt vielmehr zur grundlegenden und habituellen Struktur des Strafverfahrens auf. Dies zeigt, wie sehr die theoretische Systematisierung der Abläufe, die sich seit Jahrhunderten in der Praxis und in der (vor allem statutarischen) Gesetzgebung abgespielt haben, in eine reife Phase eingetreten ist und begleitet wird von einer (sonst bei den hierin häufig sehr vorsichtigen Autoren seltenen) ausdrücklichen Stellungnahme zum Verhältnis zwischen Anklage und Inquisition. Der Aretiner bewertet nämlich die Mechanismen des Prozesses in erster Linie auf der Grundlage ihrer Wirksamkeit für das Ziel, dass Straftaten nicht straflos bleiben *(„ne maleficia remaneant impunita")*, und er erklärt hierzu ohne Zögern,

dass die Inquisition geeigneter zur Bekämpfung der Verbrechen ist als die *accusa*, weshalb viele Statuten, welche die Inquisition bevorzugen, sich nicht auf die *accusa* erstrecken.	*quod magis favorabilis est inquisitio ad reprimendum ipsa delicta quam accusatio, unde multa statuta in favorem inquisitionis non extenduntur ad accusationem.*

Diese Aussage (in der wieder einmal der Hinweis auf die Praxis und auf die normative Wirklichkeit nicht fehlt), vermag zwar einerseits die persönlichen Neigungen und Erfahrungen des Verfassers widerzuspiegeln[8], sie bildet aber andererseits das Zeichen der ideologischen Veränderungen, die sich in einer Lehre vollzogen haben, in der die Achtung vor der Autorität und diejenige vor den Geboten der römisch-justinianischen Tradition einen harten Kampf ausfechten, und zwar im Wesentlichen ein Nachhutgefecht mit der Notwendigkeit, angemessene Antworten auf die Bedürfnisse der Verbrechensbekämpfung in einer Welt im Umbruch zu geben.

---

[8]Aretinus eilt stets der – vielleicht nicht unverdiente – Ruf eines strengen und unbeugsamen Richters voraus.

2.4 Das 16. Jahrhundert: Egidio Bossi und die verbliebenen Widersprüche zwischen Lehre und Praxis

Ein Jahrhundert später entwickelt der Mailänder Kriminalist Egidio Bossi[9] in seinen *Tractatus Varii* (erstmals posthum ediert 1562 in Lyon und Venedig) sorgfältig und genau den Zustand der zeitgenössischen Strafprozesslehre anhand eines breiten Fächers von Problemen, wobei er auf einige der besonderen Merkmale des Strafverfahrens seiner Zeit aufmerksam macht und dazu – wie bemerkt werden muss – gemäßigte Positionen bei besonders heiklen Themen einnimmt, beispielsweise bei der Folter, die begrenzt und maßvoll angewendet werden soll, und beim Recht der Verteidigung, das stets garantiert werden soll (wenngleich er sich hier mehr auf die Selbstverteidigung des Angeklagten als auf die technische Verteidigung im eigentlichen Sinne bezieht).

Was die *accusatio* angeht, so bemerkt der Mailänder Jurist vorab, dass nach Ansicht aller Autoren *de iure* der Grundsatz gelte, dass niemand ohne einen Ankläger verurteilt werden dürfe *(„secundum omnes, et de iure loquendo, haec est regula, quod nemo sine accusatione damnatur")*, und er betont den Zusammenhang mit dem übereinstimmenden Gebot des Evangeliums (Joh. 8, 10–11). Dieser bekannten und etwas müden Schulmeinung stehe jedoch die Realität der Zeit entgegen, denn fast überall werde durch Statuten oder Gewohnheit bestimmt, dass auch ohne Anklage zur Inquisition geschritten werden könne *(„per statuta, et consuetudinem, quasi ubique est provisum, quod etiam sine ea inquirendo possit procedi")*. Doch damit nicht genug: Bossi erinnert daran, dass nach der klassischen Lehre zu den Requisiten, die auch formal erforderlich seien, um zur Anklage zu schreiten, gehöre, dass der Ankläger den Anklage-Libell einreiche und – bei Vermeidung der Gefahr der Verleumdungsklage – sich mit der *inscriptio* verpflichte, sich der Talionsstrafe zu unterwerfen *(„inter cetera requisita ad accusationem erat necesse ut accusator se inscriberet ad poenam talionis")*.

Allerdings – fährt unser Kriminalist fort – hätten sich auch in diesem Bereich die Dinge grundsätzlich gewandelt, denn die *libelli accusatori* würden nicht mehr hergestellt *(„amplius non fiunt libelli accusatorii")*, und nach der Gewohnheit (doch dies hatte bereits Gandinus erwähnt) werde schon seit langem die Strafe der Talion im Falle der verleumderischen oder leichtfertigen Anklage nicht mehr verhängt *(„hodie cessat ex consuetudine haec poena talionis")*. Dies letztere Element

---

[9]Egidio Bossi (*ca. 1488 Mailand, † ebd. 1546), promoviert in Padua, durchläuft einen glänzenden *cursus honorum* in den Justiz- und Verwaltungsstrukturen des Staates Mailand. Nach einem Jahr als Podestà in Alessandria (1513) wird er 1514 zum Fiskal-Advokat in Mailand ernannt. 1518 ist er abermals Podestà, diesmal in Novara. 1528 steigt er zum Senator auf und wird 1536 in Mailand zum Dekurio ernannt. 1537 schließlich ist er Herzoglicher Kommissar in Pavia. Mit Francesco Grassi und Francesco Lampugnani erarbeitet er den Text der *Novae Constitutiones Mediolani*, erlassen von Karl V. 1541, die für zweieinhalb Jahrhunderte die wichtigste Rechtsquelle des Mailänder Staates bilden sollten.

2.4 Das 16. Jahrhundert: Egidio Bossi und die verbliebenen ...

ist für Bossi von großer Bedeutung, denn für den Mailänder Juristen (der damit auf einer Linie liegt, die bis auf Bartolus zurückgeht) ist es gerade der Untergang der Talions-Strafe, die für die Krise und den Zusammenbruch der *accusatio* verantwortlich ist:

Es kann nicht verwundern, dass die *accusatio* gänzlich aufgegeben worden ist, wenn durch Gewohnheit jenes Element untergegangen ist, welches den Grundsatz gestützt hat, dass niemand ohne Ankläger verurteilt werden dürfe, eben die Talions-Strafe.	*nec mirum quod penitus cesset accusatio, quia defecit ex consuetudine id unde eveniebat, ut sine accusatore ne mo damnaretur, scilicet poena talionis.*

Zum Verhältnis zwischen Privatklage der Partei und *accusatio* nimmt Bossi einen persönlichen Standpunkt ein, welcher sich teilweise von dem entfernt, der sich dann in Praxis und Lehre durchsetzen und etablieren sollte. Er meint nämlich, dass die beiden Institute nicht vermengt oder gleichgesetzt werden sollen, denn die *querela* sei funktional zum inquisitorischen System, das dem akkusatorischen System direkt entgegengesetzt sei. Es lasse sich in der Tat als allgemeine Praxis beobachten, dass die Inquisition als Folge der Erhebung einer *querela* stattfinde (*„quotidie inquisitio formatur super talibus querelis"*), und dass diese Praxis allgemein akzeptiert sei, weil die Eignung der Privatklage zur Auslösung der Inquisition überhaupt nicht mehr in Zweifel gezogen werde (*„nunquam disputatur super ineptitudinem querelae"*). Dies alles wäre aber nicht zulässig, wenn man – wie viele Autoren es vorschlügen – die *querela* in die Kategorie der *accusationes* einordne, denn nach einem allgemeinen Grundsatz mache der ordentliche Rechtsbehelf (die *accusatio*) den außerordentlichen (die *inquisitio*) unanwendbar, sodass die Privatklage nicht, wie es in der Tat geschehe, als Ergänzung zur Inquisition angesehen werden dürfte. Dasselbe gelte erst recht für die Anzeigen und insbesondere für die anonymen Anzeigen, welche der Mailänder Jurist nachdrücklich ablehnt, da er sie als Quelle unannehmbarer Rechtsmissbräuche ansieht. Bossis Position, vorzüglich und einwandfrei in technischer Hinsicht, sollte jedoch angesichts einer Praxis, die durch eine von der großen Mehrheit der Lehre akzeptierte schrittweise Vermischung von Anklage, Privatklage und Anzeige gekennzeichnet war, weitgehend in der Minderheit bleiben[10].

Was schließlich die *inquisitio* angeht, konzentriert sich die Darstellung Bossis auf eine von ihm ausdrücklich als „alte Frage" bezeichnete Problematik, nämlich die, ob es in jedem Falle möglich sei, die Inquisition anzuwenden (*„vetus est quaestio, an omni casu possit formari inquisitio"*). Bossi weist darauf hin, dass die

---

[10] Zwei Beispiele: Lancellotto Corradi benutzt im *Praetorium et curiale breviarium* (erschienen in Venedig 1563) die bezeichnende Formulierung "*accusatio querela vulgo nuncupata*" („die *accusatio*, die in der Umgangssprache *querela* genannt wird"); Giovanni Battista Cavallini benutzt im *Actuarium practicae criminalis* (veröffentlicht in Mailand 1587) die Formel von der „*querela, seu accusa, vel denuntiationis*" („Privatklage bzw. Anklage oder Anzeige"). Es ist interessant festzustellen, dass die Vermischung von *accusatio vel querela* auch in den *Novae Constitutiones* von 1541 bezeugt wird, deren Mitverfasser, wie schon erwähnt, Bossi selbst ist.

Kontroverse insbesondere das *ius civile* betreffe, denn nach kanonischem Recht sei die Frage ohne Zweifel zu bejahen. Die Betrachtung von Gesetzen und Gewohnheiten und die Übereinstimmung unter den Autoren erlauben ihm allerdings, nicht allzu viele Worte über dieses Thema zu verlieren, abgesehen von der Bekämpfung der gelegentlich vertretenen Auffassung, dass der Richter stets auch zur Spezialinquisition schreiten dürfe, selbst wenn es an Indizien und öffentlichem Gerücht fehle. Tatsächlich vertritt der Mailänder Jurist im Anschluss an die Feststellung, dass in Italien gewöhnlich Statutarrechte gälten, welche die Inquisition in jedem Fall gestatteten *(„communiter in Italia vigent statuta, quod omni casu officiales possint inquirere"),* die Auffassung, er könne das Problem rasch mit dem Hinweis lösen, dass,

wie die Dinge nun einmal liegen, die Juristen […] übereinstimmend erklären, dass nach der Gewohnheit die Inquisition stets gestattet sei, und auch in Mailand die Regel gilt, dass man in jedem Fall zur Inquisition schreite.	*utcumque sit, doctores […] communiter dicunt, ex consuetudine servari, ut omni casu sit permissa, et Mediolani servatur, ut omni casu formetur inquisitio.*

Aus diesen kurzen Hinweisen zu den Ansichten Bossis geht hervor, dass noch zu Beginn des 16. Jahrhunderts in der kriminalistischen Lehre Zweifel und Unsicherheiten zur Frage des Verhältnisses zwischen Anklage und Inquisition geblieben waren. Die holprige Verbindung zwischen Praxis und Lehre hat sich noch nicht endgültig etabliert, wenngleich sich ein Panorama öffnet, das zwar durch einen Rest an Widersprüchen gekennzeichnet ist, sich aber in einer Phase der Konsolidierung befindet. Denn einerseits liefert die höchst angesehene akademische Tradition des gemeinen Rechts weiterhin elegante akkusatorische Konstruktionen romanistischer Prägung, die aber immer mehr als nicht mehr aktuell angesehen wurden; andererseits scheint auf der Ebene der Lehre die volle Akzeptierung einer Praxis immer mehr verbreitet, die schon seit langer Zeit eindeutig mit Positionen einer vollständigen Rezeption des Modells (und des Geistes) des inquisitorischen Prozesses bezeugt ist.

Kapitel 3
Das konsolidierte System bei Julius Clarus

3.1 Das Verfahrensmodell der Blütezeit des gemeinen Rechts und die italienische Kriminalistik

Wie wir in den Fällen Aretinus und Bossi gesehen haben, ist im 15. und 16. Jahrhundert die kriminalistische Lehre, was die Bestimmung des Verhältnisses von Anklage und Inquisition angeht, immer mehr bestimmt durch die volle Anerkennung der neuen Bedürfnisse strafrechtlicher Repression und durch die häufige Berufung auf den Gesichtspunkt der *publica utilitas in materia criminale, ne maleficia remaneant impunita*. Diese neuen Bedürfnisse ihrerseits sind eng verbunden mit der immer einschneidenderen Rolle, welche die Richter und öffentlichen Amtsträger in jener Zeit einnehmen, in der die Entwicklung der politischen Organisationsformen im absolutistischen Sinne sich abzuzeichnen beginnt.

Im Europa des 16. Jahrhunderts führen nämlich die zunehmende Konzentration der Macht in den Händen des Souveräns und die Entwicklung der bürokratischen Apparate tendenziell dazu, dass im Bereich der Strafjustiz – wie wir sogleich noch näher sehen werden – die letzten Räume, welche der Initiative und der prozessualen Rolle des Einzelnen verblieben waren, erodieren, dass die Anwendung prozessualer Formen zivilistischer Prägung behindert wird, dass volksnahe Verfahrensformen blockiert werden und damit letztlich die *accusatio* zurückgedrängt wird.

Vor diesem Hintergrund und in diesem politischen und kulturellen Klima erleben wir den endgültigen Sieg der *inquisitio* und die daraus folgende Konsolidierung des prozessualen Systems der Blütezeit des gemeinen Rechts. Die vollständige Ausarbeitung dieses Modells ist insbesondere der italienischen Schule zu verdanken, deren außerordentliche Blüte im 15. und 16. Jahrhundert nicht nur zur vollständigen Autonomie des Strafrechts in der Rechtswissenschaft führt (und sich auf akademischer Ebene mit der Entstehung der ersten kriminalistischen Lehrstühle äußert, die auch die politische Bedeutung bezeugen, welche die Materie inzwischen erlangt hat), sondern auch zur endgültigen Ausreifung einer Strafrechtsdogmatik, die durch ihre technische Qualität – und unabhängig von den wechselnden und mitunter fragwürdigen Inhalten – nicht nur in der Lage sein sollte, bis ins Zeitalter der Kodifikation zu gelangen, sondern auch, der letzteren nicht wenige ihrer begrifflichen Konstruktionen zu liefern.

Außer den schon erwähnten Aretinus und Bossi glänzen auf diesem Felde – um nur einige Namen zu nennen – Ippolito Marsili (1450–1529), seit 1509 erster Inhaber eines Lehrstuhls des Kriminalrechts zu Bologna, Roberto Maranta aus Venosa (1476–1534), Marcantonio Bianchi aus Padua (1498–1548), Lodovico Careri aus Kalabrien (†1560), Pietro Follerio aus Neapel (ca. 1520–1586), Tiberio Deciani aus Udine (auf den wir noch zu sprechen kommen werden) sowie der vielleicht emblematischste Vertreter des goldenen Zeitalters der italienischen Kriminalistik, Julius Clarus aus Alessandria.

3.2 Der Liber Quintus des Julius Clarus und die Inquisition als gewöhnliche Verfahrensart

In der Mitte des 16. Jahrhunderts wird nämlich von eben jenem Julius Clarus, einem der luzidesten, kenntnisreichsten und scharfsinnigsten Juristen des Jahrhunderts, der nahezu endgültige Zustand des Strafrechtssystems umfassend dargestellt[1]. Sein *Liber Quintus Sententiarum Receptarum,* veröffentlicht 1568 in Venedig[2], beschreibt in 22 Paragrafen, die auf ein „höchst solides Fundament von Lehre und Theorie gestützt sind"[3], das gesamte Strafrechtssystem des 16. Jahrhunderts und bildet damit die bevorzugte Grundlage für dessen Kenntnis. Insbesondere der letzte Paragraf des Werkes, der sehr viel geschlossener ist als die vorhergehenden (die sich den einzelnen Straftaten widmen), trägt den ergänzenden Titel *Practica Criminalis* und bietet uns eine lebhafte und gehaltvolle Beschreibung der prozessrechtlichen Probleme, in der die Beziehungen zwischen gemeinem Recht und gewohnheitsrechtlicher Praxis sich mit den Ansichten der Gelehrten und den ausdrücklichen eigenen Stellungnahmen des Verfassers verknüpfen.

---

[1]Julius Clarus (Giulio Claro, *Alessandria 1525, †Cartagena 1575) erlangt den Doktorgrad zu Pavia im Jahre 1550 und wird 1557 Mitglied des Senats von Mailand. Prätor zu Cremona (1560) und Präsident des Magistrats von Mailand für außerordentliche Einnahmen (1563), ist er seit 1565 in Madrid als Leiter des Obersten Rates für Italien tätig.

[2]Der *Liber Quintus* ist konzipiert als Teil einer regelrechten juristischen Enzyklopädie mit dem klassizistischen Titel *Receptae Sententiae* (im Sinne von „konsolidierten Ansichten"), die sieben Bücher hätte umfassen sollen, mit Indizes versehen und jeweils gewidmet den Gesetzen und Gewohnheiten, Personen, Rechtsnachfolgen, Verträgen, Straf- und Strafprozessrecht, Zivilprozess und besonderen Materien. Infolge zahlreicher Verpflichtungen des Verfassers als Magistrat und Amtsträger ist der fünfte Teil der einzige des ganzen Werkes, der vollständig in den Druck gegeben worden ist.

[3]*Gian Paolo Massetto*, Un magistrato e una città nella Lombardia spagnola. Giulio Claro Pretore a Cremona. Mailand (Giuffrè), 1985, S. IV.

Clarus reinigt zunächst das Feld von einer Reihe falscher Probleme, indem er mit größter Klarheit darlegt, dass die verschiedenen Verfahrensformen (Anklage, Inquisition, Anzeige, Einrede, notorisches Verbrechen, Verhaftung in Flagranz), wie sie von der Lehre in herkömmlicher Weise (und häufig mit verdrehten und komplizierten Ausdrücken) dargestellt würden, einfach auf bloß zwei zurückgeführt werden müssten, nämlich die Form „Antrag der Partei" und diejenige *ex officio*. Die erstere – welche die Schriftsteller als „Prozedieren im Wege der Anklage" bezeichneten *(„quod scribentes appellant procedere per viam accusationis")* – liege vor, wenn die verletzte Partei oder eine andere berechtigte Person *accusa* bzw. *querela* erhebe – in diesem Falle prozediere man auf der Grundlage eben der *querela („et super ipsa querela proceditur")*. Bei der zweiten Form – und dies sei diejenige die man Verfahren im Wege der Inquisition nenne *(„et hoc est quod dicitur procedere per viam inquisitionis")* – nehme der Richter Informationen gegen den Angeklagten auf und gehe gegen ihn auf eigene Initiative und aufgrund seiner Amtspflicht vor *(„a se ipso, et ex suo officio")*.

Diese entschiedene Vereinfachung folgt – wie hervorzuheben ist – aus einer präzisen Entscheidung des Clarus. Der Jurist aus Alessandria nimmt nämlich in diesem Zusammenhang nicht Bezug auf die üblichen umfangreichen Zitate von Autoritäten aus der Lehre; seine Aufstellung des Binoms „Verfahren auf Antrag der Partei/Verfahren von Amts wegen" ist ausschließlich das Ergebnis seiner profunden Kenntnis der gewohnheitsrechtlichen Praxis und der Rechtsquellen.

Was die Beziehungen zwischen diesen beiden Methoden angehe, so müsste man – so Clarus weiter –, wenn man sich an die Regeln und Grundsätze des gemeinen Rechts halte *(„loquendo secundum ius commune")*, der *accusatio* bzw. der *querela* den Charakter eines ordentlichen Rechtsinstituts zusprechen, während die *inquisitio* als außerordentliches Rechtsinstitut anzusehen wäre. Die Ratio dieser Folgerung – die durch die *communis opinio doctorum* gedeckt sei – beruhe darauf, dass nach dem gemeinen Recht einem jeden gestattet sei, die Anklage zu erheben, während der Richter regelmäßig nicht *ex officio* im Wege der Inquisition vorgehen könne *(„regulariter [...] non potest ex officio procedere per viam inquisitionis")*.

Teilweise anders sei in dieser Hinsicht der Diskurs im kanonischen Recht. Hier gebe es zwei vorherrschende Auffassungen, die sich gegenüber ständen: die eine sei der Auffassung, dass auch hier die *inquisitio* ein außerordentlicher Rechtsbehelf sei; die andere vertrete hingegen die Meinung, dass im kanonischen Recht die *inquisitio* als ordentlicher Rechtsbehelf anzusehen sei. Nach Clarus trifft es zwar zu, dass im kanonischen Recht das inquisitorische Vorgehen in der Regel gestattet sei *(„regulariter permissum")*, da aber, ebenfalls nach kanonischem Recht, im Inquisitionsverfahren das nicht beachtet werde, was man in der Regel in Kriminalverfahren beachten müsse *(„illo iure non servantur in iudicio inquisitionis ea quae regulariter servare deberent in iudiciis criminalibus")*, erscheine es ihm theoretisch nicht zweifelhaft, dass die Ansicht zutreffe, wonach sowohl im kanonischen Recht als auch im *ius civile* die Inquisition als außerordentliches Rechtsinstitut bezeichnet werden müsse.

Dies alles – fährt Clarus fort – gelte allerdings nur, wenn man sich streng an die Grundsätze des gemeinen Rechts halte. Betrachte man hingegen die konkrete Rechtspflege, so präsentiere sich die Lage bekanntlich anders. Letztlich zögert der Jurist aus Alessandria nicht, der traditionellen und formalen Position *„de iure communi"* und deren möglichen Konsequenzen auf praktischer Ebene[4] mit Entschiedenheit die eindeutigen Ergebnisse der zu seiner Zeit geltenden gewohnheitsrechtlichen Praxis entgegen zu setzen:

Doch was immer auch die Regel des gemeinen Rechtes sein mag, so fällt doch dies alles dahin angesichts der Gewohnheit der gegenwärtigen Zeit; denn [heute] ist es auch nach dem *ius civile* in jedem Falle dem Richter gestattet, *ex officio* und damit im Wege der Inquisition zu verfahren.	*Sed certe quidquid sit de iure communi, haec omnia cessant ex consuetudine praesentis temporis; nam etiam de iure civili in quocunque casu permissum est iudici procedere ex officio, et sic per inquisitionem.*

Einige der besonders konkreten Juristen – Clarus zitiert bezeichnender Weise Albertus Gandinus – hätten seit langem beachtliche Zeugnisse für diese allgemeine Übung geliefert, die sich im Übrigen auch außerhalb Italiens durchgesetzt habe (für das Königreich Kastilien bezeuge dies der Kriminalist Antonio Gomez). Auf der Grundlage dieser Übung gelange man ohne Weiteres zu einer Position, welche der von der Mehrheit der Lehre vertretenen offiziellen Position völlig entgegengesetzt sei, und müsse zwangsläufig anerkennen, dass nicht nur im kanonischen Recht, sondern auch im *ius civile* die Inquisition ebenso ein ordentliches Rechtsinstitut sei wie die Anklage (*„inquisitionis remedium est ita ordinarium, prout est remedium accusationis"*).

Damit aber nicht genug, hat sich in einigen Territorien die Tendenz zur Bevorzugung der *inquisitio* auf so eindringliche Weise gezeigt, dass sie unseren Juristen zu der Bemerkung veranlasst, dass

an einigen Orten das Rechtsinstitut der Inquisition ein ordentliches geworden ist, während dasjenige der Anklage ein außerordentliches geworden ist	*in aliquibus locis remedium inquisitionis factum est ordinarium, et remedium accusationis factum est straordinarium.*

---

[4]Nach der allgemeinen Regel des gemeinen Rechts verdrängt der ordentliche Rechtsbehelf stets den außerordentlichen Rechtsbehelf, weshalb der taugliche Ankläger stets dem Inquisitionsrichter vorgezogen werden müsste, wie es übrigens auch Albertus Gandinus lehrt. Andere Autoren (Clarus zitiert Baldus und Egidio Bossi) berichten von einer Praxis, wonach die *accusatio* dann den Vorzug erhält, wenn sie beachtlichere Argumente vorträgt. Im Ergebnis – bemerkt der Jurist aus Alessandria – gibt es in der Lehre große Meinungsverschiedenheiten über diese Frage, insbesondere über den Fall, dass der Ankläger nach bereits begonnener Inquisition auftritt. Im Allgemeinen geht man in dieser Frage auf eine lange *distinctio* des Bartolomeo da Saliceto zurück, die von anderen Autoren (darunter Egidio Bossi) aufgegriffen worden ist und wonach berücksichtigt werden muss, ob der Ankläger vor oder nach der Aufnahme der Beweise aufgetreten ist. Im ersten Falle tritt die Inquisition dann nicht zurück, wenn die Verspätung auf Fahrlässigkeit beruht, andernfalls erhält die *accusatio* den Vorzug, falls der Ankläger die verletzte Partei ist und nicht der Verdacht der Kollusion vorliegt. Im zweiten Falle wird die *accusatio* nur dann zugelassen, wenn die Straftat im Gefolge der *inquisitio* noch nicht bewiesen ist.

Dies sei beispielsweise der Fall im Königreich Neapel, über das Clarus – Roberto Maranta und Prospero Caravita folgend – bemerkt, dass zur Anklage nur die Opfer der Straftat zugelassen seien. Im Königreich Frankreich bezeugten Jean Milles de Souvigny, der Verfasser einer *Practica criminalis,* und Guillaume Benoît, dass die königlichen *ordonnances* auch der verletzten Partei die Anklage verboten hätten; diese könnten nur im Wege des Zivilverfahrens ihr Interesse verfolgen. Und auch in Flandern – und hier ist die Informationsquelle die *Praxis Rerum Criminalium* des Joost Damhouder, auf den wir noch zurückkommen werden – werde nach Gewohnheit der Antrag auf Verurteilung dem Fiskal-Advokaten vorbehalten und demjenigen, der als verletzte Partei vorgehe, verweigert.

3.3 Die Merkmale des modus procedendi im 16. Jahrhundert

In einer kurzen klaren Anmerkung betont Clarus, dass der Grund für die Gleichstellung von Anklage und Inquisition (und für das tendenzielle Überwiegen der letzteren) in dem immer schärfer ausgeprägten öffentlichen Charakter der Justizapparate und in der zur Blüte gelangten Gestalt des Fiskal-Advokaten, eines inzwischen regelmäßig zur Unterstützung der Anklagen eingesetzten Beamten, gesucht werden müsse[5].

Diese Erscheinung hat der Initiative der Privatleute Raum und Bedeutung zunehmend entzogen und mittels eines Ersetzungsprozesses schrittweise immer weiter gehende Befugnisse den Inquisitionsrichtern und Fiskalbeamten eingeräumt, womit die Durchsetzung des Verfahrens *ex officio* zum Nachteil desjenigen *ad instantiam partis* begünstigt wurde.

Die Situation, die auf diese Weise herbeigeführt wird, hat Folgen auch für die Art des Prozedierens, die alles andere als nebensächlich sind. Denn – so bemerkt Clarus – während streng rechtlich betrachtet Anklage und Inquisition nicht koexistieren könnten *(„simul cumulari"),* weil die erstere (als ordentliche) in der Regel die zweite (als außerordentliche) verdränge, verschwinde im Lichte der gewohnheitsrechtlichen Praxis, welche die *inquisitio* als ordentliches Verfahren ansehe, die Unvereinbarkeit, ja beide existierten in jeder Phase des Strafverfahrens nebeneinander oder könnten es jedenfalls *(„ambo simul concurrunt, seu concurrere possunt").* Sei also das Verfahren *ex officio* begonnen worden, so werde die verletzte Partei, welche auftrete, um die *querela* zu erheben, stets zugelassen; und entsprechend hindere der Umstand, dass das Verfahren mittels *querela* begonnen habe, den Richter nicht, von Amts wegen Informationen, Beweisstücke und

---

[5]In den Rechtsordnungen des Ancien Régime gelten als „Fiskal-Advokaten" (auch „-Syndizi" oder „-Prokuratoren") die öffentlichen Amtsträger, die mit der Wahrnehmung der Interessen des „Fiskus" – d. h. des Souveräns und ganz allgemein des Staates – im Bereich der Justiz betraut sind. Sie greifen in das Verfahren ein, indem sie eine in manchen Bereichen sehr nachdrückliche Rolle zur Unterstützung des Richters als des offiziellen Inquisitionsführers wahrnehmen.

Zeugnisse einzuholen, welche von der Partei nicht bezeichnet oder eingebracht worden seien.

Auf diese Weise wird eines der bedeutendsten Merkmale des Strafprozesses der Blütezeit des gemeinen Rechts anerkannt und betont, zumindest was das Verhältnis zwischen den Befugnissen des Einzelnen und den Aufgaben des Magistrats angeht. Die Überlagerung von Elementen unterschiedlicher Natur im Felde eines zunehmenden Übergewichts des inquisitorischen Modells hat die traditionelle *accusatio* tief greifend transformiert, denn sie wird nunmehr mit der *querela* der verletzten Partei zwecks Verfolgung und Bestrafung des erlittenen Unrechts *(„ut suam, vel suorum iniuria prosequatur")* gleichgesetzt und steht nunmehr in einer ergänzenden und subsidiären Funktion neben der Tätigkeit von Amts wegen des Richters. Clarus erfasst und formuliert die Ergebnisse dieser Entwicklungslinie, dank derer

in der Verfahrensweise, welche heutzutage befolgt wird, eine Mischung bzw. eine Kumulierung der einen und der anderen Verfahrensform, d. h. des Verfahrens *ex officio* und desjenigen auf Initiative der Partei, koexistieren kann; und das eine wird durch das andere nicht gehindert, vielmehr treten des Öfteren die *denunciatio,* die *inquisitio* und die *accusatio* im selben Verfahren nebeneinander	*modus procedendi, qui hodiernis temporibus observatur, est quidam modus, in quo potest concurrere mixtura, seu cumulatio utriusque rimedii, scilicet ex officio, et ad instantiam partis; et unum ab altero non impeditur, quinimo multoties concurrunt denunciatio, inquisitio, et accusatio in eodem processu.*

Die aufmerksame Erörterung, welche Clarus der Realität der Justiz seiner Zeit widmet, erlaubt uns daher, die folgenden Fixpunkte in den Strukturen des Strafprozesses des 16. Jahrhunderts festzuhalten:

a) Können alle prozessualen Strukturen entweder auf die *accusatio* bzw. die *querela* (Verfahren auf Antrag der Partei) oder auf die *inquisitio* (Verfahren *ex officio*) zurückgeführt werden, so gilt die erstere nach den Regeln des römischen gemeinen Rechts als ordentliches Verfahren, die letztere nach allgemeiner gewohnheitsrechtlicher Übung.

b) Aufgrund dieser Übung sind die beiden Verfahrensarten nicht mehr unvereinbar, wie es eigentlich *de iure* der Fall ist.

c) Die Anwendung des akkusatorischen Verfahrens in seiner ursprünglich durch das gemeine Recht vorgeschriebenen Gestalt scheint immer seltener.

d) Und schließlich überlebt in der geltenden Verfahrensform, die aus einer Mischung bzw. Kumulierung von Anklage und Inquisition hervorgeht, die Auslösung des Verfahrens durch die Partei (allerdings nur dort, wo die *accusatio* noch nicht auf den Status einer außerordentlichen Verfahrensform reduziert ist) in der Form der *querela* und in der Funktion einer Unterstützung dessen, was von Amtswegen seitens des Magistrats geschieht.

Während, mit anderen Worten, die *inquisitio* inzwischen das Übergewicht im Justizbereich erlangt hat, ohne dass die Merkmale des Verfahrens *ex officio* wesentlich verändert worden wären, zeigt sich die *accusatio* in ihren grundlegenden und speziellen Aspekten erschüttert und hat unterdessen jene Erkennungsmerkmale verloren, welche *de iure* und von der Lehre aufgestellt worden waren.

3.4 Die Tätigkeit der Privatperson als praeambulum legitimum der Inquisition

Die soeben erwähnten Folgerungen können bestätigt werden, indem man die ansehnliche Reihe von *quaestinos* des *Liber Quintus* ins Auge fasst, in denen Clarus eine ausgiebige Untersuchung der *inquisitio* und der *accusatio* unternimmt, um die traditionelle Regelung *de iure* mit den durch Gewohnheitsrecht eingetretenen Innovationen zu vergleichen.

Im Hinblick auf die Inquisition bekräftigt der Jurist, dass nach dem Untergang des Grundsatzes, dass bei Fehlen einer Anklage niemand verurteilt werden darf (*„nemo sine accusatore puniri debet"*), es nach Gewohnheitsrecht stets erlaubt sei, sie als reguläres Verfahren zu betreiben, wenn nur jene Elemente vorliegen, welche es dem Richter gestatten, von der Phase der Generalinquisition *(inquisitio generalis)*, während derer die Existenz der Straftat (das *corpus delicti*) festgestellt wird und die ersten Untersuchungen durchgeführt werden, zur Phase der Spezialinquisition *(inquisitio specialis)* überzugehen, während derer gegen eine bestimmte Person auf der Suche nach deren Schuld prozediert wird. Diese Elemente werden als „rechtmäßige Präambeln der Inquisition" *(praeambula legitima inquisitionis)* bezeichnet, und zu ihnen gehören vor allem:

a) der schlechte Leumund (unterschiedlich als *publica fama, infamia, diffamatio, vox populi* usw. bezeichnet)[6];
b) die Anzeige einer Privatperson oder eines öffentlichen Amtsträgers *(denuntiatio privati aut officialis)*;
c) die Ergreifung des Täters in Flagranz *(deprehensio rei in flagranti crimine)*[7];
d) die Bekanntheit der Tat *(notorietas delicti; crimen notorium*[8]*)*;
e) die Klage der verletzten Partei *(querela partis offensae)*;
f) das Einschreiten des Fiskal-Advokaten und allgemeiner der mit der Förderung der Inquisition betrauten Amtsträger *(instigatores seu promotores inquisitionis)*.

---

[6]Nach einer seit dem 13. Jahrhundert in der Lehre verbreiteten konsolidierten Auffassung soll das öffentliche Gerücht eine präzise akkusatorische Funktion ausüben, als ob das Volk selbst dem Richter den Schuldigen bezeichne. In Wirklichkeit laufen, so Clarus, die Dinge in der Praxis weniger direkt: Der Richter, der zur Generalinquisition schreitet, fragt die Zeugen, ob sie den Täter des Verbrechens kennen; antworten die Zeugen verneinend, so fragt er sie ganz allgemein und ohne Namen zu nennen, ob es jemanden gebe, der vom öffentlichen Gerücht als Täter des Verbrechens bezeichnet werde; nur wenn sich aus der Bekundung der Zeugen die Existenz eines öffentlichen Gerüchts gegen jemanden ergibt, darf der Richter zur Spezialinquisition schreiten.

[7]In diesem Falle kann der Richter nicht nur mit der Spezialinquisition beginnen, sondern auch bis zum Urteil im summarischen Verfahren gehen *(„iuris ordine non servato")*.

[8]Ein notorisches Verbrechen ist die Straftat, die nicht geleugnet oder mit Vorwänden und Ausflüchten verheimlicht werden kann, beispielsweise diejenige, die in aller Öffentlichkeit begangen worden ist. Auch in diesem Falle kann der Richter bis zum Urteil im summarischen Verfahren prozedieren.

Das Vorhandensein zumindest eines dieser *praeambula legitima inquisitionis* erscheint bei Strafe der Nichtigkeit stets erforderlich[9], auch in den besonderen Fällen, in denen die Initiative *ex officio* auch vom gemeinen römischen Recht ausdrücklich anerkannt und gestattet ist:

In keinem Fall, in dem der Richter, sei es nach gemeinem Recht, sei es nach Statutarrecht, sei es nach Gewohnheitsrecht, von Amts wegen vorgehen kann [...], darf er jemals auf eigene Initiative zur Spezialinquisition [...] gegen jemanden schreiten, solange nicht zuvor ein Element eingetreten ist, das den Weg zur Inquisition eröffnet [...]; andernfalls ist das Verfahren *ipso iure* nichtig.	*in quocunque casu, in quo iudex sive de iure communi, sive statutario, sive ex consuetudine potest procedere ex officio, [...] nunquam debet neque potest a se ipso procedere ad inquirendum [...] specialiter contra aliquem, nisi aliquid praecedat, quod aperiat viam inquisitioni, [...] aliter processus esset ipso iure nullus.*

Unter den oben aufgezählten *praeambula inquisitionis* sind für das Thema, das uns hier interessiert, die wichtigsten zweifellos die *querela* und die *denuntiatio*.

Clarus betont zwar die Unterschiedlichkeit der Natur des Verfahrens auf Antrag der Partei und desjenigen *ex officio*, bemerkt jedoch, dass die Gewohnheit dem Richter ohne Einschränkung gestatte, unmittelbar zur Spezialinquisition zu schreiten, sobald die *querela* der Partei bei ihm eingegangen sei. Tatsächlich ist die *querela* an die Stelle der klassischen *accusatio* getreten, doch unterscheidet sie sich von dieser grundlegend, da sie in der Praxis nicht mehr die – auch formalen – Requisiten aufweist, welche *de iure* als notwendig angesehen werden, um den akkusatorischen Prozess zu beginnen (angefangen beim Anklage-Libell und der *inscriptio*, welche dem Schutz vor Verleumdungen dient).

Infolge *dessen* ist – so Clarus – jede Frage, die sich auf diese Requisiten bezieht, normalerweise bedeutungslos nicht nur wegen der Wandlungen, die sich dank der Gewohnheit vollzogen haben, sondern auch deshalb,

weil heute die Inquisition in nahezu allen Verfahren mit der *querela* bzw. *accusatio* zusammen existiert [...] und somit der Richter von Amts wegen etwaige Mängel ergänzt.	*hodie inquisitio concurrit in omnibus fere processibus cum ipsa querela sive accusatione [...] et sic iudex ex officio supplet quoscunque defectus.*

Was sodann die *denuntiatio* angeht, so darf sie nach Ansicht von Clarus ungeachtet der entgegenstehenden gewöhnlichen Auffassung nicht als eine ordentliche und von der *inquisitio* getrennte Verfahrensart verstanden werden, sondern nur als ein Mittel, das wie das Gerücht und die *querela* geeignet sei, dem Richter den Weg zur Spezialinquisition zu eröffnen. Die *denuntiatio* seitens öffentlicher Amtsträger unterschiedlicher Art sei freilich *practica diffusissima* in ganz Italien, doch

---

[9]Die Ratio dieser Regelung ist nach Clarus nicht ohne garantistische Aspekte, denn sie sei eingeführt worden, um die Bosheit und Überheblichkeit der Richter zu hemmen: die Befugnis, nach Belieben gegen jedermann vorzugehen, könnte nämlich dem Magistrat erlauben, unberechtigt Verfolgungshandlungen durchzuführen. Man beachte, dass die Nichtigkeit – wie einige vom Mailänder Senat entschiedene Fälle bezeugen – auch dann eintritt, wenn die Straftat vollständig bewiesen ist, und zur Freisprechung des Angeklagten führt.

hinderten die formalen Regeln des gemeinen Rechts nicht, dass nach der Gewohnheit ein jeder frei – und ohne Beachtung der *de iure* für die *accusatio* geltenden Regelung – beim Richter die ihm selbst oder einem anderen zugefügte Verletzung *(„iniuriam sibi vel alteri factam")* anzeigen könne. Und in diesen Fällen könnten die Richter ganz leicht das Verfahren eröffnen *(„de facili procedunt"),* was einer *„bona practica"* entspreche, mit der verhindert werden solle – wie er den alten Merkspruch zitiert –, dass Verbrechen unbestraft bleiben *(„ne delicta impunita remaneant").*

Auf der Grundlage des zuvor Festgestellten kann daher gesagt werden, dass im Strafprozess des 16. Jahrhunderts die Initiative des Privaten eine gewisse Bedeutung nur dann bewahrt, wenn sie sich in ein *praeambulum legitimum* der Inquisition auflöst.

3.5 Die desuetudo des Akkusationsprozesses

Das Gesagte wird in vollem Umfang bestätigt durch die präzisen *quaestiones*, die Clarus, ungeachtet des Untergangs dieser Verfahrensform, zum Thema *accusatio* abhandelt. Tatsächlich zeigt sich die Tiefe des Grabens, der sich allmählich zwischen der Regelung *de iure* und der gewohnheitsmäßigen Übung auftut, in aller Deutlichkeit auf jeder Seite des *Liber Quintus,* die sich mit dem akkusatorischen Verfahren befasst, und betrifft sowohl systematische Fragen als auch solche allgemeiner Art und einzelne kleine Vorschriften formeller Art.

Einige der besonders bedeutsamen von Clarus hervorgehobenen Widersprüche lassen sich folgendermaßen zusammenfassen:

a) Die Frage, ob die Anklage als Geltendmachung eines Anspruchs *(actio)* anzusehen sei oder als eine Pflicht des Richters *(officium iudicis),* beantwortet der Jurist aus Alessandria dahin, dass *de iure* zweifellos die erste Lösung die richtige sei, dass aber angesichts der Entwicklung, welche das Verfahrensmodell erfahren habe, es sich mittlerweile empfehle, der entgegengesetzten und verbreiteten Auffassung zu folgen.

b) Zu den formalen Aspekten schreibt das *ius* in aller Deutlichkeit vor, dass der Anklage-Libell schriftlich vorgelegt werden müsse, jedoch in der Praxis – *„quidquid sit de iure"* – werde es inzwischen als ausreichend angesehen, wenn eine mündlich vorgetragene *querela* vorliege *(verbalis querela),* die sodann vom Notar bzw. Kriminalkanzlisten in die Schriftform gebracht werde.

c) Was die Pflicht zum Unterschreiben des Dokuments angeht, das den Ankläger verpflichtet, sich der Talionsstrafe zu unterwerfen (die *inscriptio ad poenam talionis,* die als präventive Garantie gegen verleumderische oder leichtfertige Anklagen vorgesehen ist), stellt Clarus fest, dass kraft Gewohnheit diese Förmlichkeit nicht mehr beachtet werde *(„hodie de consuetudine non observatur ista solemnitas"),* da in der Praxis der Grund der *inscriptio* selbst und damit auch die Talionsstrafe entfallen sei.

d) Die Fragen *de iure,* wer anklagen könne, wer angeklagt werden könne, wer als Ankläger geeignet sei, haben – so Clarus – inzwischen nur noch rein akademischen Charakter und finden in der Praxis keine Entsprechung.

e) Entsprechend werden auch die weiteren Voraussetzungen des Verfahrens, wie sie *de iure* vorgesehen sind, nicht mehr beachtet, während auch die klassische römischrechtliche Unterscheidung zwischen *crimina publica* und *crimina privata* eine sehr abgeschwächte Bedeutung besitzt.

Mehr als auf eine eingehende Untersuchung der einzelnen Unterschiede zwischen *ius* und *consuetudo* muss aber auf einen Passus des *Liber Quintus (§ Finalis, Practica Criminalis, Quaestio XIV)* hingewiesen werden, in dem der Verfasser einige bedeutsame Überlegungen über das Verhältnis zwischen den vorherrschenden inquisitorischen Strukturen und den schwankenden akkusatorischen Grundsätzen anstellt. Dort weist uns Clarus auf eine symptomatische Tatsache hin, indem er uns informiert, dass in der Justizpraxis es äußerst selten vorkomme, dass Diskussionen oder Kontroversen aufträten, die im Zusammenhang mit der traditionellen Regelung *de iure* der *accusatio* bzw. allgemeiner mit den Tätigkeiten der privaten Parteien zu tun hätten. Diese Erscheinung besitze eine recht präzise Ursache und sei der allgemein verbreiteten Hinnahme der Tatsache geschuldet, dass

nach allgemeiner Gewohnheit in nahezu allen Fällen man heute im Wege der Inquisition, d. h. von Amts wegen verfährt.	*ex generali consuetudine in omnibus fere casibus hodie per inquisitionem, seu ex officio proceditur.*

Die Ausbreitung des inquisitorischen Modells hat somit die erste offenkundige Wirkung, dass die Tätigkeit der Partei weniger bedeutsam, in letzter Konsequenz nur noch eine virtuelle ist, weil das Verfahren, wie wir gesehen haben, normaler Weise von Amts wegen über eine Vielzahl von Kanälen, darunter das Einschreiten des Fiskal-Advokaten, eröffnet werden kann, auch wenn niemand eine Anklage erhebt *(„Etiam si nemo accuset")*.

Doch die erwähnte Ausbreitung hat noch eine weitere wichtige Folge gehabt, da sie – wie Clarus täglich in der Praxis beobachten kann – *(„ut quotidie videmus in practica observari")* – den Richtern gestattet hat, erstens stets und überall die *querelae* und *accusationes* von Privatleuten entgegenzunehmen (auch wenn *de iure* die notwendigen Requisiten fehlen oder irgendwie mangelhaft sind) und zweitens diese Anträge als Mittel zu verwenden, um zur Spezialinquisition zu schreiten.

In den gerade zusammengefassten Erörterungen von Clarus werden nach alledem mit der bei ihm gewohnten Genauigkeit die abschließenden Aspekte jenes komplexen Prozesses der Marginalisierung der akkusatorischen Formen beschrieben, der seit dem 13. Jahrhundert die Strafjustiz erfasst und begrifflich wie strukturell tief greifende Veränderungen hervorruft.

Angesichts einer Lehre, die häufig desorientiert ist und zwischen der Autorität der auch akademischen Tradition und der Notwendigkeit, sich an die Praxis anzupassen, hin und her gerissen ist, bleibt in der alltäglichen Rechtspflege des 16. Jahrhunderts von den prozessualen Instituten, die auf die Initiative der Parteien

3.5 Die desuetudo des Akkusationsprozesses

abheben, wenig übrig. Das akkusatorische Modell ermächtigte einen jeden zum Handeln und war gekennzeichnet durch das Vorhandensein eines dichten Netzes von garantistischen Vorschriften und formalen Voraussetzungen. Nachdem diese Garantien dahingefallen sind und die formalen Aspekte als unwichtig betrachtet werden, bleibt als einziger allgemeiner Rechtsbehelf, der allen gestattet ist, die schlichte Anzeige, während die *querela* der verletzten Partei Schritt für Schritt die Stelle der *accusatio* einnimmt, allerdings mit sehr präzisen Einschränkungen und mit einer deutlich geringeren Wirksamkeit. Die *querela* und die *denuntiatio* üben in der Verfahrensökonomie eine Hilfsfunktion als *praeambula inquisitionis* aus und erweisen sich so als bloße und nicht unerlässliche akzessorische Mechanismen in der großen Maschine des Verfahrens von Amts wegen.

Im Lichte dieser Hinweise mag der Umfang überraschen, den die detaillierte Regelung der *accusatio* im *Liber Quintus* einnimmt – dem Werk eines Juristen, der doch dem konkreten Rechtsleben besondere Aufmerksamkeit schenkt. Tatsächlich empfindet Clarus selbst das Bedürfnis, diese seine Entscheidung zu rechtfertigen, und stellt zum Abschluss der Behandlung dieser Thematik klar, er habe Normen, Prinzipien und Rechtsinstitute darstellen wollen, welche mittlerweile der *desuetudo* verfallen seien, weil er so deutlicher den Unterschied zwischen dem, was zum gemeinen Recht gehöre, und dem, was aus der Gewohnheit abgeleitet sei, habe darstellen können:

Und dies ist die Form, in der man auf der Grundlage des gemeinen Rechts im Akkusationsverfahren vorgeht, das freilich, wie gezeigt, fast vollständig außer Gebrauch gekommen ist. Ich habe es jedoch nicht verschweigen wollen, damit man weiß, was man nach gemeinem Recht beachten muss und was nach der Gewohnheit.	*Et haec est forma, secundum quam proceditur de iure communi in iudicio accusationis, quae tamen (ut vides) tota fere abiit in desuetudinem. Volui tamen illam non praetermittere, ut scias quid servandum sit de iure communi, et quid de consuetudine.*

Kapitel 4
Pour pourvoir au bien de notre justice

4.1 Die europäische Dimension der inquisitorischen Revolution

Wie wir gesehen haben, erscheinen in der ersten Hälfte des 16. Jahrhunderts die inquisitorischen Verfahren in der Praxis der Gerichte vorherrschend und haben ein befriedigendes Ausmaß an dogmatischer Ausarbeitung durch die Doktrin des gemeinen Rechts, insbesondere durch jene Juristen erfahren, die seit dem 14. Jahrhundert eine immer intensivere Produktion von *Practicae Criminales* hervorbringen, d. h. von Lehrbüchern, die für Richter, Amtsträger und Advokaten bestimmt sind. Diese *Practicae* bilden eine Form von juristischer Literatur, die durch lange Dauer (bis ins 18. Jahrhundert) und durch weite Verbreitung gekennzeichnet ist. Häufig besitzen sie Kompilations-Charakter, mitunter aber schwingen sie sich – wie in den Fällen von Aretinus und Clarus – zu einem beachtlichen technisch-wissenschaftlichen Niveau auf. Die Juristen jener Epoche, die als „Epoche der Praktiken" bezeichnet worden ist, haben zunächst – gelegentlich mit einigen Schwierigkeiten – die neuen Richtungen zur Kenntnis genommen, die sich in der Praxis durchgesetzt haben, und sodann, ausgehend von den älteren römisch-kanonischen kulturellen Grundlagen, wirksam zur begrifflichen Ausarbeitung dieser Richtungen mittels Entwicklung der notwendigen theoretischen Unterstützung beigetragen.

Zu betrachten ist nunmehr, wie die unaufhaltsame Ausbreitung des inquisitorischen Verfahrens vom 13. bis zum 16. Jahrhundert nicht nur Italien erfasst, sondern tatsächlich eine europäische Erscheinung ist.

Mit einiger Verspätung gegenüber den Vorgängen im Italien des 13. Jahrhunderts macht sich nämlich auch in der Praxis der europäischen Gerichte dieselbe Tendenz zur Entwicklung von Verfahren *ex officio* zum Nachteil der auf privater Anklage beruhenden Verfahren bemerkbar. Die Begleitumstände und Motive für diese kontinentaleuropäische Erscheinung sind meistens dieselben und stehen in Verbindung mit jenen, die wir in Italien am Werke gesehen haben. Zu ihnen gesellt sich aber noch ein weiteres Element von großer Bedeutung, nämlich der langsame

Prozess des Heranreifens der ersten großen europäischen Staatsgebilde vom 14. bis zum 16. Jahrhundert, die gerade in der Strafjustiz ein äußerst wichtiges Instrument für die Machtausübung und den Machterhalt erblicken (exemplarisch ist der Fall Frankreich); und so sind es insbesondere die königlichen Gerichte, die ihre Überordnung über die örtlichen und feudalen Gerichte (und über die von diesen befolgten Verfahrensarten) durchsetzen und damit eine entschiedene Verschärfung des repressiven Aspekts der Strafjustiz bewirken.

Es erscheint daher nicht als Zufall, dass gerade während der ersten Jahrzehnte des 16. Jahrhunderts auf dem europäischen Kontinent die Etablierung des inquisitorischen Modells auch auf normativer Ebene durch eine Reihe umfangreicher Gesetzestexte abgesegnet wird, die – was hervorgehoben zu werden verdient – eine unter den vielen wichtigen Äußerungsformen des entstehenden absolutistischen Staates, ist der mit immer größerer Energie zur Zentralisierung der Apparate und zur Durchsetzung seiner Autorität strebt. Diese Bestimmungen tragen nachhaltig zur Beschreibung der Grundsätze, der Institute und der Unterscheidungsmerkmale der Phase größter Blüte des Strafprozesses des Ancien Régimes bei.

Im Zentrum der legislativen Bewegung zur Verstaatlichung der Verfahrensregeln stehen Frankreich und Deutschland. Besondere Bedeutung gewinnen hier zwischen dem Ende des 15. Jahrhunderts und der Mitte des 16. Jahrhunderts einige königliche *ordonnances* in Frankreich und eine Reihe von Gesetzeswerken, die in Deutschland in der berühmten *Constitutio Criminalis Carolina* ihren Höhepunkt erreichen. Aber auch anderswo in Europa gibt es unmissverständliche Anzeichen für das Bestehen einer gemeinsamen Tendenz zur Fixierung der Ergebnisse mittlerweile konsolidierter prozessualer Erfahrung und Praxis durch staatliche Gesetzgebung.

Durch diese normativen Entscheidungen in Gesetzen des europäischen Renaissance-Zeitalters wächst allmählich auf kontinentaler Ebene dieselbe virtuelle Einheit des Verfahrenstyps heran, wie sie schon seit langem in Praxis und Lehre vorhanden ist. Diesem Prozess der Homogenisierung entsprechen sowohl – wie schon erwähnt – die zunehmende Konzentration der Rechtsprechungsbefugnisse in den Händen der Richter der königlichen Höfe als auch die beachtliche Entwicklung der Rechtsprechung der großen Zentralgerichte der europäischen Staaten, die im Verlauf des 15. Jahrhunderts in großer Zahl entstehen und eine Rolle absoluter Vorherrschaft im Panorama der Rechtsprechungsstrukturen des späten gemeinen Rechts einzunehmen beginnen.

Die geschilderten Vorgänge ziehen natürlich eine Reihe gewichtiger Folgen auf der Ebene der Organisation der Strafjustiz nach sich. Denn einerseits schärfen sie deren repressive Wirksamkeit, verbessern die Funktionalität der öffentlichen Institutionen und erleichtern die Anwendung einer Reihe mitunter feinsinnig ausgearbeiteter technischer Hilfsmittel (man denke nur an die komplexen Konstruktionen der Lehre von den Indizien). Andererseits suchen sie die Ermessensbefugnisse der Richter und Amtsträger in vorherbestimmte Rahmen einzufügen, indem sie auf eine Situation nahezu völligen Fehlens von Regulierung und Kontrolle einwirken, wie sie sich in der ersten Phase der Ausbreitung des Inquisitionsmodells etabliert hat. Gleichzeitig begünstigen Interventionen durch staatliche Gesetze eine weitere Beschränkung der

4.2 Die Ursprünge des französischen Inquisitionsmodells

Privatinitiative, neigen zur Missachtung der Rechte der Verteidigung und sanktionieren die endgültige Durchsetzung der besonders ungerechten Aspekte des Systems der gesetzlichen Beweise, beginnend mit der regelmäßigen Anwendung der Folter.

4.2 Die Ursprünge des französischen Inquisitionsmodells

Wir wollen nun versuchen, zu einer konkreten Darstellung zu gelangen, indem wir einige paradigmatische Situationen untersuchen und dabei unsere Aufmerksamkeit zunächst auf das Königreich Frankreich richten.

In Frankreich entwickeln sich die Transformationen der Verfahrensstrukturen im inquisitorischen Sinne bis zum 15. Jahrhundert fast ausschließlich durch die Rechtsprechung der königlichen Gerichtshöfe, die sich dann als Gewohnheitsrecht sowie – in geringerem Maße – durch Ausarbeitung in der Lehre konsolidiert. Die königlichen Eingriffe besitzen in dieser ersten Phase Ausnahmecharakter und beschränken sich darauf, die in der Praxis durchgesetzten Regeln abzusegnen. Gewohnheitsrechtliche Normen, Gesetze und die gerichtlichen Praktiken werden mitunter in weitschweifigen Sammlungen zusammengefasst, die allmählich alle Zweige des Rechts erfassen und letztlich bloße Leitfäden zum Gebrauch von Richtern, Amtsträgern und Advokaten sind[1].

Mit dem Ziel, der Unsicherheit und der fehlenden Koordination zwischen Quellen und Institutionen, der Fluktuation der Rechtsprechung und den Trägheiten und Missbräuchen aufgrund der erwähnten Entwicklungen zu begegnen, beginnt man seit dem Ende des 15. Jahrhunderts auf Initiative der Krone damit, die von der Praxis entwickelten Regeln gesetzlich zu bestätigen. Das technische Hilfsmittel für diese delikate Operation bildet die *Ordonnance*.

Die wichtigsten dieser Eingriffe sind in dem hier interessierenden Bereich die beiden *Ordonnances* von Blois aus dem Jahre 1498 und von Villers-Cotterêts aus dem Jahre 1539. Es handelt sich um recht umfangreiche Reformwerke, mit denen in alle Aspekte der gerichtlichen Institutionen im Zivil- und Strafrecht, mit besonderer Berücksichtigung der Probleme prozessualer Art, eingegriffen werden soll. Dank den *Ordonnances* von Blois und Villers-Cotterêts erfahren die Verfahrensformen, die sich in den Jahrhunderten des späten Mittelalters in Frankreich durch die gewohnheitsmäßige Praxis entwickelt haben, eine erste beachtliche Regelung, der bald eine beachtliche Lehrbuchproduktion aufgesetzt wird. Die Gesetzgebungsphase der Renaissance beendet allerdings nicht den Prozess des Aufkommens und der Ausformulierung der neuen Regeln des Strafprozesses. Sie ist vielmehr Vorspiel zur größten und glänzendsten gesetzlichen Ausdrucksform des inquisitorischen Systems in Frankreich, nämlich der großen *Ordonnance Criminelle* Ludwigs XIV. und des Ministers Colbert aus dem Jahre 1670.

---

[1]Unter ihnen sticht hervor der *Grand Coutumier de France*, zusammengestellt in den 80er Jahren des 14. Jahrhunderts von dem Richter Jacques d'Ableiges und Basiswerk für die Fachleute der königlichen Justiz bis zum Beginn des 16. Jahrhunderts.

4.3 Die Ordonnance von Blois (1498)

Die *Ordonnance sur la réformation de la justice et l'utilité générale du Royaume* wird von Ludwig XII. im März 1498 in Blois erlassen. Sie ist nicht nur die erste Regelung des gesamten Strafverfahrens im französischen Staat, sondern bedeutet auch die erste allgemeine gesetzliche Anerkennung der Durchsetzung der inquisitorischen Formen in Frankreich.

Vorher hat sich die Anwendung der *inquisitio* und der Folter schrittweise in der Praxis ausgebreitet – auch, wie wir gesehen haben, dank ihrer Begünstigung durch die königlichen (und kirchlichen) Gerichte und seitens der Lehre. Diesen neuen Verfahrensformen ist die Eigenschaft als *ritus extraordinarius* zugesprochen worden gegenüber dem *ritus ordinarius,* den die traditionellen akkusatorischen Formen darstellen. Die Reform von 1498 kodifiziert nichts weiter als den Dualismus, der sich in der Praxis bereits herausgebildet hat. Sie bestätigt diese Unterscheidung und die gleichzeitige Existenz des alten akkusatorischen und öffentlichen, als *ordinaire* bezeichneten Verfahrens und des neuen inquisitorischen Verfahrens, das als *extraordinaire* bezeichnet wird, und enthält eine Regelung für beide, die auch anweist, wie man zwischen beiden zu wählen hat, und die Regeln fixiert, die vom 13. bis zum 15. Jahrhundert von der Rechtsprechung der königlichen Gerichtshöfe und, in Verbindung mit ihr, von der Lehre aufgestellt worden sind.

Die *Ordonnance* ordnet die Durchführung einer geheimen Vorermittlung an, an deren Ende der Beschuldigte vor Gericht geladen oder verhaftet und unmittelbar verhört wird (Art. 96, 98, 106). Die Ergebnisse dieser Vorermittlung und des anschließenden Verhörs werden den königlichen Prokuratoren übermittelt (einer Justizinstitution, der dauerhafter Erfolg beschieden sein sollte), damit diese die im Interesse der Gerechtigkeit und des Herrschers für zweckmäßig erachteten Anträge formulieren können *(„requérir por le bien de justice ou de nostre interest")* (Art. 107). Zu diesem Zeitpunkt entscheidet das Gericht darüber, ob im ordentlichen Verfahren vorgegangen werden soll, in dessen Verlauf die Parteien öffentlich und streitig angehört werden, oder im außerordentlichen Verfahren, dessen zwei grundlegende Merkmale Heimlichkeit und Anwendung der Folter *(torture, question)* sind (Art. 108).

Die Heimlichkeit wird in unmissverständlichen Worten für jede Station und für jeden Schritt des Verfahrens vorgeschrieben. Der Beschuldigte ist auf sich allein gestellt und entbehrt jeglicher Form des Beistandes: ein solcher kann zugelassen werden, um sein Verteidigungsvorbringen zu unterbreiten, hat jedoch nicht das Recht, die Anklagepunkte zu erfahren (Art. 111). Wichtiger ist offenbar, dass der Prozess mit der größtmöglichen Heimlichkeit durchgeführt wird, sodass niemand seine Inhalte kennen lernen kann: *„ledit procès se fera le plus diligemment que faire se pourra, en manière que aucun n'en soit averti"* (Art. 110 und 111). Die *Ordonnance* von Blois bewirkt somit eine förmliche und endgültige Verdrängung der Öffentlichkeit des Verfahrens. Dadurch wird bis zur Revolution von 1789 das Publikum weitestgehend aus den französischen Gerichtssälen verdrängt.

Die Modalitäten für die Anwendung der Folter sind sorgfältig festgelegt; sie schreiben die Anwendung eines weiteren Elementes vor, das für die inquisitorische Verfahrensart kennzeichnend werden wird: die Schriftlichkeit. Die

Anwendung der Folter muss unter Beachtung genauer Formen beschlossen werden *(„en la chambre de conseil, ou autre lieu secret par gens notables et lettrez, non suspects ne favorables")* (Art. 112), während die Ergebnisse der Befragung mit äußerster Sorgfalt vom Kanzlisten *(greffier)* protokolliert werden müssen, der sogar festhalten muss, wie oft dem Beschuldigten ein Getränk gereicht worden ist (Art. 113). Geständnisse werden erst dann als gültig angesehen, wenn sie vor dem Gerichtshof ohne Zwang und außerhalb der Folterkammer wiederholt werden (Art. 113). Der Beschuldigte, der sich weigert, zu gestehen oder das Geständnis zu bestätigen, darf nicht erneut der Folter unterzogen werden, es sei denn, dass neue Indizien vorliegen (Art. 114). Diese penible Regelung ist das Ergebnis einer Reaktion auf die missbräuchlichen Praktiken, die sich im Frankreich des 15. Jahrhunderts verbreitet haben – Praktiken, die außerhalb jeder Kontrolle den widerspenstigen Beschuldigten mehrmals nacheinander der Folter unterzogen, selbst wenn es an neuen Fakten fehlte, welche sie irgendwie rechtfertigen konnten.

Erwähnenswert ist schließlich auch Art. 118, der eine Verbindung zwischen ordentlicher und außerordentlicher Verfahrensart herstellt, indem er regelt, dass immer dann, wenn das außerordentliche Verfahren nicht zu befriedigenden Ergebnissen geführt hat, der Prozess in den ordentlichen Formen fortgesetzt werden kann. Es handelt sich allerdings um eine Öffnung, die in Wirklichkeit keinerlei konkrete Folge in der Praxis der Gerichte haben wird. Dasselbe Schicksal wird die Regel ereilen, wonach die Verlesung der Entscheidung öffentlich und in Anwesenheit des Beschuldigten erfolgen muss (Art. 116); sie wird schon recht bald vom Schleier der *desuetudo* verhüllt.

4.4 Die Ordonnance von Villers-Cotterêts (1539)

Vierzig Jahre nach der *Ordonnance* von Blois wird deren inquisitorische Regelung durch Franz I. noch strenger gestaltet mit der *Ordonnance su le faict de la justice*, die am 15. August 1539 in Villers-Cotterêts verkündet wird. Ihr 32 Artikel umfassender Schlussteil ist ausschließlich dem Kriminalverfahren gewidmet. Entworfen und formuliert vom Kanzler des Königs, Guillaume Poyet[2], und einer früheren *Ordonnance,* nämlich der 1536 erlassenen zur Reform des *„style de Bretagne"*, nachgestaltet, bestätigt die *Ordonnance* von 1539 die schon in Blois zutage getretenen Tendenzen und regelt eine Struktur des Strafprozesses, die nahezu unverändert bis zur großen *Ordonnance Criminelle* von 1670 Bestand haben wird.

---

[2]Guillaume Poyet (*Angers ca. 1473, †1548), Jurist mit römischrechtlicher Ausbildung, erlangt den Ruf eines ausgezeichneten *praticien* als Advokat beim Parlament von Paris und als Berater der königlichen Familie. Advokat des Königs beim Parlament von Paris 1530, tritt er 1532 in den Königlichen Rat ein und wird 1534 zum Präsidenten des Parlaments von Paris und des Parlaments der Bretagne ernannt. 1538 wird er Kanzler von Frankreich, wird jedoch 1542 wegen Amtsmissbrauchs angeklagt, 1545 verurteilt und verliert alle Ämter und Funktionen.

4.4.1 Die Verfahrensabschnitte

Das Verfahren ist in zwei ganz unterschiedliche Abschnitte unterteilt, eine lange Instruktionsphase, in der das Beweismaterial gesammelt wird, und eine äußerst knappe Urteilsphase. Die Mitwirkung des königlichen bzw. (in den feudalen Gerichten) des herrschaftlichen Prokurators *(procureur du roy, fiscal, procureur du seigneur)* ist obligatorisch: er ist notwendiger Teil in jedem Verfahren. Auf diese Weise wird ein für alle Mal der noch heute geltende Grundsatz aufgestellt, dass es für die Instruktionsphase der Mitwirkung eines öffentlichen Prokurators als auch eines Ermittlungsrichters bedarf. Das Gericht als Kollegium wirkt nur an der Entscheidung mit. Emblematisch ist der endgültige Ausschluss jeder Art von formeller Verteidigung aus den eigentlichen Kriminalverfahren: implizit gilt das Verbot bereits für das außerordentliche Verfahren in der *Ordonnance* von Blois, und es wird nun in Art. 162 ausdrücklich bestätigt, wonach „*en matières criminelles ne seront les parties aucunement ouïes par le conseil ni ministre d'aucune personne, mais réprondront par leur bouche des cas dont ils seront accusés*".

Die Instruktion wird von einem einzigen Richter – *juge criminel, lieutenant criminel, juge seigneurial* – durchgeführt, der das Verfahren eröffnet, indem er auf Antrag der verletzten Partei (der *partie civile*) oder des *procureur* oder *ex officio* die *information preparatoire* beginnt (Art. 145).

Der Herr dieser ganzen Phase des Prozesses, der Instruktionsrichter, ist mit Ermessensbefugnissen von größter Tragweite ausgestattet. Am Ende der *information preparatoire* entscheidet er nach Anhörung des *procureur*, ob das Verfahren eingestellt oder förmlich eröffnet wird (Art. 145). Im letzteren Falle schreitet er zum Verhör des Beschuldigten und zur Entscheidung über ordentliches oder außerordentliches Verfahren. Die Unterscheidung zwischen den beiden Verfahrensarten, wie sie in Blois kodifiziert worden ist, wird nämlich prinzipiell beibehalten, wenngleich faktisch ab diesem Zeitpunkt in Frankreich alle Strafrechtsfälle von einigem Gewicht *à l'extraordinaire* geführt werden. Das außerordentliche Verfahren wird auf inquisitorische Weise geführt, es führt zur Festnahme *(prise de corps)* des Beschuldigten und seiner Verhaftung, hindert den professionellen Beistand, lehnt die Aussetzung der Haft ab und sieht die Folter vor. Das ordentliche Verfahren, jetzt nur noch eine Restkategorie, findet hingegen öffentlich und in streitiger mündlicher Verhandlung statt, gestattet die Heranziehung eines gesetzlichen Beistandes und kennt die Aussetzung der Haft.

Unterstützt von einer großen Schar von Mitarbeitern, denen die Durchführung einer beachtlichen Reihe von Handlungen delegiert werden kann, ist es Aufgabe des Instruktionsrichters, das Beweismaterial zu sammeln und es schriftlich mittels einschlägiger an das Richterkollegium adressierter Protokolle zu sichern. Insbesondere unterzieht er den Beschuldigten einem oder mehreren Verhören (Art. 146) und kann ihn, wenn er es für geboten hält, der Folter überweisen (Art. 163–164); er nimmt die Bekundungen der Zeugen entgegen und sorgt für die Durchführung von Bestätigungen *(recolements)* und Gegenüberstellungen *(confrontations)* (Art. 153–156); er nimmt Geständnisse entgegen, und wenn der Beschuldigte

4.4 Die Ordonnance von Villers-Cotterêts (1539)

rechtfertigende Tatsachen vorträgt, fordert er ihn auf, die entsprechenden Zeugen zu benennen, und vernimmt diese (Art. 157).

Verglichen mit der Vergangenheit ist die Heimlichkeit aller soeben genannten Amtshandlungen noch weiter verschärft, und die Schriftlichkeit wird zum grundlegenden Merkmal. Die Instruktionsphase ist in einer Weise konzipiert, welche die Herstellung einer vorteilhaften Position für die Anklage erleichtert, und belässt dem Beschuldigten sehr wenige *chanches*. Von diesen verdienen Erwähnung das Recht, an den zuständigen herrschaftlichen Gerichtshof gegen die Überweisung an die Folter zu appellieren (Art. 163), und das Recht nicht nur auf Freispruch, sondern auch auf *„reparation de la calumnieuse accusation"*, das demjenigen zugestanden wird, dem es gelungen ist, die Folter zu überstehen, und der kein Geständnis abgelegt hat (Art. 164).

Die Entscheidungsphase setzt ein, wenn die Würfel bereits gefallen sind. Der Beschuldigte erscheint vor dem Gerichtshof, der auf der Grundlage des letzten Verhörs und der schriftlichen Dokumentation, welche unter Leitung des Instruktionsrichters aufgesetzt worden ist, entscheidet. Diese Dokumentation ist in einem einschlägigen Aktenheft gesammelt, das neben den Ermittlungsergebnissen auch einen Bericht des königlichen Prokurators über das Verfahren und dessen Schlüsse sowie diejenigen der *partie civile* enthält. Die Entscheidung, die nach der *Ordonnance* von Blois noch in öffentlicher Sitzung verkündet werden musste, wird nunmehr vom Kanzlisten dem Beschuldigten im Gefängnis direkt vorgelesen. Die Urteilsbegründung, die sich in der Praxis als Regel durchgesetzt hatte, fehlt bzw. wird durch rituelle Formeln ersetzt.

4.4.2 Die Etablierung des inquisitorischen Verfahrens in Frankreich

Die *Ordonnance* von Villers-Cotterêts entsteht im Wesentlichen als ein Mittel, um die Justiz im Königreich Frankreich zu beschleunigen, und dieser Zweck wird in der Präambel des Werkes in aller Deutlichkeit zum Ausdruck gebracht: *„pour aucunement pourvoir au bien de nostre justice, abréviation des procès, et soulagement de nos sujets"*.

Die Zielsetzung, ein rasches und wirksames Verfahren zu schaffen, wird vorwiegend durch die Regelung der Befugnisse verfolgt, welche den Richtern und den Prokuratoren in den verschiedenen Phasen des Verfahrens zustehen. Geringer ist das Bemühen um die Definition der Rechtsinstitute: so wird das System der gesetzlichen Beweise mit der privilegierten Rolle des Zeugenbeweises und des Geständnisses zulasten des Indizienbeweises als weitgehend geklärt angesehen (Art. 164). Dies führt zu einer weiteren Steigerung des bereits starken inquisitorischen Drucks. In dieser Hinsicht reiht die *Ordonnance* von 1539 sich in vollem Umfang in die Entwicklungslinie ein, welche für die Zustände des Strafprozesses in ganz Europa kennzeichnend ist. Nichts durchdringt den Schleier der

Heimlichkeit, der das Verfahren umgibt; alles spielt sich fern von den Augen der Öffentlichkeit ab. Ohne professionellen Beistand und ohne Kontakte nach außen, Verhören ohne förmliche Regeln unterzogen und mit der Folter bedroht, durchschaut der Beschuldigte kaum seine Lage und befindet sich im Grunde in einer Lage, in welcher der Aufbau einer angemessenen Verteidigungsstrategie unmöglich ist. Die Inquisitionsmaschinerie beginnt in Frankreich jene technische Perfektion zu erlangen, welche dann die *Ordonnance Criminelle* von 1670 kennzeichnen sollte, wenngleich – wie wir noch sehen werden – es nicht an ersten Stimmen des Widerspruchs und ersten lebhaften Protesten seitens der kulturell aufgeschlosseneren Geister fehlt, die in ihren Werken einige der Themen vorwegnehmen, welche dann später im Zeitalter der Aufklärung mit ganz anderem Erfolg aufgegriffen werden.

Für den Augenblick bildet die *Ordonnance* von Villers-Cotterêts einen Fixpunkt in der Entwicklung des Strafverfahrens in Frankreich: sie modifiziert im Sinne der Ergänzung die vorhergehenden Ordonnanzen, hebt sie aber nicht auf, und sie errichtet eine Verfahrensstruktur, die nicht nur im Wesentlichen unverändert 130 Jahre bestehen bleiben, sondern auch Auswirkungen auf einige Aspekte der späteren Kodifikation des Strafverfahrens haben wird. Aus einer anderen Perspektive betrachtet bezeichnet sie außerdem eine wichtige Wende in der Geschichte der Institutionen und der – nicht nur juristischen – Kultur, indem sie, einer *Ordonnance* Ludwigs XII. von 1510 folgend, die ausschließliche Verwendung der französischen Sprache anstelle des Lateinischen sowohl in den Prozessakten als auch in der notariellen Dokumentation vorschreibt (Art. 111).

Mit dem Jahr 1539 sind die gesetzlichen Grundlagen des inquisitorischen Verfahrens in Frankreich fest etabliert. Es trifft zwar zu, dass es an einschlägigen obrigkeitlichen Eingriffen in die Strafjustiz auch in der Folgezeit bis zur endgültigen großen *Ordonnance* von 1670 nicht fehlt, doch beschränken diese sich auf Nachbesserungen und bestätigen die in Blois und in Villers-Cotterêts vorgezeichnete Linie. Exemplarisch in dieser Hinsicht ist die immer geringere Bedeutung, welche der Initiative der privaten Partei zugeschrieben wird – die *Ordonnance* von Orléans Franz' II. (Januar 1560), die *Ordonnance* con Châteaubriant Karls IX. (Oktober 1565) und die zweite *Ordonnance* von Blois Heinrichs III. (Mai 1579) beharren insbesondere auf dem Grundsatz der Verfahrenseinleitung *ex officio,* indem sie die Pflicht der *procureurs du roy* und der Richter der königlichen Gerichte bestätigen, das öffentliche Verfahren auch bei Fehlen einer Anzeige oder eines Antrags der *partie civile* zu beginnen und durchzuführen.

Der Hinweis erscheint nicht überflüssig, dass paradoxer Weise mit den Inhalten der *Ordonnance* von Villers-Cotterêts das Schicksal ihres Verfassers, des Kanzlers Guillaume Poyet, in Verbindung steht. Angeklagt wegen Amtsunterschlagung, Erpressung im Amt und Amtsmissbrauch, wird Poyet verhaftet, verliert sämtliche Ämter und erfährt am eigenen Leib die Härte „seines" Gesetzes und „seines" Verfahrens im Verlauf eines langen Prozesses, der sich bis 1545 hinzieht und mit der Verurteilung zu einer außerordentlich hohen Geldstrafe von 100.000 *livres* endet.

Kapitel 5
Die Constitutio Criminalis Carolina

5.1 Die Vorläufer der Carolina

Nach der Betrachtung der Verhältnisse in Frankreich begeben wir uns nun nach Deutschland. Während die französische Monarchie sich die prozessualen Formen zu eigen gemacht hat, die während der letzten Jahrhunderte des Mittealters im Justizbereich in Erscheinung getreten sind, und sich bemüht, sie zu konsolidieren, hat sich auch im zergliederten institutionellen Panorama des Heiligen Römischen Reiches eine in mancher Hinsicht analoge Bewegung entwickelt, die 1532 in die Verkündung eines der größten Gesetzeswerke der Geschichte des Straf- und Strafprozessrechts, die Constitutio Criminalis Carolina, mündet.

Zu Beginn des 16. Jahrhunderts haben die Reduzierung der kaiserlichen Machtbefugnisse und der Prozess der politischen Zersplitterung, der seit langem das große mitteleuropäische Reich erfasst hat, zum Entstehen einer Vielzahl von kleinen und großen politischen Gebilden regionaler oder städtischer Art geführt. Formal der kaiserlichen Oberhoheit unterworfen, faktisch jedoch unabhängig, setzen diese politischen Gebilde sich mit der souveränen Macht in einem komplexen dialektischen Verhältnis auseinander, in welchem die Probleme der Strafjustiz besondere Bedeutung erlangen. Im Ergebnis nimmt jedes der autonomen Territorien, aus denen sich das Mosaik des Heiligen Römischen Reichs zusammensetzt, an den großen Transformationen teil, welche seit dem 13. Jahrhundert die Strafjustiz, insbesondere deren Verfahrensstrukturen, erfassen. Die Resistenz der traditionellen deutschrechtlichen – öffentlichen, partezipatorischen und akkusatorischen – Justizstrukturen dauert im Reich vielleicht ein wenig länger an, doch schon bald machen sich auch in den deutschen Territorien beachtliche inquisitorische Einbrüche (vor allem in den Verfahren, die *ex officio* in den Flagranzfällen und den Fällen des *crimen notorium* sowie für Taten, die als besonders schwerwiegend gelten, eingeleitet werden) bemerkbar, und ab dem 15. Jahrhundert ist die Präsenz der neuen prozessualen Richtungen bereits zweifelsfrei und massiv.

Diese inquisitorischen Formen entwickeln sich zum Teil innerhalb der deutschen gewohnheitsrechtlichen Praxis selbst, zum Teil stehen sie unter dem Einfluss der Verfahren der Kirchengerichte und der (vor allem italienischen) Lehre des gemeinen römisch-kanonischen Rechts, das beginnend mit dem 15. Jahrhundert – durch das bekannte Phänomen der Rezeption – zum gemeinen Recht aller deutschen Territorien wird. Im ersteren Fall sind die inquisitorischen Verfahren durch eine Art von Deregulierung gekennzeichnet, die in jedem Einzelfall die Anwendung der Folter ermöglicht und den öffentlichen Amtsträgern, die mit den Ermittlungen betraut sind, weite Ermessens- und Interventionsbefugnisse einräumt. Unter römisch-kanonischem Einfluss hingegen sind die neuen Verfahrensstrukturen gekennzeichnet durch eine ausgeprägte technische Komplexität, bedienen sich des Elements der Schriftlichkeit und erscheinen im Großen und Ganzen weniger geneigt, das *arbitrium* der Richter und die uneingeschränkte Anwendung der Folter zu begünstigen. In beiden Fällen zeigt sich sodann die Tendenz zur Schaffung einer professionellen Rechtspflege, die mitunter in einem Verhältnis der Zusammenarbeit, mitunter aber auch in einem Verhältnis des Konflikts mit den Schöffen *(scabini)* steht – Laienrichtern, die sich im Gewohnheitsrecht auskennen und berufen sind, als Kollegium über den alten deutschen Grundsatz der Teilhabe des Volkes zu wachen.

Auf diese Weise wird eine Phase des Übergangs eingeleitet, die durch das Aufkommen einer Reihe schwerwiegender Probleme in der Strafjustiz gekennzeichnet ist. Unsicherheiten bei der Anwendung des Beweissystems sind sehr häufig – es genügt insoweit der Hinweis, dass in Deutschland zwar die einseitigen Gottesurteile (nach der Verdammung durch das Laterankonzil im Jahre 1215) im 13. Jahrhundert verschwinden, dass aber der gerichtliche Zweikampf für Straftaten mit Blutvergießen noch für das ganze 15. Jahrhundert bezeugt ist. Proteste erheben sich aus allen Richtungen gegen die Ermessensbefugnisse der öffentlichen Amtsträger und gegen die Missbräuche, die in der Praxis auftreten und mit diesen Befugnissen in Verbindung stehen. Zahlreiche Ungewissheiten sind den Bildungsmängeln der Richterklasse geschuldet, die nach der lokalen Praxis ausgebildet ist und häufig keine angemessene technische Vorbereitung besitzt.

Alles andere als vereinzelt sind die Überschneidungen zwischen den Formeln des neuen Verfahrens *ex officio* und den alten Methoden. Wenn auch teilweise unter anderen Voraussetzungen, werden also in Deutschland im Verlauf des 15. Jahrhunderts jene Bedürfnisse einer Neuordnung der prozessrechtlichen Verhältnisse immer drängender, welche in Frankreich am Beginn der herrscherlichen Eingriffe von Blois und Villers-Cotterêts gestanden haben.

Am Ende des 15. Jahrhunderts werden Forderungen in dieser Richtung häufiger erhoben und auf nahezu jeder Reichstagssitzung vorgetragen, vor allem auf denen von Lindau (1496–1497), Freiburg (1497–1498) und Augsburg (1500). Die ersten konkreten Antworten auf die Forderung nach Reformierung der Strafjustiz sind dennoch lokaler Art – entsprechend den besonderen Formen der Organisation der Institutionen, welche das Heilige Römische Reich inzwischen angenommen hat. Diese Antworten führen zu gesetzgeberischen Eingriffen von unterschiedlichem Wert und unterschiedlicher Tragweite, die aber häufig durch Inhalte gekennzeichnet sind, die jenen, welche die nahezu gleichzeitigen französischen *ordonnances* aufweisen, nicht unähnlich sind.

5.1.1 Die Wormser Reformation

Der früheste dieser normativen Eingriffe ist die Wormser Reformation von 1498, Teil einer allgemeineren Revision des kommunalen Rechts in sechs Büchern, die in der freien Reichsstadt Worms verabschiedet wird. Das letzte der sechs Bücher dieser Sammlung widmet sich dem Straf- und Strafprozessrecht und ist gekennzeichnet durch die Tendenz zur Einführung einer Reihe von formalen Beschränkungen und von Garantien, wie sie zu ihrer Zeit nur selten anzutreffen sind – wenn auch im Rahmen einer inquisitorischen Struktur mit Verfahrenseinleitung *ex officio*, Schriftlichkeit und einem Beweissystem, das die Anwendung der Folter vorsieht. Dem Versuch, der Ermessensbefugnis des inquirierenden Amtsträgers eine Schranke zu errichten, nicht unähnlich, wird die erwähnte Tendenz dort eindeutig sichtbar, wo die Wormser Reformation ein ausgefeiltes Bewertungssystem jener Indizien einführt, welche für die Folter erforderlich sind, und wo sie eine Unterscheidung trifft zwischen den letzteren und jenen Beweisen, die für die Verurteilung erforderlich sind. Dem Verfahren *ex officio* wird die akkusatorische Form der Verfahrenseinleitung gegenübergestellt, doch wird die letztere als so mühsam für die private Partei bestimmt, dass die Anwendung des öffentlichen Ermittlungsverfahrens normaler Weise vorzugswürdig erscheint. Bemerkenswert ist, dass die Hauptquelle des Gesetzgebers der Stadt Worms für das Strafrecht die italienische Lehrtradition römisch-kanonischer Prägung ist, die, wie wir wissen, ihren Ausgangspunkt ihrerseits im Werk des Albertus Gandinus besitzt – so besehen stellt die Wormser Reformation ein nicht unbedeutendes Kapitel des schon erwähnten Vorgangs der Rezeption des gemeinen Rechts in Deutschland dar.

5.1.2 Die Maximilianischen Halsgerichtsordnungen

Auf die Wormser Reformation folgen, chronologisch betrachtet, zwei Werke unterschiedlicher Natur, die unter dem Namen *Maximilianische Halsgerichtsordnungen* bekannt sind. Es handelt sich um die Tiroler Malefizordnung, von Kaiser Maximilian I. 1499 für die Grafschaft Tirol erlassen, sowie die Radolfzeller Halsgerichtsordnung, vom selben Herrscher 1506 zu dem Zweck erlassen, den Geltungsbereich der ersteren – mit einigen leichten Veränderungen – auf alle Herrschaftsgebiete des Hauses Österreich auszudehnen. Anders als die Gesetzgebung der Stadt Worms bilden die Maximilianischen Halsgerichtsordnungen auf legislativer Ebene die wichtigste Erscheinungsform der Entwicklungen der inquisitorischen Praxis, die sich innerhalb der deutschen Tradition und unabhängig von den Entwicklungen der Lehre des gemeinen Rechts vollzogen hat. Die weiteste Ermessensbefugnis für die öffentlichen Amtsträger ist in diesem Falle begleitet von der besonderen Rolle, welche im Bereich des Beweisrechts den *scabini* eingeräumt ist, die der Folter beiwohnen und mit ihrem Zeugnis das auf diese Weise gewonnene Geständnis zu einem unwiderruflichen und endgültigen zu machen vermögen.

5.1.3 Die Bambergische und die Brandenburgische Halsgerichtsordnung

Sehr viel wichtiger für die weiteren Entwicklungen der Prozessgesetzgebung in den deutschen Territorien sind die Bambergische Halsgerichtsordnung (lat. *Costitutio Criminalis Bambergensis*) und die Brandenburgische Halsgerichtsordnung (lat. *Constitutio Criminalis Brandenburgica*). Die erstere wird 1507 vom Fürstbischof von Bamberg erlassen, die letztere wiederholt fast wörtlich den Bamberger Text und wird 1516 vom Kurfürsten von Brandenburg verkündet. Beide sind das Werk des Johann von Schwarzenberg (1463–1528), eines fähigen und vielseitigen Hofbeamten, der zwar wahrscheinlich die Quellen der römisch-kanonischen Doktrin nur aus zweiter Hand kannte, jedoch ohne Zweifel eine kluge Verfahrensstruktur schafft, indem er zwischen materiellen Inhalten, die aus jenen Quellen abgeleitet sind, und äußerlichen Formen, die aus der deutschen Tradition abgeleitet werden, vermittelt. Insbesondere die Bambergensis zeichnet sich durch gewisse prinzipielle Aussagen aus, die mit der materiellen Strenge der Inhalte im Widerspruch stehen. So findet man in Art. 13 den Grundsatz: „Es ist ist besser den schuldigen ledig zu lassen als den unschuldigen zum tode zuverdampnen" – eine Aussage, die einem bekannten Passus der Digesten nachgebildet ist (D. 48, 19, 5, pr.: *„satius enim esse impunitum relinqui facinus nocentis quam innocentem damnari"*), vermittelt durch die spätmittelalterliche italienische Lehre, die besonders dazu neigt, derartige tröstliche Grundsätze zu verkünden. Besonders hervorzuheben ist aber der Umstand, dass die Bambergensis – um einen in der deutschen Rechtsgeschichte besonders verbreiteten Ausdruck zu verwenden – die Mutter der Carolina *(Mater Carolinae)* ist (womit die Brandenburgische Halsgerichtsordnung dann die *Soror Carolinae* ist); bildet sie doch das strukturelle und inhaltliche Modell nicht nur für die Brandenburgensis, sondern auch für die viel bekanntere und wichtigere *Constitutio Criminalis Carolina,* das große Gesetzeswerk für das gesamte Heilige Römische Reich, das den Endpunkt des Vorgangs der neuen gesetzlichen Systematisierung der Disziplin des Strafprozessrechts bildet, der sich zu Beginn des 16. Jahrhunderts vollzogen hat.

5.2 Der Erlass der Carolina

Die *Constitutio Criminalis Carolina* – oder einfach die *Carolina*[1] – stellt wenn schon nicht das bemerkenswerteste, so doch jedenfalls eines der größten Ereignisse in der Geschichte der Rezeption der Grundsätze des gemeinen Rechts in Deutschland dar.

---

[1]Die offizielle deutsche Bezeichnung ist *Kayser Karls des Fünften und des Heyligen Römischen Reichs Peinlich Gerichtsordnung*. Nach dem Sprachgebrauch in Deutschland wird die Carolina häufig mit den Anfangsbuchstaben der lateinischen Bezeichnung als *CCC* bezeichnet.

5.2 Der Erlass der Carolina

Die Carolina, die bis über das 18. Jahrhundert hinaus die Hauptquelle des materiellen Strafrechts und Strafprozessrechts in den deutschen Territorien bildet, wird von Kaiser Karl V. (der ihr den Namen gibt) am 27. Juni 1532 verkündet – 35 Jahre nach der ersten amtlichen Anerkennung der Notwendigkeit einer einheitlichen Strafgesetzgebung für das gesamte Reich (Reichstag von Freiburg, 1497/1498) und ein Jahrzehnt nach den ersten an der Bambergensis orientierten Entwürfen auf dem Reichstag von Nürnberg (1521).

Entscheidend für das Gelingen dieses Gesetzesvorhabens ist die Einfügung der sog. Salvatorischen Klausel *(clausula salvatoria)* in den Text der Carolina. Sie garantiert die Beachtung der örtlichen Praktiken, Regeln und Gebräuche. Mit der Klausel können Einwände überwunden werden, die mit dem politischen Partikularismus zu tun haben, der für das Deutschland des Spätmittelalters und der Renaissance typisch ist, und von einigen der autonomen territorialen Gebilde des Reiches (Fürstentümer, Bistümer, Freie Städte usw.) erhoben worden sind, die fest entschlossen sind, nicht auf ihre jeweiligen Gewohnheiten im Bereich des Strafrechts zu verzichten.

Die salvatorische Klausel lässt ebenso das Inkrafttreten regionaler Regelungen zu, welche teilweise die gemeinsame Regelung der Carolina derogieren. Unter diesen ragt heraus die Hessische Halsgerichtsordnung in peinlichen Sachen *(Constitutio Criminalis Assiaca),* veröffentlicht 1535 von Philipp dem Großmütigen, Landgraf von Hessen und deshalb *Philippina* genannt. Weitere ergänzende Ordnungen werden veröffentlicht in der Pfalz (1582), in Hamburg (1603) und in Bayern (1616).

5.2.1 Ein allgemeines inquisitorisches Verfahrensmodell im Sinne der Lehre

Die Carolina erscheint in mehrfacher Hinsicht weniger streng als die gleichzeitigen französischen *ordonnances,* die sich in erster Linie darum bemühen, ein schleuniges und funktionales Verfahren mittels Einräumung weiter Ermessensbefugnisse für Richter und Amtsträger zu beschreiben. Die deutsche Regelung erweist sich letztlich als sehr viel näher an dem formal sehr elaborierten Modell, wie es gewöhnlich von der gelehrten Tradition italienischer Prägung vorgeschlagen worden ist, sie öffnet der Verteidigung einige Spalten, und sie verhält sich ferner auf ganz besondere Weise zu den geltenden Gesetzen, Gewohnheiten und Praktiken in den einzelnen Territorien des Reiches, denn infolge der zitierten salvatorischen Klausel übt die Carolina letztlich innerhalb des Reiches die Rolle einer subsidiären gemeinrechtlichen Rechtsquelle aus, welche bei Fehlen oder Unzulänglichkeit der örtlichen Normen zur Anwendung gelangt. Dies bedeutet allerdings nicht, dass sie nicht eine wichtige Funktion ausgeübt hätte. Ganz im Gegenteil ist ihre Funktion von außerordentlicher Bedeutung, denn die Carolina ist – woran erinnert sei – in einem richterlichen System wirksam und weist daher nicht nur eine zweifelsfreie technisch-formale Überlegenheit auf, sondern begründet auch ein allgemeines Verfahrensmodell, das stets und überall angewendet werden kann. Mit dieser Rolle als allgemeines Modell steht im Übrigen auch die besondere, fast lehrbuchhafte Gestaltung des Textes im Zusammenhang, der (indem er sein doktrinäres *imprinting* weitergibt) sorgfältig darauf achtet, die Praxis durch die verschlungenen Wege einer nicht immer leicht zu befolgenden Prozedur zu geleiten.

Auch in der Carolina gilt die volle und endgültige Anwendung der inquisitorischen Form; doch im Gegensatz zum französischen Modell, das an der Praxis der königlichen Gerichtshöfe ausgerichtet ist, ist sie geprägt durch die Gewissenhaftigkeit, mit der die Theorie der Indizien ausgearbeitet und das System der gesetzlichen Beweise aufgebaut ist. Es fehlt außerdem eine Gestalt wie der *procureur du roy* bzw. der Fiskal-Advokat, die in den europäischen Rechtsordnungen sehr verbreitet ist, in der deutschen Justizgeschichte des Ancien Régime aber nur sporadisch vorkommt. Was die Befugnisse des Privatmannes angeht, sind die Räume, die der Initiative des Einzelnen formal erhalten geblieben sind, in Wirklichkeit beseitigt durch die strenge und dauernde Kontrolle, die der Magistrat bzw. der öffentliche Amtsträger insoweit ausübt. Typisch für die Carolina erscheint ferner die Entscheidung, an einigen Knotenpunkten des Prozesses die Apparate des alten deutschen Verfahrens beizubehalten, allerdings in der Weise, dass man sie als bloßen formalen Behälter für Prinzipien benutzt, die aus dem gelehrten Recht abgeleitet sind. Als Verbeugung vor der Tradition verlangt die Carolina ferner, dass in den Fällen, in denen am Ende die Todesstrafe stehen kann, sowie in Kriminaluntersuchungen, die zur Anwendung der Folter führen können, dem Berufsrichter ein Kollegium von Schöffen an die Seite gestellt wird.

5.2.2 Die Inquisition

Doch wir wollen der Reihe nach vorgehen. In der Carolina wirken, wie es in Gesetzgebung und Lehre der Zeit gebräuchlich ist, Normen des materiellen Strafrechts über die Bestimmung der Straftaten und der zugehörigen Strafen mit solchen zusammen, welche dem Verfahren gewidmet sind.

Diese letzteren räumen der Regelung der privaten Anklage noch gewissen Raum ein, weisen aber zweifellos den ersten Rang der Inquisition zu und befolgen dabei Schemata, welche viele der typischen Verfahrensmerkmale aufweisen, die in den Werken der zeitgenössischen gemeinrechtlichen Lehre präsent sind. Zunächst und vor allem das Element der Schriftlichkeit, das eine penible Regelung erfährt (Art. 181–203), in der weiteren Entwicklung eine fundamentale Rolle als Mittel zur Verfestigung des neuen Verfahrens ausüben und dessen Ausbreitung sicherstellen wird und damit die traditionelle Welt der Schöffen-Justiz noch weiter in die Krise stürzen wird. Jede Prozesshandlung muss vom Kanzlisten protokolliert werden, wofür die Carolina selbst zahlreiche beispielhafte Formeln anbietet. Alle Protokolle werden wiederum in einem zugehörigen Aktenheft gesammelt. Und diese Verfahrensakte bildet die einzige Grundlage, aufgrund deren der Berufsrichter und die Schöffen die abschließende Entscheidung fällen.

In der Regel wird das Verfahren *ex officio* eingeleitet, und es ist möglich, einfach auf der Grundlage von „gemeynem leumut" oder öffentlichem Gerücht zur Verhaftung des Beschuldigten zu schreiten. Die private Anklage wird zugelassen und eingehend geregelt, anders als in der Wormser Reformation ist sie in das Verfahren *ex officio* als (mit den Worten von Julius Clarus) *preambolo legittimo* der Inquisition eingebaut; die private Partei kann auch weiter in einer Rolle als Unterstützerin des öffentlichen Amtsträgers aktiv bleiben, doch übt der letztere die Kontrolle über alle Verfahrensabschnitte aus, welche auf die Vorlage der Anklageakte folgen (Art. 6–17).

Die Inquisition (bzw. der Informativprozess) ist vollständig geheim, keine Art von technischer Verteidigung ist zugelassen; sein kennzeichnendes Element ist die penible Regelung der Mittel der Beweisgewinnung und Beweiswürdigung (Art. 18–77). Offenkundig ist die Option für den gesetzlichen Beweis. Mit einer Entscheidung, die wenige Jahre später auch von der *Ordonnance* von *Villers-Cotterêts* getroffen werden wird, räumt die Carolina dem Geständnis und dem Zeugenbeweis den Vorrang ein, während sie tief greifendes Misstrauen gegenüber Vermutungen und Indizienbeweise hegt, auf welche die Verurteilung zu stützen sie ausdrücklich untersagt (Art. 22). Der volle Beweis folgt aus dem Geständnis oder aus der Aussage von „zweyen oder dreien glaubhafftigen guten zeugen" (Art. 65, 67). Fehlt es am vollen Beweis, so schreitet man zur Folter.

5.2.3 Folter und „redliche anzeygung"

Die umfassende Regelung der Indizien, die erforderlich sind, um zur Befragung unter der Folter zu schreiten *(„redliche anzeygung"),* und der Bedingungen für die Bestätigung des auf diese Weise gewonnenen Geständnisses bildet jenen Teil der Carolina, in dem die Auswirkungen der Rezeption der italienischen Doktrin besonders deutlich werden. Voraussetzungen dieser Regelung sind das Verbot der Folter bei Fehlen von „redlicher anzeygung" (Art. 20)[2] und der Grundsatz, dass die für die Folter geforderten Indizien nicht schon für die Verurteilung hinreichen (Art. 22)[3].

Die für die Folter geforderten Indizien sind in genauen Katalogen zusammengefasst; sie sind allerdings nicht abschließend und sind der analogen Anwendung zugänglich (Art. 24). In erster Linie erwähnt werden die entfernten Indizien, darunter „böser leumut und gerücht", Gewohnheiten, Freundschaften, der Umstand, dass die verdächtige Person auf dem Weg zum Tatort gesehen worden ist, ob sie

---

[2]Die Garantie in Art. 20 der Carolina besitzt allgemeinen Charakter: bei Fehlen der erforderlichen Indiz-Voraussetzungen sind das unter der Folter abgelegte Geständnis und die daraus folgende Verurteilung nichtig, und in diesem Falle bildet die Regelverletzung einen rechtfertigenden Grund für das Verlangen des Beschuldigten nach Schadensersatz.
[3]Beispielsweise bildet ein einziges belastendes Zeugnis einen „halben Beweis", der für die Folter, nicht aber für die Verurteilung ausreicht (Art. 23 und 30).

Kleider oder andere ähnliche Merkmale aufweist wie jene Person, die bei der Tat beobachtet worden ist usw. Das Vorliegen von mindestens zwei entfernten Indizien ermächtigt zur Anwendung der Folter, doch in diesem Falle wird die Entscheidung der klugen Bewertung des Richters überlassen, der aufgefordert wird, die Verteidigungsvorbringen und Rechtfertigungen des Beschuldigten zu berücksichtigen (Art. 28). Es folgen sodann die nahen Indizien, von denen jede als „redliche anzeygung" angesehen wird. Hierunter werden z. B. verstanden das Auffinden eines Gegenstandes, der dem Täter gehört, am Tatort, die bloß vermutete Flagranz, das Vorliegen eines einzigen geeigneten belastenden Zeugnisses, die Anzeige eines Mittäters, das außergerichtliche Geständnis (Art. 29–32). Schließlich wird eine Reihe von besonderen Indizien aufgeführt, welche zur Anwendung der Folter ermächtigen, falls wegen einiger bestimmter Straftaten prozediert wird (beispielsweise Mord, Vergiftung, Raub, Diebstahl, Zauberei), womit die enge Verbindung bestätigt wird, welche zu jener Zeit das materielle Recht mit dem Verfahrensrecht verbindet und dieses überlagert. Ein besonderes Indiz, das zur Folter im Falle der Vergiftung ermächtigt, ist z. B. der Umstand, dass eine Person, die mit dem Opfer „inn vneynigkeyt gewest wer", sich Gift besorgt hat (Art. 37).

Die vielschichtige Regelung der „redlichen anzcygung" ist nur eine der formalen Sicherungen, mit denen die Carolina das Institut der Folter umgibt. Es gibt nämlich noch weitere über die Modalitäten des Vorgehens und über die Bestätigung der Ergebnisse. Der Beschuldigte soll „erinnert" werden, etwaige rechtfertigende Umstände vor der Folter anzugeben, und der Richter soll ihnen sorgfältig nachgehen, „darumb daß mancher auß eynfalt oder schrecken, nit fürzuschlagen weist, ob er gleich vnschuldig ist, wie er sich des entshuldigen vmd außführen soll" (Art. 47). Der Richter überprüft mit entsprechenden Untersuchungen die Inhalte des Geständnisses, und er muss jeden kleinsten Aspekt der Tat in der Weise aufklären, dass die Selbstbezichtigung schlüssige Inhalte besitzt (Art. 54–55). Das Geständnis muss im Abstand von mindestens zwei Tagen nach der Folter freiwillig bestätigt werden (Art. 56) und der Beschuldigte, der sein Geständnis zurückzieht, erneut auf die Folter geschickt werden (Art. 57).

Die Intensität der Folter und ihre etwaige Wiederholung müssen nach dem Gewicht der Verdachtsgründe, die den Beschuldigten belasten, bemessen werden; jegliche Würdigung in dieser Hinsicht ist dem Ermessen des Richters anheim gegeben, während die vorgeschriebene Protokollierung nicht im Verlauf der Folter, sondern erst nach deren Beendigung erfolgen soll (Art. 58). Die Carolina gelangt auch zur Anordnung einer garantistischen Vorsichtsmaßregel, die erst nach Jahrhunderten zum allgemeinen Besitztum der strafprozessualen Normen werden sollte – dem Verbot richterlicher Suggestivfragen (Art. 56). Sie kümmert sich auch um Wunden und Verletzungen am Körper des Gefolterten, der in diesem Falle möglichst geringen Schmerz empfinden soll (Art. 59), und sie ordnet schließlich Sanktionen für den Richter an, der die Folter unter Verletzung der geltenden Normen durchgeführt hat, und erkennt dem Beschuldigten in diesem Fall ein Recht auf Schadensersatz zu (Art. 61).

Dieser Katalog – und es handelt sich gewiss um einen vorzüglichen Katalog von Garantien – ist das, was das kaiserliche Gesetzeswerk von entsprechenden zeitgenössischen Gesetzen, beginnend mit den französischen *Ordonnances,* unterscheidet und sie den Positionen der besten Strafrechtslehre der Epoche annähert (an der sich im Übrigen, wie wir gesehen haben, die kaiserliche Gesetzgebung häufig orientiert). Im Ergebnis scheint die Carolina die erste zu sein, die dem Geständnis, das unter der Folter abgelegt worden ist, nicht völlig vertraut, das sie doch selbst als Schlussstein des Systems ansieht, denn sie verlangt es als förmliche Besiegelung auch in Fällen zweifelsfreier und offenkundiger Schuld, beginnend in den Fällen der Flagranz (Art. 16). Mehrfach wird im Text betont, dass das Geständnis nicht einfach ein bloßes und reines Eingeständnis der Schuld sei, das dem Richter die Arbeit erleichtern soll, *ne crimina remaneant impunita,* sondern ein Instrument zur Erkenntnis der Tat in ihren kleinsten Details sein müsse, d. h. zur Erlangung der vollen, absoluten, zweifelsfreien Wahrheit. Bedauerlicherweise hat auch im Falle der Carolina die Erfahrung gelehrt, dass alle erwähnten Vorsichts-Instrumente sich stets als machtlos erwiesen haben, um den Grundmangel der Folter zu beseitigen, der übrigens bereits von der zeitgenössischen, überwiegend mit einem kritischen Sinn ausgestatteten Lehre erkannt worden ist[4]; bleibt doch die Folter das ideale Mittel, um die Fähigkeit eines Beschuldigten zu ermitteln, einem mehr oder weniger intensiven, mehr oder weniger langen und mehr oder weniger häufig wiederholten Schmerz zu widerstehen. Hingegen ist sie völlig neutral gegenüber der Wahrhaftigkeit dessen, was von dem Gefolterten bekundet worden ist, und zwar aus dem einfachen Grund, weil sie gleichermaßen zur Unwahrheit wie zur Wahrheit zwingt.

5.2.4 Der „entliche Rechtstag"

„Theatralisch" und „bühnenreif" sind wohl die Adjektive, welche zur Beschreibung der Schlussphase des Verfahrens der Carolina angemessen sind (Art. 78–103). Der *entliche Rechtstag* findet nämlich öffentlich statt und bewahrt die ausgeklügelten Formalismen und den komplexen Apparat der traditionellen deutschen Verfahrensform, erweist sich aber als bloße Darstellung in dramatischer Form dessen, was anderswo entschieden worden ist. Hierüber äußert die Carolina sich ganz deutlich: Richter und Schöffen treten in geheimer Sitzung vor dem Rechtstag zusammen und beschließen „miteinander" das Urteil aufgrund der vollständigen Lektüre und der Diskussion der Dokumentation, die in der Verfahrensakte schriftlich gesammelt ist (Art. 81).

Bei bereits schriftlich fixiertem Urteil beginnt der Rechtstag mit dem Läuten der Glocken an dem Ort, an dem die Strafjustiz stattfindet (gewöhnlich auf dem

---

[4]Wir zitieren als Beispiel den Fall aus der *Praxis rerum criminalium* des Joost Damhouder aus dem Jahre 1554 (auf die wir noch zurückkommen werden), in der bemerkt wird (Kap. XXXIX, 44), dass unter „hinreichendem Zwang" auch die Unschuldigen sich „dem Schmerz und der Qual" fügen können und „Dinge gestehen, die sie niemals getan haben".

Marktplatz, dem Hauptplatz der Stadt). Der Berufsrichter, der in der Hand den Stab oder das blanke Schwert als Symbol der Justitia hält, sowie das Schöffenkollegium treten in feierlichem Zuge auf und beginnen, nachdem sie sich auf ihren Sitzen niedergelassen haben, das Verfahren, indem sie eine Reihe von feststehenden Formeln sprechen. Der Beschuldigte wird, begleitet von der alles andere als beruhigenden Gestalt des Henkers, herbeigeführt. Zwei „Fürspechen", einer für die Anklage (der im Namen des Herrschers oder, falls vorhanden, des privaten Anklägers spricht), der andere für die Verteidigung, halten kurze, von der Caralona selbst vorformulierte Reden (Art. 89–91), um jeweils die Bestrafung oder den Freispruch zu verlangen. Sodann fingieren Richter und Schöffen weitgehend die Abfassung einer schriftlichen Entscheidung, die bereits vor dem Rechtstag gefällt worden ist, und händigen sie dem Kanzlisten aus, der sie mit lauter Stimme vorlesen soll. Am Ende löst der Berufsrichter die Versammlung auf und überstellt im Falle der Todesstrafe den Verurteilten an den Henker zur sofortigen Urteilsvollstreckung.

Nichts anderes also als eine rituelle Zeremonie – eine Zeremonie, die beibehalten wird, um den Erwartungen des gemeinen Volkes zu entsprechen und um einer alten Gewohnheit Reverenz zu erweisen, die aber jeglichen Inhaltes entleert ist, um zu verhindern, dass die technische Inkompetenz der Schöffen die vom Berufsrichter erzielten Ergebnisse der Inquisition behindern kann. Der wirkliche Augenblick der Entscheidung liegt hingegen in der Phase, die diesem Prozedere formal vorausgeht und weist die Inhalte auf, die im Wesentlichen mit dem Geboten des römisch-kanonischen Modells übereinstimmen, während des alte öffentliche Entscheidungsverfahren zur bloßen rituellen Routine verkommen ist.

5.2.5 *Die Aktenversendung*

Noch ein letztes von der Carolina geregeltes Rechtsinstitut verdient angesprochen zu werden, da es sich als ein zweifellos originaler und langfristiger Beitrag zur Entwicklung der Justizinstitutionen in Deutschland erweist. Es handelt sich um die Übersendung der Akten des Verfahrens an den zuständigen höheren Gerichtshof oder an die nächstgelegene juristische Fakultät bei fortdauernden Zweifeln des Richters im Hinblick auf einige Schlüsselelemente des Verfahrens, wie die Anwendung der Folter, die Würdigung des gesetzlichen Beweises oder die Entscheidung über die Schuld des Beschuldigten. Diese Übersendung, die in der Lehre die technische Bezeichnung „Aktenversendung" erhält, ist in zahlreichen speziellen Normen vorgesehen[5] und wird als allgemeines Hilfsmittel in Art. 218, dem letzten Artikel der Carolina, aufgegriffen.

---

[5]Beispielsweise im Falle des Zweifels über das Ausreichen der Indizien für die Folter (Art. 7) oder der Unsicherheit über die Entscheidung (Art. 81).

5.2 Der Erlass der Carolina

Es handelt sich um eine folgenreiche Entscheidung, denn die Aktenversendung, die tief in den Justizgebräuchen Deutschlands Wurzeln schlagen sollte, bedeutet zugleich eine Wende in der Rezeption und die aus mancherlei Gründen endgültige Krise der traditionellen Schöffengerichtsbarkeit. Sie festigt nämlich nicht nur einen von der Initiative der Parteien unabhängigen Kontrollmechanismus, sondern trägt zugleich auch dazu bei, einige römisch-kanonische Eigenschaften des neuen Verfahrens weiter zu entwickeln, wie den Technizismus, die lange Dauer und die systematische Befolgung der Schriftlichkeit; sie bindet die Forschungszentren des gelehrten Rechts, die schon sehr bald zu regelrechten „Spruchfakultäten" werden, in die Justiz ein und nimmt damit den theoretischen Charakter des „Professorenrechts" vorweg, der in der Neuzeit typisch für die juristische Tätigkeit in Deutschland werden sollte.

Kapitel 6
Die gesetzliche Konsolidierung des inquisitorischen Modells im übrigen Europa und in Italien

6.1 Die weiteren europäischen Geschehnisse

Im Verlauf des 16. Jahrhunderts beschränkt sich die gesetzliche Konsolidierung der inquisitorischen Verfahrensformen nicht auf Frankreich und auf Deutschland, sondern vollzieht sich auf europäischer Ebene, und zwar auch dort, wohin die aktuellen Strömungen der romanisch-kanonischen Doktrin mit geringerer Intensität gelangt sind. Was diese Erscheinung angeht, ist zunächst auf einige besonders typische europäische Bereiche einzugehen, um sodann zu betrachten, was auf legislativer Ebene in Italien, der Wiege des inquisitorischen Modells, auf gesetzlicher Ebene geschehen ist.

6.1.1 England

Die Entwicklung von akkusatorischen Verfahrensmodellen mit deutlich anderem Charakter als derjenigen, die sich auf dem Kontinent durchgesetzt haben, hindert nicht, dass im Verlauf des 16. Jahrhunderts in England einige normative Akte erfolgen, denen es nicht an Einflüssen inquisitorischer Art fehlt, nicht nur oberflächlich in die Strafjustiz eingreifen.

Das bezeichnendste Beispiel in dieser Hinsicht bieten die beiden *Marian Statutes*, verkündet 1554 und 1555 von Königin Maria Tudor. Es handelt sich um Verordnungen, welche die *public prosecution* durch Friedensrichter regeln, denen eine genaue Verpflichtung zur Protokollierung der Gerichtsakten auferlegt wird. Auf diese Weise wird in das typisch englische, auf der Jury *(Trial by Jury)* beruhende akkusatorische Verfahren das inquisitorische Element der Schriftlichkeit eingebaut.

Ebenfalls für das 16. Jahrhundert verdient die Entstehung einiger Gerichtshöfe mit königlicher Prärogative *(Prerogative Courts)* Erwähnung, die inquisitorische

Verfahrensweisen anwenden, welche ganz dem kontinentaleuropäischen, vor allem dem kanonistischen Modell entsprechen. Der bekannteste von ihnen ist die Sternkammer *(Star Chamber),* die insbesondere im späten 16. Jahrhundert und zu Beginn des 17. Jahrhunderts benutzt wird, um politische Abweichung zu unterdrücken, während für die Bekämpfung der religiösen Abweichung die *Court of High Commission* eingerichtet wird. Beide Gerichtshöfe werden endgültig 1640 im Rahmen der Verfassungskonflikte abgeschafft, in denen sich im Verlauf des 17. Jahrhunderts Krone und Parlament gegenüber stehen.

6.1.2 Spanien

In Spanien gibt es Prozessinstitute inquisitorischer Art (vor allem kanonistischer Prägung) bereits in der *Ley de las Siete Partidas,* die 1265 von Alfonso X. dem Weisen für das Königreich Kastilien erlassen wird. Danach breitet sich das inquisitorische Modell weit aus, teils durch eigenständige Entwicklung der Praxis der Gerichte, teils aufgrund der Rezeption der Lehren des gemeinen Rechts. Für die uns hier interessierende Epoche sind zwei Texte von besonderer Bedeutung zu vermelden: Die Ordonnanz von 1521 für das Königreich Aragon, die ersichtlich von den inquisitorischen Grundsätzen des römisch-kanonischen Prozesses beeinflusst ist, sowie für das Königreich Spanien die *Nueva Recopilaciòn de las Leyes,* eine umfangreiche konsolidierende Sammlung, die von Philipp II. 1567 erlassen wird; sie übernimmt die inquisitorische Regelung, welche bereits seit der *Ley de las Siete Partidas* vorgezeichnet gewesen ist, und fügt ihr im XIII. Titel des II. Buches die neue Regelung der Tätigkeit von *„procuratores fiscales"* hinzu, die in der ersten Hälfte des 15. Jahrhunderts im iberischen Bereich aufgetaucht sind.

6.1.3 Niederlande

Von beachtlichem Interesse ist der Fall der spanischen Niederlande, für die am 5. und 9. Juli 1570 Herzog Alba – der „eiserne Herzog" – im Namen Philipps II. das Inkrafttreten von zwei *Ordonnances Criminelles/Criminele Ordonnantien* verkündet, welche sowohl in französischer als auch in niederländisch-flämischer Sprache abgefasst sind. Die erste – *Ordonnance sur le fait de la justice criminelle/Ordonnantie op het stuk der criminele justitie* – enthält materielles Strafrecht, d. h. das System der Straftaten und Strafen. Die zweite, die das Strafprozessrecht enthält, trägt den Titel *Ordonnance sur le fait du stile général aux procédures des causes criminelles/Ordonnantie op den stijl van procedeeren in criminele zaken* und ist bekannt unter dem Namen *Stil* bzw. *Style Criminele.* Der *Style Criminele* weist sämtliche typischen Merkmale des inquisitorischen Verfahrensmodells des gemeinen Rechts auf. Nicht zufällig ist es das Werk eines akademischen Juristen, Viglius van Aytta, eines Romanisten von Rang, unterstützt von Joost Damhouder, einem

Kriminalisten mit großem verlegerischen Erfolg, der – wie wir noch sehen werden – 1554 die *Praxis Rerum Criminalium* von Philip Wielant veröffentlicht hat. Das Verfahren ist konsequent schriftlich und geheim, übernimmt das System des gesetzlichen Beweises, weist dem Geständnis – und infolge dessen der Folter – entscheidende Funktion zu und regelt die Teilnahme des Fiskal-Prokurators.

Die beiden *Ordonnantien* fügen sich in den Rahmen des gescheiterten Versuchs einer Befriedung der Region ein, die unter tief greifenden Auseinandersetzungen politischer und konfessioneller Natur leidet. Sie beseitigen einen großen Teil der örtlichen Privilegien im Bereich des Strafrechts und liefern letztlich – auch dank einiger Inhalte, die als besonders ungerecht und quälerisch gegenüber der Bevölkerung beurteilt werden – weitere Gründe für die breite Aufstandsbewegung, die seit Jahren in den spanischen Niederlanden stattfindet. Mit dem Scheitern der Unterdrückung werden die *Ordonnantien* schließlich am 8. November 1576 im Frieden von Gent aufgehoben. Dessen ungeachtet bildet der *Style Criminele* noch für weitere zwei Jahrhunderte das Gesetz, auf das die flämischen und holländischen Gerichte sich beziehen, womit erneut die inzwischen allgemeine Anerkennung der inquisitorischen Formen bestätigt ist, die sich auch in den Niederlanden seit dem 14. Jahrhundert eingebürgert haben, also schon lange vor der Verkündung der *Ordonnantien*. Und die wenigen Änderungen, welche 1570 am Text vorgenommen werden, verschärfen sogar noch dessen Strenge. Dies gilt z. B. für die Anwendung der Folter auch in den Fällen, in denen die Schuld offenkundig ist und in denen sie vom *Style Criminele* ausdrücklich verboten worden ist, was dann allerdings von der flämischen Justizpraxis wieder eingeführt wird.

6.2 Die Lage in Italien

Der legislative Furor, der das staatliche Eingreifen in die Kriminalitätsbekämpfung prägt, durchzieht das ganze europäische 16. Jahrhundert und trägt dazu bei, dass im Gegensatz dazu einige Eigenheiten der Lage in Italien herausgestellt werden müssen. Auf politischer Ebene gekennzeichnet durch die Zersplitterung und durch die entsprechende Schwäche der öffentlichen Apparate, ist die Halbinsel nämlich auf rechtlicher Ebene gekennzeichnet durch eine betonte Autonomie des forensischen Juristenstandes, durch die zentrale Rolle der wissenschaftlichen Produktion und durch das Vorhandensein einer weit zurückreichenden statutarischen und munizipalen Gesetzgebung, die sich flächendeckend ausgebreitet hat. Wir haben bereits mehrfach auf die Vorreiterrolle der italienischen gemeinrechtlichen Lehre bei der Formulierung der Dogmen und der Techniken des inquisitorischen Verfahrens hingewiesen. Die statutarische Gesetzgebung ihrerseits hat zwar zu Beginn des 16. Jahrhunderts die Phase ihrer größten schöpferischen Dynamik hinter sich, sie hat aber schon seit längerer Zeit – genau: seit dem 13. Jahrhundert und mehr noch seit dem 14. Jahrhundert – auf dem Territorium ein feines Netz von prozeduralen Mikrosystemen auf der Grundlage des inquisitorischen Systems gezeichnet: *„communiter in Italia vigent statuta"* – schreibt, wie wir gesehen haben, Egidio

Bossi in der ersten Hälfte des 16. Jahrhunderts – *„quod omni casu officiales possint inquirere".*

Die soeben angedeuteten besonderen Merkmale hindern allerdings nicht, dass auch auf der Halbinsel – wenngleich in geringerem Ausmaß und mit weniger bedeutenden Ergebnissen – sich die Gesetzgebungswelle, die den Rest Europas erfasst, bemerkbar macht.

6.3 Die „Constitutiones Dominii Mediolanensis" (1541)

Exemplarisch dafür sind die Neuen Konstitutionen des Staates Mailand *(Constitutiones Dominii Mediolanensis),* ein 1541 in der spanischen Lombardei in Kraft getretenes Gesetz von allgemeiner Bedeutung[1].

Nahezu gleichzeitig mit der *Carolina* wie auch der *Ordonnance* von *Villers-Cotterêts* entstanden, werden die Neuen Konstitutionen bis zum Ende des 18. Jahrhunderts in Kraft bleiben. Sie greifen in die strafprozessuale Materie mit einem Mosaik von sektoriellen Regelungen ein[2], welche die Existenz der verschiedenen munizipalen Normen statutarischen Ursprungs und die bereits allgemeine Anerkennung der inquisitorischen Merkmale voraussetzen. Die kennzeichnenden Punkte der Regelung – die ihre Rechtfertigung in der ausdrücklichen Bezugnahme auf das mittlerweile traditionelle Prinzip *„ne crimina remaneant impunita"* findet[3] – lassen sich in der Regelmäßigkeit des Verfahrens *ex officio,* in der besonderen Sichtbarkeit der Fiskal-Advokatur sowie in der zentralen Rolle, die dem Senat von Mailand zukommt, dingfest machen.

Das Verfahren wird *ex officio* vom Richter eröffnet und hat gewöhnlich zur Voraussetzung *(„praeambulum"* hätte Clarus gesagt) die Anklage bzw. *querela* der verletzten Partei, oder die Anzeige eines öffentlichen Amtsträgers. Die Anzeige ist obligatorisch für Delikte von besonderer Schwere und steht vor allem den in den Pfarreien gewählten Ältesten sowie den Konsuln der lokalen Kommunen zu. Einmal eröffnet, muss das Verfahren in den von den einzelnen statutarischen Gesetzgebungen vorgeschriebenen Formen und natürlich in kürzester Zeit durchgeführt werden. In allen Kriminalfällen ist die Teilnahme des Fiskal-Advokaten ausdrücklich und bei Strafe der Nichtigkeit vorgeschrieben, um den Schutz der öffentlichen

---

[1]Die Neuen Konstitutionen werden erarbeitet von einer Kommission, die der letzte Herzog von Mailand, Francesco II. Sforza (1521–1535), einberufen hat, um die Gesetzgebung der Zeit der Visconti und der Sforza neu zu ordnen, und sie werden zu Ende geführt, als Karl V. nach dem Aussterben der Sforza Mailand erwirbt. Zu den Mitgliedern der Kommission gehört, wie schon erwähnt, Egidio Bossi.

[2]Konzentriert vor allem im Titel *De advocatis et syndicis fiscalibus* des Ersten Buches und in den Titeln *De accusationibus et denuntiationibus* und *De poenis* des Vierten Buches.

[3]Die bekannte Formel wird verwendet zu Beginn des Titels *De accusationibus et denuntiationibus* des Vierten Buches, Kapitel *Ratione et usu.*

6.3 Die „Constitutiones Dominii Mediolanensis" (1541)

Interessen und, natürlich, die Verurteilung der Schuldigen *(„ne condemnandi absolvantur")* sicherzustellen. Die neuen Konstitutionen erlegen dem Fiskal-Advokaten nicht ausdrücklich das *onus accusandi* auf, das den Konsuln und den Ältesten zusteht; er muss vielmehr bei der Durchführung der Inquisition nicht nur durch die Stellung von Anträgen, Stellungnahmen und Schlussfolgerungen mitarbeiten, sondern auch durch Unterstützung des Richters bei der Verhaftung und Festnahme des Beschuldigten, durch Mitwirkung beim Verhör der Zeugen und durch Teilnahme an der Aufnahme des Beweismaterials. Der Fiskal-Advokat muss ferner den Bericht unterschreiben (und seine etwa abweichende Auffassung anmerken), mit dem der Richter in Fällen, die mit der Verhängung der Todesstrafe, mit der Verstümmelung von Gliedmaßen oder mit Vermögenseinziehung enden können, die vor Ort ausermittelten Sachen dem Senat zwecks Fällung der Endentscheidung übermitteln muss.

Die zuletzt genannte Vorschrift führt zum Zuständigkeitsvorbehalt für den Senat in allen bedeutenderen Strafverfahren und macht damit die absolut zentrale Stellung des obersten staatlichen Rechtsprechungsorgans deutlich, die in voller Übereinstimmung mit der tendenziellen Richtung in ganz Europa steht. Die einschneidende Bedeutung der senatorischen Zuständigkeiten in der Justiz wird darüber hinaus noch dadurch betont, dass die *Constitutiones* zwar die Appellation und jedes andere Rechtsmittel *in criminalibus* verbieten, jedoch stets den Weg der Beschwerde an den Senat eröffnen, der von Fall zu Fall entscheidet *("secundum qualitatem casuum")* und dabei weitreichende Ermessensbefugnisse besitzt.

In den Neuen Konstitutionen erweist sich die Regelung des Verfahrensbeginns und der Funktionen der Fiskal-Advokatur und des Senats als besonders sorgfältig (auch deshalb, weil sie Bereiche betrifft, die in den vorher bestehenden statutarischen Normen nur spärlich geregelt sind). Dasselbe lässt sich von der Regelung der anderen Eigenschaften des Inquisitionsmodells nicht sagen, denn, wie angedeutet, werden sie vom Gesetzgeber des Jahres 1541 als gegeben angesehen und der Regelung durch die Munizipal-Statuten überlassen. Dies gilt für die Heimlichkeit, auf die im Zusammenhang mit der Verpflichtung des Fiskal-Advokaten, Ergebnisse, Akten und Dokumente des Verfahrens nicht weiterzuerzählen, Bezug genommen wird. Gleiches gilt für den Diskurs über das Element der Schriftlichkeit, das jedes Mal zum Vorschein kommt, wenn die Pflichten der Richter und Beamten zur Protokollierung und zum Unterschreiben der Akten erwähnt werden. Was sodann die Beweisproblematik angeht, so gibt es zwar zweifellos eine Aufmerksamkeit für die Bestimmungen über die Erhebung des Zeugenbeweises, hingegen erwähnen die Neuen Konstitutionen nur indirekt die Folter, geben aber zu verstehen, dass es sich um ein Instrument handelt, das ganz und gar der ordentlichen Gerichtsbarkeit angehört.

In einem Gesamtbild, das durch das Überwiegen repressiver Forderungen und durch ein augenfälliges Missverhältnis der Befugnisse und Rechte von Obrigkeit und Individuum gekennzeichnet ist, wird doch ein gewisser garantistischer Skrupel in der Vorschrift deutlich, welche die Untersuchungshaft auf Fälle begrenzt, die mit Körperstrafen enden können, ebenso in den Normen, welche anonyme Anzeigen für unzulässig und die auf diesen *„delationes criminum"* beruhenden

Verfahren für nichtig *("nullius valoris, et momenti")* erklären. Es ist nicht auszuschließen, dass in diesen Fällen die Verfasser der Neuen Konstitutionen ein Hindernis für besondere Missbräuche, die in der Justizpraxis aufgetreten waren, schaffen wollten.

6.4 Das Vierte Buch der „Novi Ordini" Emanuele Filibertos von Savoyen (1565)

Dafür, dass sich auch in Italien die Gesetzgebungsbewegung ausbreitet, mit der die endgültigen Ergebnisse der inquisitorischen Verfahrensformen auf staatlicher Ebene fixiert werden sollen, gibt es neben den *Constitutiones Dominii Mediolanensis* von 1541 ein zweites bemerkenswertes Beispiel: die Gesetzgebung Emanuele Filibertos von Savoyen für den Herrschaftsbereich des Hauses Savoyen, insbesondere das Vierte Buch der *Novi Ordini*, das 1565 unter dem Titel „Von den Kriminalfällen und die Art, wie in ihnen zu verfahren ist" *(Delle cause criminali et il modo di proceder in esse)* verkündet wurde.

Das Vierte Buch der *Novi Ordini* fügt sich in den weiteren Rahmen einer Reform der politischen Institutionen ein, die der Herzog wünscht, nachdem er nach einem Vierteljahrhundert französischer Besetzung (1536–1559) seine Herrschaft wieder angetreten hat. Während dieser Zeit sind sowohl in Savoyen als auch in Piemont in der Justiz üblicher Weise die französischen königlichen *Ordonnances* – in ihrem Originaltext oder in lateinischer Fassung – angewendet worden, darunter auch die *Ordonnance* von Villers-Cotterêts. Von besonderer Bedeutung ist während dieser kritischen Phase die Entstehung der beiden Obersten Gerichte, der Parlamente von Turin und von Chambéry, gewesen, welche die Besatzer nach dem Modell der französischen *Parlements* in der Weise eingerichtet hatten, dass diese auf bestehende herzogliche Konsultativorgane aufgepfropft wurden.

Emanuele Filiberto weiß sich die gerichtsverfassungsrechtlichen und prozeduralen Neuerungen der Franzosen zunutze zu machen. Er behält die Parlamente von Turin und Chambéry bei, wandelt sie sogar in Senate um, verkündet 1561 die *Novi Ordini* in Zivilsachen und fügt ihnen 1565 die *Novi Ordini* für Kriminalsachen hinzu, die dann über lange Zeit die Grundlage des Verfahrens in den savoyischen Staaten bleiben (und deren Inhalte dann, zumindest teilweise, in die Gesetze und Konstitutionen *[Leggi e Costituzioni]* Vittorio Amedeos II. von 1723 eingehen). Das französische Vorbild liegt diesem Reformprojekt zugrunde und zeigt sich in erster Linie in der Entscheidung, als Sprache der Gesetzestexte das Volgare zu verwenden; dies gilt auch für die zivilrechtlichen *Ordini* von 1561 die, entsprechend der Regelung in der *Ordonnance* von Villers-Cotterêts, die Verwendung des Italienischen (bzw. des Französischen in den Territorien „jenseits der Berge" *[di là de' monti]*) anstelle des Lateinischen sowohl in den Prozessakten als auch in der notariellen Dokumentation vorschreibt.

Mit dem Ziel erlassen, „dem Verfahren in Kriminalsachen Form und Ordnung zu geben" *(porre forma et ordine al proceder de le cause criminali)*, stehen die

6.4 Das Vierte Buch der „Novi Ordini" Emanuele Filibertos von Savoyen (1565)

Novi Ordini von 1565 in einem Verhältnis der Komplementarität gegenüber dem gemeinen Recht[4] und verraten damit eine lehrbuchhafte Haltung, die zugleich darstellend und systematisch ist – und damit in mancher Hinsicht derjenigen ähnlich ist, die auch in der *Constitutio Criminalis Carolina* anzutreffen ist. Die Reform Emanuele Filibertos überträgt die Strafgerichtsbarkeit den ordentlichen herzoglichen Gerichten, die für das Zivilrecht eingerichtet worden sind – vorbehaltlich der Zuständigkeiten der Feudalgerichte, der privilegierten und der statutarischen Gerichte. Der Richter, der sich als langsam oder nachlässig erweist, wird bestraft, und das Verfahren geht in diesem Falle auf das höhere Gericht über. Wie in Frankreich (aber z. B. auch in den Mailänder Neuen Konstitutionen) ist den Fiskal-Prokuratoren (bzw. Fiskal-Advokaten), die in den savoyischen Herrschaftsgebieten bereits zu Beginn des 15. Jahrhunderts unter der Herrschaft Amedeos VIII. aufgetreten sind und deren Aufgaben jetzt noch weiter präzisiert und rationalisiert werden, eine erstrangige Rolle zugewiesen. Bei jedem Gericht wird nämlich ein Fiskal-Amt eingerichtet, das nicht nur die Inquisition für alle Straftaten zu betreiben hat, sondern auch am Verhör der Zeugen und des Beschuldigten beteiligt ist, auf Verteidigungsvorbringen erwidert und dem Richter die eigenen Schlüsse vorträgt.

Die Inquisition bildet die tragende Säule des gesamten Verfahrens und wird vom Richter *ex officio* eingeleitet, sobald er Kenntnis von der Straftat erlangt hat. Alles verläuft unter voller Beachtung der Grundsätze der Heimlichkeit und der Schriftlichkeit mit der inzwischen gewohnten Einstellung, die auf die Erlangung des Königsbeweises, d. h. des Geständnisses, notfalls auch im Wege der Folter, zielt. Die verhafteten Beschuldigten werden innerhalb von 24 Stunden nach der Festnahme einem ersten Verhör in Anwesenheit des Fiskals unterzogen und werden – mit praktischem Sinn – von der Leistung des Eides befreit „weil man wahrscheinlich annehmen kann, dass sie, um ihr Leben und ihre Ehre zu retten, sich kein Gewissen daraus machen, die Wahrheit zu leugnen und die Unwahrheit zu beschwören"[5].

Die Überweisung auf die Folter erfolgt durch einen Beschluss, der – wie auch in Art. 163 der *Ordonnance* von Villers-Cotterêts – „beim Appellationsrichter oder beim Senat" *(al giudice dell'apelatione o vero al Senato)* angefochten werden kann. Fehlt es am Geständnis, so können die Zeugen erneut in Anwesenheit des Beschuldigten vernommen werden, wenn der Richter dies für erforderlich hält, um die Wahrheit zu entdecken.

---

[4]Die Richter verfahren nämlich „nach der Bestimmung der allgemeinen Gesetze, außer in den Teilen, die durch die folgenden *Ordini* verboten, korrigiert, erweitert oder eingeschränkt worden sind".

[5]In Wirklichkeit findet sich die Regel – welche die Beschuldigten betrifft, die *incarcerati* sind, sowie jeden anderen, „dem ein Delikt zur Last gelegt wird" – nicht in den *Ordini criminali* von 1565, sondern wird im Dritten Buch der *Novi Ordini* sozusagen „vorweggenommen", das 1561 erlassen worden ist und sich der Regelung des Zivilprozesses widmet. Die Regelung über den Ausschluss vom Eid „in Kriminalsachen" ist im 25. Kapitel „Über den Eid" enthalten.

Nach Abschluss der Inquisition wird dem Beschuldigten eine Abschrift der Bekundungen der Zeugen ausgehändigt; dieser hat sodann zehn Tage Zeit (fünf, wenn er geständig ist), um seine Verteidigungsargumente, auch mittels eines „Prokurators oder eines anderen beauftragten Verteidigers", vorzutragen. Die Entscheidungsphase ist auf das unerlässliche Mindestmaß verkürzt und stützt sich auf die in der Prozessakte enthaltene Dokumentation. Gegen die Entscheidung ist Appellation möglich. Der Fiskal kann den Freispruch in Fällen, in denen die Todesstrafe, die Verstümmelung eines Gliedes, Auspeitschung oder eine andere Körperstrafe in Betracht kam, beim Senat anfechten. Der Verurteilte seinerseits kann aufgrund einer Stufenordnung appellieren, d. h., er kann sich direkt an den Senat wenden, es sei denn, dass er Untertan eines Feudalherrn ist, der mit der Gerichtsbarkeit zweiter Instanz ausgestattet ist. Der Senat besitzt ferner die Zuständigkeit, Kriminalsachen wegen öffentlicher Verbrechen, die mit Körperstrafe oder mit Geldstrafe von beachtlicher Höhe bedroht sind, an sich zu ziehen und direkt zu entscheiden. Die zuletzt genannten Vorschriften zeigen in aller Deutlichkeit, dass auch in den Staaten des Hauses Savoyen die oberste senatorische Rechtspflege – in Übereinstimmung mit dem, was im restlichen Europa der Fall ist – mittlerweile eine erstrangige Funktion in den Strafprozessen ausübt, und zwar sowohl als letztinstanzliche Jurisdiktion als auch, in Fällen von besonderem Gewicht, als Organ, das zur Durchführung eines Verfahrens in einer einzigen Instanz berufen ist.

In den *Novi Ordini* finden die Rigidität des Verfahrens und die besondere Strenge der Strafen einige Milderungen in den Normen, die anerkannte Grundsätze der Lehre aufnehmen und.

a) in Fällen minderen Gewichts die Festnahme und Untersuchungshaft der mutmaßlichen Schuldigen ausschließen;
b) in anderen Fällen diese Institute vom Vorliegen hinreichender Indizien abhängig machen;
c) die Anwendung der Folter in strenge formale Regelungen einbinden, mit denen nach Möglichkeit das Auftreten von Missbräuchen verhindert werden soll.

6.5 Strafjustiz und moderner Staat

In äußerster Verkürzung können wir festhalten, dass die legislativen Vorgänge des 16. Jahrhunderts eine grundlegende Weichenstellung im Prozess der Erringung voller und ausschließlicher Zuständigkeit im Strafrecht durch den modernen Staat bilden – in einer Zeit also, in der er sich mühsam auf einen langen Weg der Modernisierung und der Rekonstruktion der Rechtsordnung begibt, der dann in ein Gebäude münden wird, das feste Fundamente und eine rationale Architektur besitzt. Diese Zuständigkeit erweist sich vor allem in der gesetzlichen Fixierung des Prozessrechts mittels der Aufstellung von inquisitorischen Prinzipien und Instituten, die in der Praxis bereits vorher aufgekommen sind und sich mittlerweile auf dem Wege zu vollständiger Ausbildung in technischer und dogmatischer Hinsicht seitens der Lehre des gemeinen Rechts befinden. Im Ergebnis erweist sich auf dem erwähnten Weg als unerlässlich die Übernahme einer vollen Kontrolle – und damit einer vollen Zuständigkeit – über die Strafjustiz, die als entscheidend empfunden wird für das gute Funktionieren der öffentlichen Angelegenheiten, für die Erhaltung des inneren Friedens und des bürgerlichen Zusammenlebens und vor allem – und hier fehlt es nicht an politischen Motiven – für die Überwachung der Einzelpersonen und der sozialen Strukturen.

Der Kanal, über den die Kontrolle der Strafjustiz sich vollzieht, ist in erster Linie die Schaffung angemessener Justiz- und Verfahrensstrukturen, denn diese Strukturen sind es, die am besten die Effizienz des Systems und die Effektivität der Herrschaft garantieren. Zur Schaffung neuer Verfahrensstrukturen gesellt sich sodann die massive Verstaatlichung von bereits vorhandenen oder auf dem Wege der Durchsetzung befindlichen Verfahrensstrukturen. Hiermit beziehen wir uns vor allem auf die Verfahrensmethoden, die bereits seit dem 13. Jahrhundert durch inquisitorische Grundsätze und Kriterien geprägt erscheinen. Es handelt sich um Grundsätze und Kriterien, welche auch ideologisch mit denen übereinstimmen, die bei der Neuorganisation des Rechts im absolutistischen Sinne befolgt werden. Und während im Deutschland der Rezeption der Prozess der Verstaatlichung sich vor allem um die Ergebnisse der italienischen Lehre dreht, fehlt es in Frankreich zwar nicht an Einfluss der Lehre, doch werden hier die Ergebnisse der gerichtlichen Praxis – korrigiert und angepasst an die Bedürfnisse der Sicherung der aufkommenden absoluten Monarchie – bevorzugt herangezogen. In allen Fällen bestehen die staatlichen Institutionen ganz besonders auf Formen inquisitorischer Art, in einem Prozess wechselseitiger Entwicklung und reziproker Verstärkung zwischen den ersteren und den letzteren, wofür die vorher dargestellten Gesetzestexte ein unmissverständliches Zeugnis ablegen. Aus dieser Perspektive lässt sich sagen, dass die Geschichte des inquisitorischen Modells zugleich die Geschichte der staatlichen Intervention in den Strafprozess ist, die zwar nicht erst im 16. Jahrhundert einsetzt, jedoch in dieser Zeit die Umrisse vollständiger Normalität annimmt.

Eng verbunden mit der Intervention in das Prozessrecht ist sodann das Aufkommen von Justizapparaten, welche in der Lage sind, bei der Erreichung dieser Ziele zu wetteifern. Wir meinen damit die Untersuchungs- und Urteilsstrukturen, die in der hier betrachteten Zeit als Instrumente zur Erhaltung des Systems entstehen oder im Laufe der Zeit zu solchen werden. Diese Strukturen werden grundlegend repräsentiert durch die großen Gerichte, die Senate, die Parlamente, kurz: durch die zentralen Gerichtshöfe der kleinen und großen europäischen Staaten einerseits, durch jenes Organ andererseits, von dem wir gesehen haben, dass es sich fast überall auf dem Kontinent gerade in dieser Zeit durchgesetzt hat, und mit unterschiedlichen Bezeichnungen königlicher Prokurator, Fiskal-Prokurator, Fiskal-Advokat genannt wird. Dieses Organ, das für die heiklen Gleichgewichte, die sich langsam auf dem Wege der Fixierung der neuen absolutistisch geprägten Rechtsordnungen bilden, wesentlich ist, hat die Aufgabe, die Vorrechte und Interessen eines Herrschers zu garantieren, der seine eigene persönliche Identität tendenziell immer mehr verliert, um sich in das Symbol des Staates zu verwandeln.

Kapitel 7
Praxis und Lehrtradition in Italien vom 16. bis zum 18. Jahrhundert

7.1 Der Primat der Praxis

Vom Ende des 16. Jahrhunderts bis zur ersten Hälfte des 18. Jahrhunderts ist die strafprozessuale Doktrin Italiens – insbesondere was das Verhältnis von Anklage und Inquisition angeht – gekennzeichnet durch eine Art von Doppelung, welche sie schwanken lässt zwischen einer müden und routinierten Beibehaltung der, freilich brillanten, im 16. Jahrhunderten erreichten Ergebnisse der Rechtswissenschaft einerseits und einer minutiösen fallbezogenen Beachtung der praktischen Dimension, die als Zeugnis der hart erkämpften Justizwirklichkeit von Interesse ist, aber doch nur selten imstande, sich mit weittragenden Konstruktionen zu befassen.

Die Vorherrschaft der inquisitorischen Formen, die nun auch in den örtlichen und staatlichen Gesetzgebungen abgesegnet ist, trifft also in diesem Zeitraum zusammen mit einer Auseinanderentwicklung von Rechtstheorie und Rechtspraxis – insbesondere zwischen abstrakten legalistischen Schemata und tatsächlichen Verfahrensmethoden –, welche dazu beiträgt, dass die Präsenz eines Restes an schützenden Elementen in der Justiz schwindet; haben wir es doch hier mit Erscheinungen wie dem ultimativen Erstarken der Ermessensbefugnisse der Richter und der Ausbreitung der geheimen Anzeigen und Denunziationen zu tun, deren strenges Verbot zunehmend der Nichtbeachtung anheimfällt.

Zu dieser Situation – die mit der Durchsetzung des absolutistischen Staatsverständnis im Zusammenhang steht, das die öffentlichen Gewalten zum Einschreiten mit jedem beliebigen repressiven Mittel ermächtigt, um die bedrohte gesellschaftliche Ordnung sicherzustellen und zu schützen – gesellt sich als Folge noch eine inhaltliche Erstarrung der Debatte um die Verfahrensform. Und diese unkritische Hinnahme der konsolidierten Ergebnisse seitens nicht weniger Juristen ruft auf der Ebene der wissenschaftlichen Produktion ein doppeltes Resultat hervor.

Einerseits nämlich gehen Lehrbücher in den Druck, die oft theoretisch anspruchsvoll auftreten, häufig aber mehr kasuistisch als originell sind und die Materie nach allgemeinen Schemata darstellen, die aus einer auf Durantis und

Albertus Gandinus zurückreichenden Tradition übernommen sind. In diesen Werken werden die das akkusatorische Modell betreffenden Fragen, die in der Gerichtspraxis überwiegend ignoriert werden, auf eine fast traditionelle Weise wieder aufgegriffen, und es wird letztlich sogar die Annahme vertreten, dass sie dieselbe formelle Bedeutung besitzen wie diejenigen der inquisitorischen Verfahrensform, denen man nicht selten auch weiterhin die Natur eines außerordentlichen Rechtsinstituts beilegt.

Andererseits intensiviert sich – wie erwähnt – eine Produktion mit ausgesprochen praktischen Absichten und häufig ohne besondere wissenschaftliche Ambition, zu denen Werke mit lehrbuchhaftem Zuschnitt gehören, die sich darum bemühen, einerseits die Probleme zusammenfassend darzustellen und andererseits den Richtern und Advokaten präzise Handlungsanleitungen zu liefern. Auf diese Weise entsteht neben einer intensiven Herausgebertätigkeit eine breite Zirkulation von weniger anspruchsvollen, aber häufig konsultierten handschriftlichen „Praktiken" *(Pratiche)*, die immer häufiger in der Volkssprache *(lingua volgare)* abgefasst sind. Diese Arbeiten erweisen sich mitunter als regelrechte Leitfäden, welche – zwischen kasuistischer Einstellung und Tendenz zur Simplifizierung – den Ablauf des inquisitorischen Strafverfahrens beschreiben, häufig unter besonderer Berücksichtigung der Besonderheiten, die dieses in den verschiedenen Territorien angenommen hat.

7.2 Der Strafprozess der „Praktiken": ein Verfahren mit variabler Struktur

Vorbehaltlich der besonderen *stili curiae* auf lokaler Ebene weist die Praxis dessen, was als „Prozess der Praktiken" bezeichnet worden ist[1] – besonders in der Zeit, in der dieses System zu voller Reife gelangte –, ein Grundschema auf, das ziemlich konstant und auf Wiederholung angelegt ist und übrigens jenem nicht unähnlich ist, das im ganzen Kontinentaleuropa angewendet wird. Die Darstellung dieses Schemas muss allerdings berücksichtigen, dass der Strafprozess des Ancien Régime weit davon entfernt ist, eine strenge und fixierte Aufeinanderfolge von vorgeschriebenen Schritten zu sein, vielmehr im Wesentlichen (wie schon bemerkt) ein „variabler" Prozess, was seinen Gang und seinen Abschluss angeht (man könnte ihn geradezu als einen Prozess „mit variabler Struktur" bezeichnen). Das bedeutet, dass er a) dem Richter gestattet, unter bestimmten Voraussetzungen und innerhalb gewisser Grenzen die Ordnung des Verfahrensablaufs zu modifizieren; b) ihm gestattet, an bestimmten Knotenpunkten dem Verfahren unterschiedliche Richtungen zu geben; c) ihm einen fein gegliederten Fächer von Varianten – statt bloß Freispruch oder Verurteilung – zur Verfügung stellt, um, auch vorläufig, aus dem Verfahren „auszusteigen" *(poena extraordinaria, absolutio ab instantia* bzw. *rebus*

---

[1]*Sbriccoli*, Giustizia criminale, S. 199.

7.2 Der Strafprozess der „Praktiken": ein Verfahren mit variabler Struktur

sic stantibus; amplius cognoscendum, bannum, Freilassung gegen Kaution oder Bürgschaft usw.). Es ist offenkundig, dass dieses Bündel von Möglichkeiten die Übertragung beachtlicher Ermessensbefugnisse auf den Richter voraussetzt.

Ohne dass wir uns bei den verschiedenen Formen des summarischen und äußerst summarischen Verfahrens aufhalten (die beispielsweise in den Fällen der Flagranz, des *crimen notorium,* der *contumacia* und des *crimen atrocissimum* angewendet wurden), ist zu erwähnen, dass das „ordentliche" Grundschema des von den Praktiken dargestellten Verfahrens sich in mindestens sieben Abschnitte aufteilt: a) Eröffnung des Verfahrens; b) *inquisitio generalis;* c) *inquisitio specialis;* d) *repetitio testium* und *legitimatio processus;* e) *publicatio processus;* f) Defensivverfahren *(processo difensivo);* g) Entscheidung der Sache.

a) Eröffnung des Verfahrens Der Richter eröffnet das Verfahren *ex officio,* wenn er Nachricht von der Begehung einer Straftat erhält. Normalerweise gelangt diese Nachricht an ihn durch eine Klage bzw. Anzeige der verletzten Partei, die Anzeige eines Privaten, die Anzeige (bzw. Relation, Rapport oder amtlicher Bericht) eines öffentlichen Amtsträgers (in der Regel des *bargello* oder eines anderen – in moderner Terminologie – Polizeibeamten) oder auf Veranlassung eines *istigator inquisitionis* wie z. B. des Fiskal-Advokaten. Zur Eröffnung des Verfahrens reicht im Übrigen, wie wir gesehen haben, auch die schlichte *publica vox et fama* aus, und mit fortschreitender Zeit gewinnen, wie erwähnt, auch anonyme Denunziationen Bedeutung (die z. B. bei nicht näher bestimmten *amicis curiae* angebracht wurden).

b) Die inquisitio generalis Nach Eingang der *notitia criminis* eröffnet der Richter die Akte des „Informativprozesses" *(processus informativus),* in der die Dokumentation des Verfahrens, insbesondere die Protokollierung aller vorgenommenen Verfahrenshandlungen, aufgenommen wird (als Werk des Kriminalnotars), und es beginnt die Generalinquisition, mit der a) die tatsächliche Begehung festgestellt werden soll (das *corpus delicti* bei Straftaten mit fortdauernder Handlung wird formalisiert mittels Ortsbesichtigung und Gutachten, in anderen Fällen mittels Zeugenaussagen oder durch Indizien und Schlussfolgerungen) und b) die ersten Informationen über die Straftat und über ihren etwaigen Täter eingeholt werden sollen. In dieser Phase soll der Richter zur Gewinnung allgemeiner Erkenntnisse gelangen, ohne jedoch jemanden beim Namen zu nennen, denn es ist ihm nicht gestattet, ausdrücklich und von sich aus (z. B. während der Befragung eines Zeugen) den Namen irgendeiner besonderen und bestimmten verdächtigen Person zu erwähnen.

c) Die inquisitio specialis Sie ist das Herzstück des inquisitorischen Verfahrens des Ancien Régime und stellt sein entscheidendes Element dar. Während dieser Phase untersucht der Richter (häufig auf Antrag der Fiskal-Advokatur) die geeigneten Beweise, um die Schuld einer bestimmten Person festzustellen, die, in der bezeichnenden technischen Terminologie jener Zeit, üblicher Weise mit dem Namen ‚reo' *(reus)* bezeichnet wird, der von dem Wort *res* (= Sache) abgeleitet ist.

Auf diese Weise setzt sich der „Informativprozess" fort, der übrigens von diesem Moment an häufig die (passendere) Bezeichnung „Offensivprozess" erhält.

Ist die Begehung der Straftat festgestellt, so kann die Spezialinquisition direkt eröffnet werden, falls der Name des Beschuldigten in der Klage oder in den verschiedenen Formen der öffentlichen oder privaten Anzeige, die beim Richter eingegangen sind, ausdrücklich bezeichnet worden ist (wie natürlich auch, wenn nach *publica fama, flagranza* oder *crimen notorium* vorgegangen wird). Andernfalls hängt der Übergang zur *inquisitio specialis* vom Vorliegen von zumindest leichten Indizien zulasten einer bestimmten Person ab. Die Würdigung dieser Indizien *(indicia ad inquirendum)* ist dem Ermessen des Richters anvertraut, von dem also dieser erste wesentliche Knotenpunkt des Verfahrens abhängt; ein zweiter ist die Verhaftung des Beschuldigten auch bei nicht besonders schweren Straftaten. Hierzu wird häufig die Unterscheidung zwischen Straftaten mit Geldstrafendrohung und solchen mit Körperstrafendrohung getroffen, die dann auch als für die Fluchtgefahr relevant angesehen wird. Immerhin bleibt die Tatsache, dass auch für die Verhaftung das Vorliegen hinreichender Beweise *(indicia ad carcerandum)* verlangt wird, die weniger leicht als die *indicia ad inquirendum* sein müssen, freilich ebenfalls dem richterlichen Ermessen *(arbitrium)* überlassen sind. In Fällen von geringerem Gewicht, in denen die Haft nicht als erforderlich angesehen wird, wird dem Beschuldigten die Vorladung vor Gericht mitgeteilt, welche den *libellus inquisitionis* enthält, d. h. die Darstellung der Tat, die dem Beschuldigten zur Last gelegt wird.

Die Ergebnisse der Beweiserhebungen (in erster Linie die Protokolle der beschworenen Aussagen der Zeugen) bleiben geheim, und es gibt auch in diesem Zeitpunkt keine allgemeine Verpflichtung, den verhafteten Beschuldigten über die Art der vorgeworfenen Tat zu informieren. Der Zweck der *inquisitio specialis* besteht darin, den vollen gesetzlichen Beweis der Schuld zu erlangen, der in der Regel durch das doppelte Zeugnis von zwei über jeden Zweifel erhabenen Zeugen (nach dem biblischen Grundsatz *unus testis nullus testis*) oder mittels des Geständnisses erlangt werden kann. Da das doppelte Zeugnis nicht immer leicht zu erreichen ist, richtet sich die Tätigkeit des Richters in erster Linie darauf, das Geständnis zu erlangen – gegebenenfalls begleitet von der etwaigen Benennung von Mittätern. In dieser Hinsicht ist eine Handlung von fundamentaler Bedeutung (und damit der dritte Knotenpunkt der *inquisitio specialis*) das *constitutum rei*, d. h. das förmliche Verhör, dem der Beschuldigte unterzogen wird, nachdem er den Eid *de veritate dicenda* geleistet hat (als für schuldig Vermuteter und damit potenzieller *testis contra se*). Dieses Verhör wird, falls erforderlich, mehrfach wiederholt und auf besonders strenge Weise durchgeführt, mit ständigen Ermahnungen, „die Wahrheit zu gestehen" *(ad fatendam veritatem)* und mit mitunter besonders raffinierten inquisitorischen Techniken, welche, von scheinbar nebensächlichen Umständen und Einzelheiten ausgehend, darauf zielen, die Widersprüche, Unsicherheiten und Ausflüchte des leugnenden Beschuldigten herauszustellen und auszunutzen. Die Praxis einiger besonders „liberaler" Gerichte gestattet dem Beschuldigten, vor seinem Verhör die Ergebnisse der Inquisition zu erfahren.

Führt das Verhör des Beschuldigten nicht zu dem erhofften Ergebnis, bleibt der Weg zur Anwendung der gerichtlichen Folter, „um die Wahrheit zu erzwingen" *(ad eruendam veritatem)*. Um zur Folter übergehen zu können, bedarf es, um

7.2 Der Strafprozess der „Praktiken": ein Verfahren mit variabler Struktur 71

Missbräuche zu vermeiden, des Vorliegens schwerer Indizien *(indicia ad torturam; indicia ad torquendum)*, die allerdings wieder einmal der diskretionären Bewertung des Richters überlassen sind. Dieser vierte Knotenpunkt der *inquisitio specialis* weist einige besonders heikle Aspekte auf, die in einigen Fällen den Richter dazu veranlassen können, nicht die Folter anzuwenden und stattdessen auf ein Ergebnis zu setzen, das von der Verurteilung zu einer gesetzlich vorgesehenen Strafe abweicht (z. B. Verurteilung zu einer *poena extraordinaria*). Der erste dieser Aspekte ist der Umstand, dass das unter der Folter erlangte Geständnis, gerade weil es unter Anwendung von Gewalt erlangt ist, von dem Beschuldigten nach einem Tag und außerhalb der Folterkammer bestätigt werden muss, sodass es geschehen kann, dass der Gefolterte auch mehrfach die Bestätigung verweigert. Ein zweiter Aspekt ist, dass der Beschuldigte der Folter auch widerstehen kann – was einerseits die Herstellung des vollen gesetzlichen Beweises verhindert (und damit nicht die Verurteilung zu der gesetzlich vorgesehenen Strafe erlaubt), andererseits – nach Auffassung zahlreicher Autoren und nach der Praxis vieler Gerichte – auch die bis dahin erlangten Indizien „reinigt" (d. h. annulliert), was sogar die Verurteilung zu einer *poena extraordinaria* verhindert. Aus diesen umstrittenen Aspekten leitet sich eine Reihe ungelöster Fragen ab; darunter als wichtigste das Problem der Dauer und der (auch mehrfachen) Wiederholung der Folter (um z. B. eine zunächst verweigerte Bestätigung zu erlangen oder um die Angabe etwaiger Mittäter zu erzielen), das häufig in der Praxis mit der gewohnten Anwendung von Ermessensbefugnissen des Richters gelöst wird. Es muss noch ergänzt werden, dass auch die Zeugen der Folter unterzogen werden können, was in der Regel geschieht a) gegenüber widerstrebenden und schwankenden Zeugen; b) um dem Zeugnis eines schlecht beleumundeten Zeugen Glaubwürdigkeit zu verleihen; c) um zweifelsfreie Zeugnisse von besonderer Bedeutung zu erlangen (in diesem Fall wird die Folter allerdings zu einer vorwiegend formalen Handlung).

d) Die „repetitio testium" und die „legitimatio processus" Falls der Beschuldigte hartnäckig leugnet, so erfolgt die *repetitio testium*, um die „Legitimation des Prozesses" *(legitimatio processus)* zu erlangen. Die Zeugen, welche im Verlauf der Inquisition ausgesagt haben, werden erneut in Anwesenheit des Beschuldigten vernommen, um die Informationen, welche während des Informativprozesses in Abwesenheit des Beschuldigten eingeholt worden sind, zu „legitimieren". Die Vornahme dieser Handlung, die den Zweck hat, die Ergebnisse der Zeugenvernehmungen gegen etwaige Anfechtungen abzusichern, gewinnt im Laufe der Zeit einen überwiegend formalen Charakter. Häufig ist es der Beschuldigte selbst, der – sei es von sich aus, sei es mehr oder weniger genötigt – darum bittet, von der *repetitio testium* abzusehen, indem er die Aussagen als „wiederholt" anerkennt und erklärt, die Zeugen seien in der gehörigen Form *(rite et recte)* vernommen worden.

e) Die „publicatio processus" Meint der Richter, dass die Phase der Erhebung des Beweismaterials erschöpft sei, so wird – unabhängig davon, ob das Geständnis erlangt worden ist oder nicht – zur „Veröffentlichung des Prozesses" *(publicatio processus)* übergegangen. Dem Beschuldigten und, falls benannt, seinem Beistand (in manchen Fällen auch dem Armenanwalt) wird eine Kopie der in der Akte des Informativprozesses enthaltenen Protokolle übersandt, damit er nach Kenntnisnahme der Akten des

Falles sein Recht auf Verteidigung ausüben kann. Nach einer allgemeinen Regel, welche manche Juristen auf das Naturrecht gründen[2], kann nämlich niemand, nicht einmal der geständige Beschuldigte, verurteilt werden, ohne dass er die Möglichkeit gehabt hat, dieses Recht auszuüben. Die Aushändigung des „Informativprozesses" ist begleitet von der Setzung kurzer Fristen (wenige Tage) für die Verteidigung.

f) Der Defensivprozess Die Verteidigung besteht in der Erarbeitung eines oder mehrerer schriftlicher Dokumente – üblicherweise Denkschriften oder *capitula* –, die in einem eigenen Aktenheft des „Defensivprozesses" gesammelt werden und in denen die tatsächlichen und rechtlichen Elemente aufgeführt werden, von denen man meint, dass ihre Einreichung bei Gericht für den Beschuldigten günstig sei. Es handelt sich im Allgemeinen um Einsprüche (mit den daraus folgenden Nichtigkeitseinreden), die sich auf Verfahrensmängel und auf die die fehlende Beachtung wesentlicher Förmlichkeiten beziehen oder auf Missbräuche und Illegalitäten oder auf das Vorliegen von rechtfertigenden Umständen oder Tatsachen hinweisen, die im Informativprozess nicht berücksichtigt worden sind. Im Rahmen des Defensivprozesses kann auch der Antrag gestellt werden – über den das Gericht entscheidet –, etwaige Zeugen der Verteidigung zu vernehmen.

g) Die Entscheidung der Sache Wir schon bemerkt, ist im Strafverfahren des gemeinen Rechts eine mündliche Verhandlung nicht vorgesehen (wenngleich – was nicht übersehen werden soll – in einigen Rechtsordnungen und in einigen örtlichen Gerichtsgewohnheiten dem Betreuer erlaubt ist, dem Gericht die Sicht der Verteidigung mündlich vorzutragen). Daraus folgt, dass die Entscheidung – nach Anhörung der Folgerungen der Fiskal-Advokatur – im Beratungszimmer auf der Grundlage der Dokumentation in den Akten des Informativprozesses und des Defensivprozesses von demselben Richter gefällt wird, der den Informativprozess geführt hat (oder von einem Kollegium, dem, in der Regel als Berichterstatter, der Inquisitionsrichter bzw., wie man zu sagen pflegte, der prozedierende Richter) angehört. Häufig nimmt bei besonders schweren Straftaten (z. B. in den Fällen, die mit Todesstrafe oder mit Verstümmelung von Gliedern bedroht sind) die Entscheidung des örtlichen Gerichts die Gestalt eines bloßen konsultativen Votums an, das zwecks Fällung der endgültigen und unanfechtbaren Entscheidung an einen der großen zentralen Gerichtshöfe (Senat, Rota usw.) übersandt werden muss, die seit dem Ende des 15. Jahrhunderts entstehen. Diese Gerichtshöfe besitzen außerdem die Befugnis, in jeder Phase des Verfahrens einzugreifen und Sachen, die sie für besonders wichtig erachten, an sich zu ziehen.

---

[2]Dass die *defensio* sich auf das Naturrecht gründet *(„a iure provenit naturali")*, hatte im kanonistischen Bereich bereits die *Decretale Pastoralis* von 1313 festgestellt (die dann in die *Constitutiones Clementinae*, 2.11.2, aufgenommen wurde).

7.3 Ein Modell: Die eklektische Position des Prospero Farinacci

Wenden wir uns nun wieder der strafprozessualen Lehre Italiens zu, so stellen wir fest, dass eine frühe Zusammenfassung einiger der ambivalenten Positionen, die diese in der Zeit des späten gemeinen Rechts angenommen hat, sich im Werk des Prospero Farinacci (Farinacius) finden – eines Autors, der von seinen Zeitgenossen ebenso gefeiert wurde, wie er von der späteren aufklärerischen Kritik abgelehnt wurde, die ihn beschuldigte (so das Urteil von Filippo Maria Renazzi), ein Sammler fremder Auffassungen im großen Stil gewesen zu sein[3].

Letztlich bestätigt die Behandlung der Problematik Anklage/Inquisition im bekanntesten Text des römischen Juristen, der voluminösen *Praxis et Theorica Ciminalis* – veröffentlicht in mehreren Bänden ab 1589 –, der ein spektakulärer editorischer Erfolg auf europäischer Ebene als bevorzugt herangezogener Text der praktisch tätigen Juristen beschieden ist, den Ruf eines eklektischen Kompilators (aber auch eines nicht unbedeutenden Systematisierers), den der Verfasser bei einem großen Teil der modernen Geschichtsschreibung erworben hat. Farinacci fügt den Positionen der vorhergehenden Juristen fast nichts Neues hinzu (beginnend mit Julius Clarus, den er reichlich zitiert) und gelangt auf mitunter verschlungenen Wegen zu wenig originellen Ergebnissen.

Farinacci arbeitet vor allem mit einer einzigartigen Verschmelzung zwischen den traditionellen Grundsätzen des gemeinen Rechts und einigen Aspekten der Strafrechtspraxis, indem er generell ausführt, dass „notwendiges Element der Inquisition" der Umstand ist, dass ein Ankläger tätig wird (*„inquisitionis requisitum est, ut interveniat accusator"*), denn da die Inquisition ein außerordentliches Rechtsinstitut sei, könne „der Richter in der Regel nur dann *ex officio* zur Inquisition schreiten, wenn es einen Ankläger gibt" (*„nemine [...] accusante, regulariter iudex ex officio inquirere non potest"*). Auf die Regel folgt freilich die Ausnahme. Dieses Requisit – das im kanonischen Recht nicht gefordert wird, wo für jedes Delikt der Richter zur Inquisition schreiten kann – ist nämlich nicht erforderlich „bei außerordentlich schrecklichen Delikten und in anderen einzeln aufgezählten Fällen" (*„in delictis exceptis atrocissimis et aliis casibus enumeratis"*),

---

[3]*Prospero Farinacci* (Rom 1544 – ebd. 1618), latiniert Farinacius, promoviert 1567 in Rom, führt eine ungeordnete Existenz, die von Schandtaten, rechtswidrigen Handlungen, Prozessen und Gefängnisaufenthalten geprägt ist, die jedoch seiner Karriere keinen Abbruch tun. Nachdem er eine Reihe von kleineren Verwaltungstätigkeiten ausgeübt hat, entscheidet er sich für die Advokatur, die er lebenslang mit großem Erfolg ausübt. Aufgrund wichtiger Protektionen ist er seit 1591 Kriminal-Statthalter des Auditors der *Camera Apostolica* und von 1606 bis 1611 Generalprokurator des Fiskus. Ab 1589 veröffentlicht er seine kriminalistischen Werke, darunter als das wichtigste die *Praxis et Theorica Criminalis*, zusammengestellt nach der Methode des späten Commento, die sich höchster Autorität bei den Praktikern des Rechts in Italien und in Europa erfreuen sollte.

was bedeutet: in all jenen Fällen, in denen nach römisch-gemeinem Recht „man sogleich *ex officio* die Inquisition auch dann eröffnen kann, wenn es keinen Ankläger gibt" *(„formari potest inquisitio ex mero iudicis officio etiam nemine accusante").* Das Ganze wird sodann noch durch die fast beiläufige Bemerkung überspielt, dass freilich „heute nach allgemeiner Gewohnheit man ohne jeden Unterschied bei allen Delikten *ex officio* vorgehen kann" *(„hodie de generali consuetudine indistincte in omnibus delictis ex officio procedi potest").*

Demnach ergibt sich auch für Farinacci, dass „unabhängig von dem, was *de iure* bestimmt ist, man heute die Inquisition für alle Delikte eröffnen kann und sie nach allgemeiner Gewohnheit als ordentliches Rechtsinstitut angesehen wird" *(„quicquid sit de iure, hodie inquisitio formari possit in omnibus delictis, et dicitur remedium ordinarium ex generali consuetudine"),* und dass darüber hinaus „diese Gewohnheit des Vorgehens *ex officio* seitens des Richters nicht nur die öffentlichen Delikte betrifft, sondern auch die privaten" *(„haec consuetudo inquirendi ex officio per iudicem, procedit nedum in delictis publicis, sed etiam in privatis").* Bestehen bleibt allerdings die Notwendigkeit des Vorliegens der legitimen Voraussetzungen *(praeambula legitima),* die für den Magistrat unerlässlich sind, wenn er die Spezialinquisition eröffnen will. Unter ihnen gewinnen in der *Praxis* des Farinacci die *fama* und die *indicia* beachtliche Bedeutung.

Die gerade erwähnten Folgerungen werden wieder aufgegriffen und bekräftigt in den Ausführungen, welche der *accusatio* gewidmet werden. In einer langen und umfassenden Einführung in die Erörterung der Regelung *de iure* des Instituts, sieht Farinacci sich zu dem Hinweis genötigt, dass „heute die Inquisition die Stelle der Anklage eingenommen hat" *(„hodie [...] accusationis loco successerit inquisitio").* Das alte gemeine Recht, das *ius civile* wie das kanonische Recht, habe nur der *accusatio* die Eigenschaft eines ordentlichen Rechtsinstituts zuerkannt, doch habe die Gewohnheit eingegriffen und gestatte dem Magistrat, „bei jedem Delikt auch ohne Ankläger zur Inquisition zu schreiten" *(„in quocunque delicto, etiam nemine accusante");* beide Rechtsinstitute würden daher als ordentliche angesehen, wenngleich die *inquisitio* „mehr in Gebrauch zu sein scheint" *(„magis in usu videtur").*

Infolge dessen und dank der Tatsache, dass „die *querela* heute die Stelle der *accusatio* eingenommen hat" *(„hodie successit loco accusationis"),* seien viele jahrelange Kontroversen eindeutig überflüssig. Dies seien beispielsweise die Fragen, die sich darum drehen, wer Anklage erheben könne und wer nicht: wenn kraft Gewohnheit der Richter bei jedem Delikt auch dann von Amts wegen das Verfahren eröffnen könne, wenn ein Anstoß seitens der Partei nicht vorliege, so müsse er erst recht „auf Antrag irgend eines Anklägers handeln können, auch wenn dieser *de iure* zur Präsentation der Anklage nicht berechtigt ist" *(„instante aliquo accusatore, licet inhabilis").* Vielmehr werde – wie schon Julius Clarus bemerkt habe – in der täglichen Praxis die *querela* der Partei stets akzeptiert, auch wenn sie von jemandem präsentiert werde, der *de iure* nicht anklagen könne, und sie werde faktisch benutzt, um den Weg zur Inquisition zu eröffnen.

7.4 Eine Stimme außerhalb des Chores: Die skeptische Rationalität des Giovanni Battista De Luca

Im Gegensatz zu den repetitiven und wenig originellen Ausführungen des Farinacci erweisen sich die wenigen, aber dichten Kapitel, die Giovanni Battista De Luca[4] dem Strafverfahren widmet, als sehr viel eindrucksvoller. Der Kardinal aus Venosa zählt zwar zweifellos nicht zu den Spezialisten dieser Materie; doch im *Dottor Volgare* von 1673 (genauer: im zweiten Teil des XV. Buches mit dem Titel „Von den Kriminalverfahren und ihrer Praxis in der *Curia Romana*") schafft er – unter Verzicht auf die prunkvollen, mitunter aber unzusammenhängenden barocken Pfade, auf denen sich die anderen Juristen seiner Epoche bewegen – eine klare und rationale zusammenfassende Darstellung, welche in vollendeter Weise die grundlegenden Zusammenhänge der strafrechtlichen Problematik des 17. Jahrhunderts benennt und darstellt.

Die erste Frage – nach De Luca: „der erste Zweifel" –, die sich gewöhnlich bei der Befassung mit der strafrechtlichen Materie stellt, betrifft, so der Autor, eben das Verhältnis zwischen Anklage und Inquisition: Die Juristen fragten sich nämlich gewöhnlich, „ob man im Wege der Inquisition und auf Antrag des Fiskal-Prokurators ohne Ankläger das Verfahren betreiben könne oder nicht, und wann die Anklage oder die *querela* der verletzten Partei notwendig sei".

Bei Beachtung der Gebote des gemeinen römischen Rechts werde die Lösung des Problems gewöhnlich zurückgeführt auf die klassische Unterscheidung zwischen öffentlichen Verfahren (die „wegen der Qualität der Delikte" so genannt würden), in denen jedermann die Popularklage zustehe, und Privatverfahren, in denen eine Initiative der verletzten Partei erforderlich sei. Letztlich seien es gerade die exakten Grenzen und die richtigen Konsequenzen aus dieser Unterscheidung, um die sich die Autoren seit Jahrhunderten „so sehr bemühen". Auf der einen Seite ständen die (antiken und modernen) Schriftsteller, die „auf scholastische Weise allein mit dem Buchstaben des Gesetzes argumentieren und sich nicht um die Praxis kümmern"; auf der anderen Seite positioniert seien „jene modernen Sammler bzw. Kopierer, die in dem Glauben, für die Praxis zu sprechen, mit der Autorität dieser scholastischen Interpreten argumentieren" und alle zusammen stritten

---

[4]Aus bürgerlicher Familie stammend, promoviert *Giovanni Battista De Luca* (*Venosa 1614, † Rom 1683) 1635 *in utroque iure* in Neapel, wo er auch den Beruf des Anwalts auszuüben beginnt. 1639 wird er Vikar des Bischofssitzes von Venosa. 1644 geht er nach Rom, wo er die Funktionen eines Auditors im Dienste des Fürsten Ludovisi ausübt. In Rom übt er über lange Zeit mit außerordentlichem Erfolg forensische Tätigkeit als Advokat der Kurie aus. Ab 1669 veröffentlicht er das *Theatrum Veritatis et Iustitiae*, eine enzyklopädische Darstellung des gesamten Rechts, ein gelehrtes Werk und zugleich Ergebnis seiner Erfahrungen aus der Justizpraxis. Auf das *Theatrum* folgt 1673 *Il Dottor Volgare*, ein Kompendium des größeren Werkes, das gekennzeichnet ist durch die Zielsetzung der populären Verbreitung (und deshalb auf Italienisch geschrieben). 1676 gibt er die Advokatur auf, wird Priester und enger Mitarbeiter und Berater der Politik und Regierungsentscheidungen Papst Innocenz' XI., von dem er nach seiner Ernennung zum Mitglied der Rota den Kardinalspurpur empfängt (1681).

darüber, „welches die öffentlichen Verfahren bzw. die öffentlichen Delikte und welches die privaten nach der genannten Unterscheidung seien".

De Luca geht zweifellos nicht gerade liebevoll mit seinen Kollegen um: Diese ganze Plackerei sei völlig nutzlos und stelle bloß „eine der gewöhnlichen Einfältigkeiten der reinen Pragmatiker dar", denn „nach allgemeiner Praxis der Gerichte [...] geht man ohne Unterschied bei allen Delikten im Wege der Inquisition vor", und „die Aufgaben des Anklägers" würden von einem „öffentlichen Bediensteten *(ministro pubblico),* der zu diesem Zweck vom Herrscher angestellt wird", wahrgenommen.

Doch damit nicht genug: Auch „zu dieser Praxis [...] zeigt sich die gewohnte Vielfalt der Auffassungen und [...] die große Einfalt unserer Autoren". Einige nämlich erblickten Ursprünge und Quelle des inquisitorischen Systems im kanonischen Recht, bedächten aber nicht, dass man von diesem Recht nicht sagen könne, dass es an jedem Ort und in jeder Materie zur Anwendung komme. Andere zögen es vor, sich auf eine allgemeine Gewohnheit zu berufen, „die sie jedoch für maßlos übertrieben und der Korrektur durch den gesunden Menschenverstand bedürftig" hielten, während sie doch ein „Hindernis" für die Anwendung der akkusatorischen Grundsätze des römischen Rechts darstelle, denn sie sei – so der Kardinal – älter als die Entstehung des gemeinen Rechts.

Tatsache ist, dass in den Augen De Lucas die Juristen ohne jedes historische Bewusstsein sind und sich deshalb allzu häufig Missverständnisse und Grillen erlauben. So, wie manche Schulkinder „mit [...] Märchen vollgestopft sind" und von Lehrern unterrichtet würden, die noch unwissender seien als ihre Schüler, seien sie überzeugt, dass die römischen Gesetze immer existiert hätten, sähen in Justinian „eine Art Adam", und seien sich, was die komplexen Schicksale des *Corpus Iuris* und des römischen Rechts angehe, nicht im Klaren über den „großen Unterschied der Zeiten, der Sitten und der Länder".

Im Einzelnen vermöchten die mit dem Recht Befassten nicht wahrzunehmen, wie tief greifend „die große Verschiedenheit der Sitten der alten und der modernen Zeiten" die Form des Prozesses beeinflusst habe. Im republikanischen Rom habe gemäß einem Grundsatz, der mit großer Klugheit und politischem Geschick eingeführt worden sei, jeder Bürger frei das Recht auf Anklage ausüben können und sei deswegen geehrt und geachtet gewesen, auch wenn er nicht die verletzte Partei gewesen sei. In der Moral des 17. Jahrhunderts hingegen werde im Gegensatz dazu „vor allem unter adligen Personen und auch in der mittleren Bürgerschaft" der Wunsch, das Anklagerecht auszuüben, wenn man nicht die verletzte Partei sei, auf der Ebene der sozialen Beziehungen als „große Schwäche und eine Art von Ehrlosigkeit" angesehen und stelle „sogar für die verletzte Partei" ein Verhalten dar, das als immerhin vorwerfbar angesehen werde.

Die Sitten und die Mentalität der jeweiligen Zeit werden also im Denken De Lucas zum Schlüssel für das Verständnis des Systems: In einer Welt, in der man „mit der Auffassung [lebe], dass man das Unrecht von sich aus mit privater Autorität rächen muss", zögen gerade die Personen, die von einem verbrecherischen Verhalten betroffen seien, es häufig vor, „sich und das erlittene Verbrechen zu verheimlichen", „weil sie fürchten, dass es zu Papier gebracht wird und dass

7.4 Eine Stimme außerhalb des Chores ...

man deswegen einen Prozess eröffnet". Und wenn die verletzte Partei selbst die erste ist, welche die Anklage vermeiden will, so erscheint der Schluss zwingend, den der Kardinal aus seinen Ausführungen zieht: In einer derartigen Gesellschaft „erweist sich dieser Gebrauch, in jedem Falle und auf Antrag der Staatsdiener zur Inquisition zu schreiten, eindeutig notwendig".

Sehr konkret in seinen Stellungnahmen und zweifellos originell in seiner Position zu diesem Problem, zögert De Luca nicht, die traditionelle strafprozessuale Lehre des gemeinen Rechts als größtenteils überflüssig und häufig abwegig zu beurteilen. Die Kriminalisten führen fort, „ihre eigenen Einfältigkeiten" wiederzukäuen, und begäben sich auf die Suche nach gemeinen Regeln und allgemeinen Prinzipien, die sie im *Corpus Iuris,* bei den „ersten Interpreten", bei den „ältesten Doktoren" glaubten antreffen zu können, sie bemerkten aber nicht, dass man die römischen Gesetze, was das Strafverfahren angehe, „so behandeln muss, als seien sie nicht auf der Welt", und dass die Fragen, über welche sie debattierten, meistens bloß gedankliche und abstrakte oder allenfalls didaktische seien. Infolge dessen bemühten sie sich nicht im geringsten darum, die wirklichen Probleme einer Materie zu erkennen, die offenkundig keinen sicheren und festen Regeln unterworfen sei und in der Wirklichkeit einzig und allein von Zeiten, von Orten, von wandelnden Gebräuchen, von unterschiedlichen Vorschriften der örtlichen Normen, von den „Stilen der Gerichte" und schließlich auch von den besonderen Umständen der Einzelfälle abhängig sei.

Die Juristen irrten daher, wenn sie versuchten, ein System aus allgemeinen Prinzipien für den Strafprozess zu konstruieren, und dabei auf die Vorschriften des römischen Rechts und auf die Meinungen seiner Interpreten Bezug nähmen. Sie irrten, weil sie nicht berücksichtigten, dass in der Praxis die einzige angewendete Form diejenige der Inquisition sei; sie irrten, weil diese Form für die Situation der Gesellschaft „eindeutig notwendig" sei; sie irrten schließlich, weil die Materie an wechselhafte und unbestimmte Faktoren gebunden sei und damit eine fixierte und universelle Regelung nicht vertrage.

Die Eigenschaften des Verfahrens im 17. Jahrhundert werden von De Luca auf rationaler und pragmatischer Grundlage gewürdigt, und dies führt ihn dazu, die Debatte über Anklage und Inquisition unter die falschen Probleme zu verweisen. Diese betont kritische Haltung, die den zeitgenössischen Kriminalisten gewöhnlich unbekannt ist, ist im Übrigen von einem tief greifenden Skeptizismus durchdrungen, der weit entfernt ist von den Begeisterungen und dem innovativen Furor der im darauf folgenden Jahrhundert einen großen Teil der Aufklärungs-Doktrin erfasst.

Besonders bezeichnend für diesen besonderen Aspekt des Denkens des Kardinals ist der Schlussabschnitt des ersten jener Kapitel des *Dottor Volgare,* die dem Strafprozess gewidmet sind. In diesem Abschnitt äußert De Luca die nüchterne Überzeugung, dass das ordentliche Funktionieren und das richtige Ergebnis der Mechanismen der Strafjustiz im Wesentlichen der Erfahrung, der Mäßigung und der intellektuellen Ehrenhaftigkeit des einzelnen Richters geschuldet sei, und bekräftigt damit noch einmal indirekt, dass er die doktrinäre Konstruktion eines

Verfahrensmodells, das von der gesellschaftlichen Realität und von den Erfordernissen der Praxis unabhängig ist, nicht für möglich hält:

> In diesen strafrechtlichen Materien muss man vor allem bei den Richtern und bei den Magistraten (Integrität und richtige Einstellung vorausgesetzt) eher ein gutes Judiz und eine durch die Praxis und durch die Erfahrung der geleiteten Prozesse verfeinerte Klugheit erwarten als als eine große Kenntnis der Literatur, für die es genügt, wenn sie hinreichend ist.

7.5 Die letzte Etappe der „Pratiche criminali"

Es ist sehr schwierig, in der italienischen Kriminalistik der letzten zwei Jahrhunderte des gemeinen Rechts einen Autor zu finden, dem es wie dem Zivilisten De Luca gelingt, sich von den überkommenen Schemata der Tradition zu befreien. Während der Kardinal aus Venosa aus der Außensicht mit Offenheit und Freimut ein gegenüber den Positionen der Lehre besonders kritisches Bild zeichnet, schwanken die Strafrechtler des 17. und 18. Jahrhunderts, wie schon erwähnt, einerseits zwischen dogmatischen Systematisierungen auf der Grundlage des Dualismus Anklage/Inquisition[5], der Dreiteilung Anklage/Anzeige/Inquisition[6] oder der Anwendung von noch weiter aufgefächerten älteren Unterscheidungen[7], andererseits widmen sie sich beschreibenden Werken von rein praktischem Interesse, in denen die besondere Aufmerksamkeit für einzelne Rechtsinstitute und für bestimmte prozessuale Elemente sich in ein kasuistisches Gesamtbild einfügt, das von inquisitorischen Formen beherrscht ist, die als unveränderlich und nicht mehr verbesserungsbedürftig angesehen werden[8].

Diese Positionen in der Lehre setzen sich bis zur Schwelle des Kodifikationszeitalters fort und demonstrieren trotz der Gleichzeitigkeit mit den neuen aufklärerischen Richtungen seit der Mitte des 18. Jahrhunderts eine Unkenntnis der

---

[5]Dieser Dualismus mündet häufig in die Untersuchung des Unterscheidungskriteriums zwischen Verfahren, welche *ex officio* eröffnet werden müssen, und solchen, die auf Antrag oder *querela* der Partei eröffnet werden. Exemplarisch ist insoweit die *Pratica criminale* des Domenico Moro (Napoli 1749), eines Advokaten von gewisser Bekanntheit in den neapolitanischen Gerichten.

[6]Angenommen z. B. in den *Institutiones Criminales* des Domenico Ursaya (Rom 1701), eines Professors und Advokaten von vorzüglichem Ruf, der in Rom an der Wende vom 17. zum 18. Jahrhundert tätig ist.

[7]Die *Institutiones Criminales* des Arcangelo Bonifazi (Iesi 1765), Inhaber unterer Jurisdiktionsbefugnisse im Bereich Umbriens und der Marken und auch Verfasser einer *Pratica civile e criminale* (Iesi 1756), zählen mindestens sechs verschiedene Formen des Strafprozesses auf, nämlich solche, die auf Anklage, Anzeige, Inquisition, Geständnis, Einrede und Flagranz beruhen.

[8]Dies ist der Fall bei den *Istituzioni teorico-pratiche criminali* des Filippo Mirogli, eines General-Fiskal-Advokaten in Rom (Rom 1758–1764). Das Werk, das sich auf die berufliche Erfahrung des Verfassers stützt und einen guten verlegerischen Erfolg besitzt, untersucht ein gutes Dutzend von Straftatfiguren und bietet für jede von ihnen eine genaue Beschreibung der prozessualen Vorgehensweisen im Lichte der möglichen Varianten und mit ständiger Bezugnahme auf die Protokolle der einzelnen Untersuchungshandlungen.

grundsätzlichen – auch ideologischen – Schwierigkeiten, welche einen beachtlichen Teil der Strafrechtswissenschaft im Rest Europas erfasst hat.

Die Unfähigkeit, wirksame und beachtenswerte Neuerungen vorzulegen, und die Neigung, das Beschreiben der Diskussion vorzuziehen, kennzeichnen somit ein strafrechtliches Schrifttum, das immerhin, vor allem in einigen territorialen Bereichen[9], eine beachtliche Vitalität und mitunter ein gutes technisches Niveau aufweist[10]. Neben der Neuauflage aktualisierter und auf den neuesten Stand gebrachter Werke der Vergangenheit trifft man nämlich auf eine beträchtliche Ausbeute neuer Werke, oft mit institutionellem Zuschnitt, die immer häufiger sich der italienischen Sprache bedienen und das System des Verfahrens mit einem engmaschigen kasuistischen Netz überziehen, ohne freilich seine tragenden Strukturen anzurühren.

7.6 Die Synthese des 17. Jahrhunderts bei Tommaso Maurizio Richeri

Es ist aber nicht ein Spezialist der Materie, dem wir uns nun zuwenden, um eine exemplarische und zugleich klare und wirkungsvolle Synthese des bisher betrachteten historischen und rechtlichen Zustandes des 17. Jahrhunderts zu erlangen, der sich dann am Ende des 18. Jahrhunderts mit dem Aufkommen des Kodifikationszeitalters erschöpfen sollte. Einzigartig geeignet zu diesem Zweck erscheinen uns nämlich die Ausführungen, welche der Piemonteser Tommaso Maurizio Richeri[11], „der letzte große Schriftsteller des gemeinen Rechts" (Giovanni Tarello)[12], der Form des Strafprozesses widmet.

---

[9]In den Territorien der Republik Venedig, wo das Strafverfahren originelle Umrisse aufweist, weil einige Elemente des akkusatorischen Verfahrens beibehalten worden sind, hat bis ins 18. Jahrhundert großen Erfolg die *Prattica criminale secondo le leggi della Serenissima Repubblica di Venezia*, verfasst am Ende des 16. Jahrhunderts von Lorenzo Priori, Kanzlist bei zahlreichen Gerichten in Venedig und auf der Terraferma, veröffentlich posthum zu Venedig 1622.

[10]Wie im Falle der gelungenen *Pratica Universale*, veröffentlicht 1665 in Florenz von Marc'Antonio Savelli, Richter und Amtsträger in Diensten des Papstes und des Großherzogs von Toskana, oder der *Syntaxis rerum criminalium*, 1688 in Rom in den Druck gegeben von Gian Domenico Rainaldi, 1671 bis 1676 Auditor des Kriminalgerichts „del Torrone" in Bologna.

[11]Tommaso Maurizio Richeri (*La Morra 1733, †Turin 1797) promoviert 1754 in Turin. Nach Ablegung der Priestergelübde 1757 widmet er sich ab 1765 intensiv juristischen Studien und veröffentlicht umfangreiche Werke mit Zusammenfassungen der Tradition des gemeinen Rechts, die für die berufliche Praxis bestimmt sind und daher auch das Recht des savoyischen Staates berücksichtigen. Unter ihnen ragen heraus die *Universa civilis et criminalis iurisprudentia* (Turin 1774–1782), der *Codex rerum in Pedemontano Senatu iudicatarum* (Turin 1783–1786) und die *Institutiones civilis et criminalis iurisprudentiae* (Turin 1787–1790). 1790 wird er Honorarprofessor des Rechts und 1793 zur Ausübung der forensischen Tätigkeit zugelassen, obwohl er niemals den vorgeschriebenen beruflichen Vorbereitungsdienst absolviert hat.

[12]*Giovanni Tarello*, Storia della cultura giuridica moderna. Bd. 1. Assolutismo e codificazione del diritto. Bologna (Il Mulino) 1976, S. 539, Fußn. 105.

In der *Universa Civilis et Criminalis Iurisprudentia*, einem ambitionierten und in mancher Hinsicht abschließenden *restatement* der Rechtskultur des Ancien Régime, zum ersten Mal in 12 Bänden von 1774 bis 1782 in Turin erschienen, widmet Richeri breiten Raum der Debatte über die Form des Strafprozesses mit dem soundso vielten Versuch, nicht nur eine Jahrhunderte lange gelehrte Problematik zu lösen, sondern auch, dem verwirrenden Verhältnis zwischen dem von der romanistischen Tradition vertretenen akkusatorischen Modell und den sehr unterschiedlichen gerichtlichen Gewohnheiten, die sich nahezu überall in Europa durchgesetzt haben, zumindest weniger unscharfe und unsichere Umrisse zu geben.

Richeri erwähnt zwar, dass es – zumindest in der Tradition der Lehre – kleinere prozessuale Formen gibt, verzichtet aber nicht darauf, seine eigene Darstellung an der Gegenüberstellung von Anklage und Inquisition auszurichten:

Speziell auf zwei Arten werden Verbrechen vor Gericht ermittelt, nämlich mit der Anklage oder mit der Inquisition.	*Duplici praesertim modo crimina in iudicium deducuntur, nimirum accusatione, et inquisitione.*

Die Erstere werde nach einem überkommenen Schema als „Anzeige des Verbrechens beim Richter in den vorgeschriebenen feierlichen Formen zwecks öffentlicher Bestrafung des Schuldigen" bezeichnet (*„delatio criminis ad iudicem, inscriptione solemniter facta, vindictae publicae caussa"*). Pragmatisch sei hingegen der Ansatz der Letzteren: „Das Verbrechen wird vom Gericht mittels Inquisition ermittelt, wenn der Richter das Delikt entweder auf eigene Initiative untersucht oder weil er durch das öffentliche Gerücht dazu veranlasst wird" (*„crimen in iudicium deducitur per inquisitionem, cum iudex in delictum inquirit, vel motu proprio, vel fama publica motus"*). Was die Anzeige angehe, so sei sie nichts anderes als eine „Mitteilung des Delikts oder des Delinquenten beim zuständigen Richter ohne die Förmlichkeiten, welche für die Anklage vorgeschrieben sind, und somit ohne dass man fürchten muss, der Talionsstrafe unterworfen zu werden" (*„delatio delicti, et delinquentis apud iudicem competentem sine subscriptione in crimen, adeo que sine metu talionis"*), und erweise sich somit als ein schlichtes Mittel, um die inquisitorische Tätigkeit des Richters in Gang zu setzen.

Breiten Raum widmet der Verfasser einer genauen Darstellung der Regelung der *accusatio*, mit besonderer Berücksichtigung der Form und des Inhaltes des *libellus accusationis* und der – aktiven oder passiven – subjektiven Grenzen, welche der Ausübung des besagten Rechts gezogen sind. Diese Beschreibung wird, worauf Richeri selbst ausdrücklich hinweist, nahezu ausschließlich anhand der Grundsätze des römischen Rechts vorgenommen. Sehe man aber von diesem freilich immer noch autoritativen Bezugspunkt ab und betrachte die geltenden rechtlichen Bestimmungen und mehr noch die konsolidierte gerichtliche Praxis, dann sei – wie auch dem savoyischen Juristen nicht entgeht –,

7.6 Die Synthese des 17. Jahrhunderts bei Tommaso Maurizio Richeri

nach der Gewohnheit der Mehrheit der Nationen die Anklage wegen öffentlicher Bestrafung des Schuldigen nicht Privatleuten zugestanden [...], sondern nur den Prokuratoren des Staates und anderen ähnlichen Gerichtspersonen kraft des öffentlichen Amtes das sie ausüben.	*moribus plerarumque gentium privatis non conceditur accusatio publicae vindictae gratia, sed tantum procuratoribus fisci, et similibus, vi publici officii, quod sustinent.*

Die Initiative des Privaten – nenne man sie nun *accusatio, querela* oder *denuntiatio* – erscheine also nicht in der Lage, von sich aus zur öffentlichen Bestrafung des Schuldigen *(publica vindicta)* zu führen, und könne – im Lichte der örtlichen Besonderheiten – nur dann Bedeutung gewinnen, wenn es die verletzte Partei selbst sei, die den Anstoß gebe, und wenn es sich um Fälle von geringer Bedeutung handele, während bei den anderen, schwereren Delikten der öffentliche Amtsträger die Inquisition in Gang setze und *ex officio* durchführe *(„in aliis gravioribus delictis Fiscus ex officio inquirit")*.

Die Überlegungen und Betrachtungen Richeris zeigen mit hinreichender Deutlichkeit, dass die lange Debatte in Italien seit der Zeit des Gandinus und des Durantis eine insgesamt langsame Entwicklung genommen hat, ja sich, wenn auch mit einigen beachtlichen Ausnahmen, erst nach der großen Zeit des 16. Jahrhunderts verfestigt hat.

Am Ende eines halben Jahrtausends der Diskussionen und Stellungnahmen befindet sich der Jurist, der nicht bloß praxisbezogene Absichten oder solche kleinteiliger Didaktik hegt, bei unserem Thema in einer Art Käfig, aus dem er keinen Ausweg finden zu können scheint. Eingezwängt zwischen der immer noch enormen autoritativen Kraft des römischen Rechts und seiner akkusatorischen Formen und der unumgänglichen Anerkennung einer sehr unterschiedlichen und vielschichtigen inquisitorischen Realität, unfähig, die Grenzen des Problems spürbar zu verschieben, begibt er sich, will er das Problem nicht mehr oder weniger elegant übergehen, auf die Suche nach einem unmöglichen Kompromiss zwischen akkusatorischen Verfahrensformen, die er nur theoretisch kennengelernt hat, und Gerichtspraktiken, welche deren absolutes Gegenteil bilden.

Man könnte an dieser Stelle fragen, ob die Rechtslehre des späten gemeinen Rechts überhaupt imstande gewesen ist, den gerade erwähnten Engpass zu überwinden und einen letztlich neuen und womöglich fruchtbaren Weg einzuschlagen. Um diese Frage zu beantworten, müssen wir noch einmal einen zeitlichen Schritt zurück gehen und das Untersuchungsfeld auf ganz Europa ausweiten.

Kapitel 8
Die europäische Strafrechtswissenschaft im 15. bis 18. Jahrhundert und die Reaktionen in der Lehre auf das inquisitorische System

8.1 Die systemtreuen Juristen

In den europäischen Territorien, welche der Praxis des gemeinen Rechts offen stehen, lässt sich vom 15. bis zum 18. Jahrhunderts das Bestehen einer robusten und weit verbreiteten Richtung der Doktrin feststellen, die, was das Verhältnis von Anklage und Inquisition angeht, weitgehend geprägt erscheint von den Positionen, die im 15. und 16. Jahrhundert in der italienischen Lehre herangereift sind, von der sie Gedanken und Methoden übernimmt und zu der sie zugleich eine in mancher Hinsicht parallele Weiterentwicklung aufweist.

Eine rasche und oberflächliche Untersuchung anhand von Stichproben bei einigen der bekanntesten Werke jener Zeit reicht aus, um diese Behauptung zu belegen.

8.1.1 Joost Damhouder

Wir beginnen mit den Niederlanden und der *Praxis Rerum Criminalium* des Joost Damhouder. Veröffentlicht in Antwerpen 1554, übernimmt und aktualisiert das Werk eine *Practica criminalis* aus dem Jahre 1510, verfasst von einem anderen flämischen Juristen, Philip Wielant[1]. Hier haben wir es mit einem typischen Pro-

---

[1]Philip Wielant (Gent 1441–1520), Präsident des Rates von Flandern und Mitglied des Großen Rates von Mechelen, hinterlässt als Manuskript eine *Practijke Criminele* (1510) und eine *Practijke Civile* (1506–1516) die, mit Anmerkungen und Ergänzungen versehen, im flämischen Original sowie in lateinischer und französischer Übersetzung ab 1554 und ab 1558 veröffentlicht werden von Joost Damhouder (*Brügge 1507, †Antwerpen 1581), unter Kaiser Karl V. Richter und Beamter der Finanzverwaltung der spanischen Niederlande und Mitverfasser der von Herzog Alba gewünschten *Ordonnances Criminelles/Criminele Ordonnantien* von 1570,

dukt des europäischen gemeinen Rechts zu tun, das nur ausnahmsweise das lokale Recht berücksichtigt und eine beachtliche Verbreitung auf dem gesamten Kontinent gefunden hat, wie zahlreiche Neudrucke und Übersetzungen (ins Französische, Flämische und Deutsche) bezeugen.

In Damhouders *Praxis* wird die Frage nach der Form des Prozesses rasch vorweg erledigt, indem auf ein in der Lehre bereits bestens bekanntes und häufig verwendetes Schema verwiesen wird, nämlich auf die Gegenüberstellung der Anklage als reguläres Rechtsinstitut und der außerordentlichen Institute – Anzeige, Einrede und Inquisition.

Es muss nun darauf hingewiesen werden, dass die Kenntnis der Straftat auf verschiedene und vielfältige Weise an den Richter gelangt, nämlich im ordentlichen Verfahren mittels Anzeige, und im Gegensatz dazu im außerordentlichen Verfahren durch Anzeige, Einrede und Inquisition.	*Signandum nunc est, crimina variis multisque modis ad iudicis pervenire notitiam, nempe ordinarie, accusatione; rursum extraordinarie, denunciatione, exceptione, et nempe ordinarie, accusatione; rursum extraordinarie, denunciatione, exceptione, et inquisitione.*

Die Unterscheidungsmerkmale jeder Verfahrenstypologie werden sodann in aller Kürze in knappen (nicht besonders originellen, jedoch klaren und für die forensische Praxis zweifellos leicht handhabbaren) Kapitelchen zusammengefasst, in denen nicht diskutiert wird, welches das funktionellste Modell sein könnte, und auch nicht ausdrücklich mitgeteilt wird, welches das verbreitetste sei. Ins Auge springt jedoch, dass der *inquisitio* ein entschieden umfangreicherer Raum, vor allem im Hinblick auf die Institute der *publica fama* und des *crimen notorium* eingeräumt wird, welche in jedem Fall die Eröffnung des Verfahrens gestatten und mit besonderer Sorgfalt behandelt werden. Zugleich zögert die *Praxis* nicht zu betonen, dass das inquisitorische Verfahren *ex officio,* trotz seines „amtlichen" Charakters als außerordentliches Rechtsinstitut bezeichnet, zur Verfolgung besonders schwerer Straftaten stets zulässig sei.

Wirksam, aber wenig problemorientiert folgt die Darstellung, welche Damhouder den verschiedenen Verfahrensweisen widmet, direkt auf eine Systematik, welche, wie wir bereits vorher wahrgenommen haben, in der italienischen Strafrechtslehre des Spätmittelalters weit verbreitet ist. Die Tatsache, dass diese flämische *Praxis* fast gleichzeitig mit dem *Liber Quintus* des Julius Clarus in den Druck geht, darf also nicht vergessen machen, dass das Werk in Wirklichkeit zu Beginn des 16. Jahrhunderts geschrieben ist und im Wesentlichen die Situation der Lehre in der zweiten Hälfte des 15. Jahrhunderts widerspiegelt.

8.1.2 Benedict Carpzov

Sehr viel näher an der Position des Clarus in der hier betrachteten Materie ist jedoch achtzig Jahre später die *Practica nova rerum criminalium* des Benedict

8.1 Die systemtreuen Juristen

Carpzov, eines soliden praktischen Juristen von europäischem Ansehen[2], erschienen 1635 zu Wittenberg. Die *Practica nova*, ein Werk von außergewöhnlichem Erfolg, stellt zweifellos eines der umfassendsten und interessantesten Zeugnisse der Strafrechtslehre des Barock-Zeitalters dar. An dieser Stelle wollen wir freilich nicht dessen allgemeine Aspekte und seine mehr oder weniger große Treue zur Tradition diskutieren. Wie schon angedeutet, ist für unsere Darstellung bedeutsam und darzustellen, dass im Werk des Wittenberger Kriminalisten die Diskussion über das Verfahrensmodell ausdrücklich ihren Ausgangspunkt bei der Darstellung des Julius Clarus nimmt.

Carpzov stimmt nämlich mit dem Juristen aus Alessandria ausdrücklich darin überein, wenn dieser feststellt, dass es im Wesentlichen zwei Verfahrensformen gebe, nämlich diejenige *ex officio* und diejenige auf Antrag der Partei *(ad instantiam partis)*, und dass die übrigen, die in der Lehre auf verschiedene Weise aufgeführt würden, stets – und beginnend mit der *denuntiatio* – auf eines der beiden Grundmodelle zurückgeführt werden könnten. Carpzov verlässt jedoch die von Clarus betretenen Pfade dort, wo der Autor des *Liber Quintus* seine eigene Argumentation bis zu ihren extremen und höchst interessanten Konsequenzen führt, wenn er die Auffassung vertritt, dass letztlich die *accusatio* nicht mehr existiere und dass die Initiative des Privaten nur dazu diene, den Weg für jene Verfahrensart zu öffnen, die als einzige von den Gerichten gehandhabt werde, nämlich für die Inquisition.

Die Folgerung des Clarus – bemerkt Carpzov – sei vielleicht für Italien gültig, erscheine aber in Sachsen *(in nostro foro)* nicht in gleicher Weise anwendbar, denn dort gebe es.

in Kriminalfällen […]nicht nur den Richter, der *ex officio* untersucht, und in ihnen kommt es nicht selten vor, dass man im Wege der Anklage vorgeht, […] sodass man in Kriminalangelegenheiten auf zwei Weisen verfährt, nämlich gewöhnlich im Wege der ordentlichen Anklage sowie im Wege der Inquisition	*non tantum iudex ex officio inquirit in causis criminalibus, sed et in iisdem haud raro proceditur per viam accusationis […] ut sic duplici modo in criminalibus procedatur, per viam scilicet accusationis ordinarie, et per inquisitionem.*

---

[2]Benedict Carpzov (*Wittenberg 1595, †Leipzig 1666) promoviert 1619 in Wittenberg. Nach einer Bildungsreise durch Italien, Frankreich und England ist er ab 1620 in Leipzig Mitglied des sächsischen Schöppenstuhls, an dem er fast sein ganzes Leben verbringt, obwohl er noch weitere wichtige richterliche und administrative Ämter versieht. 1645 wird er zum Professor an der Leipziger Juristenfakultät ernannt. 1648 übernimmt er den Vorsitz des Schöppenstuhls, den er bis zu seinem Tode innehat (mit einer Unterbrechung von 1653–1661, als er nach Dresden als Berater des Kurfürsten von Sachsen berufen wird). Neben der *Practica nova imperialis saxonica rerum criminalium* (die bis zur Mitte des 18. Jahrhunderts häufige Neuauflagen erlebt) ist er Verfasser weiterer Werke, die sich um eine systematische und erschöpfende Darstellung der verschiedenen Rechtszweige bemühen; von ihnen sind zu nennen die *Iurisprudentia forensis romano-saxonica* (Frankfurt 1638), die *Responsa iuris electoralis* (Leipzig 1642) und die *Iurisprudentia ecclesiastica* (Hannover 1649).

In der ersten Hälfte des 17. Jahrhunderts wendet man also in den Gerichten Sachsens immer noch das akkusatorische Verfahren an, das gemeinhin als das „ordentliche" angesehen wird. Ihm steht jedoch das Verfahren *ex officio* gegenüber, das nur uneigentlich weiterhin als „außerordentliches", mitunter als „summarisches" bezeichnet wird. Tatsächlich aber hat es in den Gerichten Sachsens (*„in foro saxonico"*) nach einem weiteren Zeugnis von Carpzov selbst bereits seit langem den Charakter der Ordentlichkeit (d. h. des normalen Rechtsinstituts) angenommen und ist im Begriff, eine beherrschende Rolle bei allen Gerichten des Heiligen Römischen Reiches einzunehmen. Diese Rolle – fährt Carpzov fort – sei dadurch gerechtfertigt, dass das Verfahren *ex officio* nicht nur das Verfahren des kanonischen Rechtes sei, sondern bei näherem Hinsehen auch in den Statuten, in den Gewohnheiten und in den allgemeinen und besonderen Gesetzesnormen weithin vorgesehen und geregelt sei und damit auch im System des gemeinen römischen Rechts als ganz und gar rechtens und und zulässig anzusehen sei.

Diesen Ausführungen fügt Carpzov noch weitere hinzu, welche zeigen, dass er die zunehmende Ersetzung der *accusatio* durch die *inquisitio* durchaus nicht mit Abneigung betrachtet und sie in mancher Hinsicht womöglich als notwendig ansieht. Der sächsische Jurist merkt nämlich an, dass ohne die Initiative *ex officio* des Magistrats und bei Fehlen eines privaten Anklägers „unzählige Verbrechen und Vergehen unbestraft bleiben würden, was nicht ohne großen Schaden für die öffentlichen Angelegenheiten bleiben würde" (*„infinita crimina ac delicta impunita remanerent, haud absque insigni rei publicae detrimento"*), und er macht sich Gedanken darüber, dass die mit akkusatorischer Methode durchgeführten Prozesse sehr häufig Jahre um Jahre dauerten, bevor man zu einer abschließenden Entscheidung und zur Vollstreckung der Strafe gelangen könne; nicht wenige dieser Prozesse würden sogar aus den unterschiedlichsten Gründen gänzlich abgebrochen. Diesen Unzuträglichkeiten könnte man.

sehr leicht mit Hilfe des inquisitorischen Verfahrens begegnen, nämlich immer dann, wenn der Richter ohne viele Ausflüchte auf summarische Weise im Wege der Inquisition vorgehen kann und ohne lange Behinderung durch den Parteienstreit nach Erlangung einer hinreichenden Kenntnis der Sache und Gewissheit des Delikts die Strafe gegen den Täter verhängt und damit ein Exempel zur Abschreckung anderer statuiert	*per processum inquisitorium facillime subveniri poterit: si nempe iudex absque multis ambagibus per viam inquisitionis summarie procedat, et absque ongo litis sufflamine, habita sufficienti causae cognitione et delicti certitudine, poenam delinquenti irroget, et in terrorem aliorum exemplum statuat.*

Die Bevorzugung des Verfahrens *ex officio* durch Carpzov liegt somit auf der Hand. Über dieser Annahme darf freilich nicht die lobenswerte garantistische Spannung vergessen werden, mit welcher der sächsische Jurist einige genuine Abartigkeiten des inquisitorischen Vorgehens betrachtet. Besonders tadelnswert sind seiner Ansicht nach die Grenzen, welche in den inquisitorischen Modellen dem Recht der Verteidigung gezogen sind, das er für unverzichtbar und sakrosankt hält.

8.1.3 Johann Böhmer

Die nahezu endgültige Aufgabe der akkusatorischen Formen, die bereits in den Jahren in die Krise geraten sind, in denen Carpzov seine zuvor betrachteten Überlegungen niederschreibt, wird schließlich – in der ersten Hälfte des 18. Jahrhunderts – für ganz Deutschland bezeugt durch Johann Böhmer[3]. Als akademischer Jurist verfasst Böhmer neben einer ganzen Reihe von *Observationes selectae alla Practica di Carpzov* (Frankfurt/O. 1759) einige wichtige Arbeiten, die sich als verständliche Darstellung der strafrechtlichen Materie verstehen; unter ihnen stechen hervor die *Elementa Iurisprudentiae Criminalis* (Halle 1732), ein Lehrbuch von solider Struktur, knapp und zugleich reichhaltig aus wissenschaftlicher Sicht, das eine weite Verbreitung auch über die deutschen Grenzen hinaus erlangt.

In den *Elementa* wird die Diskussion der Verfahrensmodelle eingeleitet durch einige auf den ersten Blick sehr eindeutige Hinweise allgemeiner Art, in denen als erstes bemerkt wird, dass in der Strafjustiz „wir uns heutzutage eines doppelten Weges bedienen: Anklage und Inquisition" („*hodie duplici via utimur: 1) accusatione, 2) inquisitione*"), und sodann, dass die *denuntiatio* „keine besondere Art darstellt" („*separatam speciem non constituit*"), denn „zweifellos gehört sie zu den vorbereitenden Handlungen des Inquisitionsprozesses" („*procul dubio [...] ad praeparatoria processus inquisitorii pertinet*"). Diese prinzipiellen Ausführungen stehen teilweise im Widerspruch zu der Tatsache, dass Böhmer tatsächlich der *accusatio* einen ziemlich schmalen Raum widmet. Der Autor rechtfertigt diese Entscheidung mit dem eindeutigen Hinweis, dass

in der Praxis der Gerichte wegen der zahlreichen Unzuträglichkeiten Anklagen nahezu unbekannt sind und man bei Straftaten meistens im Wege der Inquisition verfährt.	*in foro ob plura incommoda accusationes fere ignorantur, et plerumque per modo inquisitionis propter delicta proceditur.*

Tatsächlich werde der Inquisitionsprozess (der nach Böhmer eine im Wesentlichen kanonistische Prägung besitzt) mittlerweile im Normalfall in fast ganz Deutschland angewendet („*hodie [...] pro regula [...] fere per totam Germaniam*"). Infolge dessen müsse man hauptsächlich die Inquisition betrachten, wenn man auf korrekte Weise das Strafverfahren untersuchen wolle:

---

[3]Johann Samuel Friedrich Böhmer (*Halle 1704, †Frankfurt/O. 1772), Sohn des bekannten Kanonisten Justus Henning Böhmer und Bruder eines weiteren geschätzten Juristen, Georg Ludwig Böhmer, promoviert 1725 in Halle, wo er im folgenden Jahr als Professor des Kriminalrechts kooptiert wird. Als Hofrat Friedrichs II. von Preußen wechselt er auf Wunsch des Königs an die Universitas Viadrina von Frankfurt/O., deren Rektor er wird. Neben den *Elementa Iuris Criminalis* und den *Observationes selectae ad Benedicti Carpzovii Practicam novam rerum criminalium* veröffentlicht er 1770 in Halle die *Meditationes in Constitutionem Criminalem Carolinam*.

Die zweite Art des Kriminalverfahrens wird im Wege der Inquisition betrieben, die, weil sie heutzutage überwiegend angewendet wird, mit besonderer Sorgfalt darzustellen sein wird.	*Altera species processus criminalis inquisitione peragitur, quae, quia hodie usitatior est, paulo diligentius exponenda erit.*

Die Folgerungen Böhmers, die inhaltlich bis in die Einzelheiten denen gleichen, welche einige Jahrzehnte später von Richeri gezogen werden, bedeuten nichts anderes als die Bestätigung, dass der Zustand der Lehre, den wir zuvor bei den italienischen Juristen beobachtet haben, in Wahrheit – wenn auch mit einigen zeitlichen Abständen und vorbehaltlich lokaler Besonderheiten – weitgehend ein solcher der europäischen Strafrechtswissenschaft ist.

In den letzten Jahrhunderten des gemeinen Rechts entspricht bei diesen europäischen Kriminalisten – die natürlich die Realität des Systems, in dem sie wirksam sind, genau kennen – die Gewohnheit, sich auch mit dem akkusatorischen Modell zu befassen, nicht so sehr konkreten praktischen Bedürfnissen, als vielmehr dem Respekt vor einer doktrinären und akademischen Tradition, die seit Jahrhunderten durch die neuen Justiz- und Gesetzesstrukturen überwunden ist, an denen sie sich orientieren müssen. Insbesondere muss hervorgehoben werden, dass nicht wenige der vom 16. bis zum 18. Jahrhundert auf dem Kontinent tätigen Kriminalisten durch zahlreiche wichtige Gesetzeswerke territorialen und statutarischen Zuschnitts stark beeinflusst sind, welche, wie wir gesehen haben, seit dem Ende des 15. Jahrhunderts die Entwicklung tief greifend geprägt haben.

Die Reaktionen auf diese Gesetzeswerke müssen daher unsere Aufmerksamkeit auf sich ziehen, insbesondere die Kritiken, welche sie in jenem Teil der europäischen Strafrechtslehre hervorrufen, der nicht bereit ist, sich in das System einbinden zu lassen und mehr an Wegen zu einer wissenschaftlichen Erneuerung interessiert ist.

8.2 Die Reaktionen auf die großen Ordonnanzen des 16. Jahrhunderts

Wir haben bereits mehrfach darauf hingewiesen, dass in der ersten Hälfte des 16. Jahrhunderts die inquisitorischen Verfahren als in der Praxis der italienischen und europäischen Gerichte hinreichend erprobt erscheinen – nicht zuletzt dank der von der Lehre erarbeiteten technischen Verfeinerungen, nachdem diese mit mancher Unsicherheit die Entwicklungen der Praxis zur Kenntnis genommen und sodann wirksam zur Bestimmung des neuen Modells aus theoretischer und dogmatischer Sicht beigetragen hat. Wir haben ferner gesehen, dass diese Lage auf legislativer Ebene innerhalb und mehr noch außerhalb Italiens ihre Bestätigung durch eine beachtliche Reihe von gesetzlichen Regelungen erfährt, die als Ausdrucksformen eines Staates, der auf Zentralisation, gesellschaftliche Kontrolle und Festigung seiner Autorität zielt, dazu beitragen, Regeln, Institute und Unterscheidungsmerkmale des strafrechtlichen Inquisitionsprozesses des Ancien Régime in seiner reifsten Phase abschließend darzustellen (*Ordonnance* von Blois, *Ordonnance* von Villers-Cotterêts, *Constitutio Criminalis Carolina* usw.).

Wie wir zuvor gesehen haben, tut der größte Teil der Strafrechtslehre nichts anderes, als die gesetzlichen Novitäten zur Kenntnis zu nehmen und sodann in jener Richtung zugunsten der Inquisition fortzufahren, die bereits seit dem 13. Jahrhundert in ganz Europa bekannt ist. Und in einigen Fällen stützen diese „System"-Juristen sich auf die neuen territorialen oder statutarischen Normen, um Werke von gutem oder sogar beachtlichem Niveau hervorzubringen, wie die bereits erwähnte *Practica nova* von Carpzov oder, in Frankreich, die *Pratique judiciaire* des Jean Imbert, eines aufmerksamen und eindrucksvollen Darstellers der Justizstrukturen seines Landes[4].

Dennoch werden gerade im Verlauf des 16. Jahrhunderts und gerade infolge des Aufkommens einer Bewegung, welche die Ausdehnung willkürlicher und gewaltsamer Verfahrensformen auf staatlicher Ebene ablehnt, erste entschiedene Stimmen laut, welche der vorherrschenden Richtung offen widersprechen. Es ist kein Zufall, dass diese Stimmen sich – sowohl von akademischen als auch von praktischen Juristen – zuerst in jenen Territorien vernehmen lassen, welche als erste von den erwähnten Normen betroffen sind, nämlich in Deutschland und, mit noch größerer Vehemenz, in Frankreich. Es ist auch kein Zufall, dass diese Juristen sich bei mehr als einer Gelegenheit als besonders aufgeschlossen für die neue Kultur und die neuen Empfindsamkeiten des Humanismus erweisen, welche eine nicht unwichtige Rolle in den folgenden Entwicklungen der Debatte über unsere Thematik spielen werden.

8.3 Die ersten Schritte der Opposition in der Lehre gegen das inquisitorische Modell

Die kritischen Forderungen, welche die „Empörung der Humanisten"[5] gegenüber den Methoden und Verfahren erhob, mit denen kraft der neuen staatlichen und territorialen Gesetze eine als ungerecht und verfolgungsorientiert wahrgenommene

---

[4]Jean Imbert (*Thairé d'Aunis 1494, †Fontenay-Le-Comte 1560), Advokat zu Fontenay-Le-Comte und, nach einer dreißigjährigen forensischen Karriere, Kriminalstatthalter beim Regionalgericht ebendort, veröffentlicht 1538 die *Institutiones Forenses Galliae*, die er schon bald (1545) ergänzt und neu publiziert, wobei er ins Zentrum seiner Darstellung die Inhalte der *Ordonnance* von Villers-Cotterêts von 1539 stellt. Das Werk wird vom Verfasser selbst 1548 ins Französische übersetzt und sodann erneut in lateinischer und französischer Fassung publiziert (die Letztere trägt den Titel *Les institutions forenses, ou pratique judiciaire* oder *La pratique judiciaire, tant civil que criminelle* und ist gewöhnlich mit dem reichhaltigen Kommentar von Pierre Guenois versehen), und dies fast regelmäßig im Zehnjahres-Abstand bis zur letzten Ausgabe von 1727. Die *Pratique* dieses Juristen aus der Provinz wird damit für fast zwei Jahrhunderte zum Bezugspunkt für die Zivil- und Kriminaljustiz Frankreichs.

[5]*Giorgia Alessi*, Il processo penale. Profilo storico. Rom, Bari (Laterza) 2001, S. 81.

Strafjustiz betrieben wurde, sind – zumindest anfangs – nicht sehr zahlreich. Sie erscheinen dennoch als besonders bedeutsam, denn sie stellen ein Anzeichen für das Einsetzen wichtiger Veränderungen in der Wahrnehmung des Strafprozesses dar.

In Deutschland findet eine ziemlich skeptische Haltung gegenüber der durch die *Constitutio Criminalis Carolina* eingeführten Verfahrensweise ihren Ausdruck in einem 1583 in Basel erschienenen Werk, den *Constitutiones Carolinae publicorum iudiciorum in ordine redactae cumque iure communi collatae.* Der Verfasser, Nikolaus Vigel (Nicolaus Vigelius)[6], führt uns eine scharfsinnige und genaue Untersuchung der Entscheidungen und Inhalte des kaiserlichen Gesetzes von 1532 vor und stellt in diesem Zusammenhang die Mängel der inquisitorischen Strukturen der Carolina den Vorzügen der akkusatorischen Position der romanistischen Tradition gegenüber. Die in dem Werk zum Ausdruck gebrachten Überzeugungen sind demnach radikal romanophil, begleitet von einer eindeutigen Distanz gegenüber der Idee einer nationalen Rechtspolitik.

In Frankreich nehmen die Proteste gegen die *Ordonnance* von Villers-Cotterêts von 1539 recht lebhafte Töne an in den Schriften von Jean Constantin, von Charles Du Moulin und vor allem von Pierre Ayrault.

Jean Constantin, Advokat beim Parlament von Bordeaux, schreibt 1543 und veröffentlicht zu Paris 1545 die *Commentaria in leges regias seu ordinationes de litibus brevi decidendis recenter editas,* die nach der traditionellen scholastisch-dialektischen Methode verfahren und durch einen reichhaltigen wissenschaftlichen Apparat gekennzeichnet sind. Der Verfasser will zeigen, dass es in Frankreich einerseits einen beachtlichen Einfluss der italienischen gelehrten Kriminalistik gegeben habe (z. B. im Beweisrecht), und dass man andererseits eine zumindest teilweise autonome Entwicklung des inquisitorischen Verfahrens – gipfelnd in der *Ordonnance* von Villers-Cotterêts – mit sehr viel strengeren und repressiveren Merkmalen als in den anderswo geltenden Verfahren erlebt habe. Constantin widersetzt sich offen dieser Richtung und der aus ihr folgenden exzessiven Strenge und richtet seine eigenen kritischen Bemerkungen vor allem auf die Beschränkungen der technischen Verteidigung im Gefolge des Ausschlusses der Advokaten aus dem Verfahren.

Charles Du Moulin – der der *Ordonnance* von 1539 einen speziellen *Commentaire*[7] widmet – schlägt seinerseits vor, die Tragweite der besonders durch „barbarische Ungerechtigkeit" (*„barbarica iniquitas"*) gekennzeichneten Artikel so weit wie möglich durch eine sorgfältige Textauslegung einzuschränken, vor allem im

---

[6]Nikolaus Vigel (*Treysa [heute Stadtteil von Schwalmstadt] 1529, †Marburg 1600) ist Professor für Strafrecht an der Universität Marburg.

[7]Charles Du Moulin (*Paris 1500, † ebd. 1566) ist einer der führenden Vertreter der eutropäischen Rechtskultur des 16. Jahrhunderts; herausragender Exponent des *mos gallicus*, ist er der wichtigste Kommentator der Gewohnheitsrechte von Paris. Seine *Commentaires* zur *Ordonnance* von Villers-Cotterêts finden sich im zweiten Band der *Opera omnia* (Paris 1581) und in einer Pariser Ausgabe von 1637 *(Commentaire de maître Charles Du Moulin sur l'Ordonnance du grand roy François I.er de l'an 1539).*

Hinblick auf die Unterdrückung der Rechte der Verteidigung. Hier zögert Du Moulin nicht, sich direkt mit den „tyrannischen Ansichten" des Verfassers der *Ordonnance,* dem „gottlosen" *(„impius")* Kanzler Guillaume Poyet, anzulegen. Insbesondere befasst er sich mit dem Umstand, dass die „höchst ungerechte Härte, dank derer auch die Verteidigung beseitigt wird" *(„duritiem iniquissimam per quam etiam defensio aufertur")* durch Gottes Willen auf Poyet selbst zurückgeschlagen habe. Anlässlich des Prozesses gegen den Kanzler wegen Amtsunterschlagung, Erpressung im Amt und Amtsmissbrauchs (das 1545, wie wir gesehen haben, mit einer schweren Verurteilung endete) hätten die Richter nämlich beschlossen, an dem strengen Verbot festzuhalten, das Poyet in die *Ordonnance* von Villers-Cotterêts eingefügt habe *(„sed nunc iudicio Dei redundat in authorem, quia maior pars iudicum voluit hanc servarem constitutionem"),* und sie hätten ihm – bemerkt Du Moulin nicht ohne Befriedigung – jegliche Möglichkeit des Zugangs zu einer technischen Verteidigung verweigert.

8.4 Humanistische Polemik und Idealisierung des akkusatorischen Modells im Werk von Pierre Ayrault

In der im 15. Jahrhundert in Frankreich aufkommenden Polemik gegen die inquisitorischen Formen, wie sie von den staatlichen Gesetzen bestätigt worden sind, verdienen das größte Interesse die Ausführungen von Pierre Ayrault, wie Jean Imbert Kriminal-Statthalter bei Königlichen Gerichtshof der Provinzstadt Angers[8].

Ayrault veröffentlicht 1576 zu Paris *De l'ordre et instruction judiciaire, dont les anciens Grecs et Romains ont usé en accusations publiques, conferé à l'usage de nostre France,* ein Werk, in dem er mittels Vergleich mit den Rechten der Antike die Hauptmängel und die besonders großen Gefahren darstellen will, welche das in Frankreich angewandte inquisitorische Strafverfahren aufweist. Die Untersuchung stützt sich auf eine tief greifende Kenntnis der griechischen und römischen Verfahrensformen, die durch das akkusatorische Vorgehen und damit durch Initiative des Privaten, durch Öffentlichkeit, durch Mündlichkeit und durch den Schutz der Verteidigung gekennzeichnet sind. Die Argumentation entwickelt sich unter Anwendung einer historisch-philologischen Methode, die unter ausdrücklicher Ignorierung der Zitate aus der Lehre und des ganzen technischen Ballasts der bartolistischen Tradition sich nicht scheut, metajuristische Quellen heranzuziehen und gelegentlich auch auf Satire, Ironie und Invektiven rekurriert.

Das breite Gemälde, das daraus resultiert, will letztlich den Ausnahmecharakter des von den praktischen Kriminalisten und von den königlichen Ordonnanzen

---

[8]Pierre Ayrault (*Angers 1526, †ebd. 1601) absolviert sein Rechtsstudium in Toulouse und Bourges – der Wiege der französischen humanistischen Richtung –, und nach einer langjährigen Tätigkeit als Advokat in Paris wird er zum Kriminalstatthalter in seiner Geburtsstadt ernannt, wo er diese Tätigkeit bis zu seinem Tod ausübt.

beschriebenen inquisitorischen Verfahrens nachweisen. Dieser Ausnahmecharakter ergibt sich nach Ansicht von Ayrault aus einer Vielfalt von Faktoren, unter denen die immensen Ermessensbefugnisse der Magistrate, die zugleich Ankläger und Richter sind, die „finstere" Bedeutung der Heimlichkeit und Schriftlichkeit, das ungerechte Beweissystem, der fast völlige Ausschluss der Verteidigung und das Vorhandensein einzelner Institute mit abartigen Eigenschaften (wie z. B. die Untersuchungshaft) hervorstächen. Diesen Faktoren müsse noch hinzugefügt werden der gänzlich unzureichende Schutz der formalen Aspekte des Verfahrens, die als dessen wesentliches Element anzusehen seien, da „die Gerechtigkeit nichts anderes ist als Formalität" (*„justice n'est proprement autre chose que formalité"*). Die geltende Verfahrensmethode erweise sich damit nicht nur als Widerspruch zu den Vorschriften der antiken Rechte, sondern auch zur Gerechtigkeit, zur Humanität und verstoße letztlich gegen das Naturrecht, und wenn es nicht beseitigt werden könne, dann müsse es zumindest mit der größten Mäßigung und gewissenhafter Vorsicht angewendet werden.

Da Ayrault und die anderen Juristen meistens – wenn auch nicht ausschließlich – den Bereich der Gelehrsamkeit als Tätigkeitsfeld wählen, scheinen sie keine unmittelbaren und konkreten Auswirken gehabt und die aktuelle Richtung in Praxis und die Gesetzgebung nicht im Mindesten verändert zu haben. Dennoch bildet ihre Stellungnahme einen fundamentalen Schritt in der Entwicklung des europäischen Strafprozessdenkens, denn mit Ayrault verliert das humanistische Studium des römischen Rechts seinen Charakter als vorwiegend kulturelle Richtung mit antiquarischem Geschmack und befasst sich nun mit präzisen ideologischen und mitunter politischen alternativen Inhalten. Die gelehrte Schule (*scuola culta*) des *mos gallicus* verbündet sich in diesem Augenblick mit der Opposition in der Lehre gegen das herrschende Verfahrensmodell, die *inquisitio,* und begründet jene Idealisierung des akkusatorischen Verfahrens der klassischen Antike, die dann nicht nur oberflächlich einen großen Teil der rationalistischen und aufklärerischen Kritik beeinflussen wird.

8.5 Tiberio Deciani und die „Wiederentdeckung" des akkusatorischen römischen Modells

Die historische Tragweite und die Ursachen für die Option eines alles in allem kleinen, doch zweifellos wichtigen Teils der europäischen Strafrechtslehre seit der Mitte des 16. Jahrhunderts werden sehr viel verständlicher, wenn man bedenkt, dass gerade in jenen Jahren und gerade dank des erneuernden kulturellen Anstoßes durch den Humanismus, die Wiedergewinnung der Elemente der römischen *accusatio* im historischen und philologischen Bereich zu voller Reife gelangt. Dieses Unternehmen ist kein bloß antiquarisches, denn es trägt dazu bei, die Existenz einer anderen Art der Konzipierung und Durchführung des Strafverfahrens hervorzuheben, die ganz entgegengesetzt zu derjenigen ist, die in jener Zeit unter dem

8.5 Tiberio Deciani und die „Wiederentdeckung" ...

Druck der beginnenden Zentralisierung der öffentlichen Apparate sich machtvoll durchzusetzen beginnen.

Eine erstrangige Rolle in diesem Prozess der Wiederentdeckung und Wiedergewinnung des römischen Akkusationsmodells spielt der *Tractatus Criminalis* des Udineser Juristen Tiberio Deciani, eines der originellsten und wissenschaftlich aktuellsten Strafrechtler seiner Zeit[9].

Tatsächlich bildet Decianis *Tractatus,* verfasst in den 70er Jahren des 16. Jahrhunderts und 1590 posthum in Venedig veröffentlicht, „ein denkwürdiges wissenschaftliches Ereignis"[10] (Franco Cordero) und – zumindest was die italienische Lehre angeht – eine der höchsten Erscheinungsformen der Strafrechtslehre des 16. Jahrhunderts. Das Werk kennzeichnet sich vor allem durch die Aufgabe der traditionellen Darstellungsformen, die in Verbindung mit den Schemata der *Practicae* standen und auf einem kasuistischen und prozeduralen Ansatz beruhten. Was das materielle Strafrecht angeht, tritt an die Stelle dieses Ansatzes eine Analyse, die neue methodologische und dogmatische Strukturen anstrebt, welche um die Ermittlung von Prinzipien und allgemeinen Begriffen kreisen *(generalia delictorum).* Dieser Teil von Decianis *Tractatus* ist zweifellos der bekannteste, doch in dem im engeren Sinne prozessualen Teil des Werkes – der freilich am meisten seine Unvollständigkeit widerspiegelt – tauchen einige Elemente auf, die für unsere Thematik von besonderer Bedeutung sind.

Das erste dieser Elemente ist die volle Anerkennung der zentralen Bedeutung des ursprünglichen römischrechtlichen Akkusationsmodells, das in der Darstellung Decianis als von Überlagerungen gereinigt erscheint, die sich seit dem späten Mittelalter angesammelt hatten, insbesondere von den Beschmutzungen unterschiedlicher Art (in erster Linie durch die *inquisitio*). Das zweite wichtige Element ist in der systematischen Lozierung der inquisitorischen Teile zu erblicken, die im *Tractatus* in einem besonderen Zusammenhang behandelt werden, nämlich im originären kanonistischen Bereich, und zwar in direktem Zusammenhang mit der Bekämpfung der Häresie-Straftaten. Das dritte Element bietet eine Reihe von kritischen Betrachtungen, welche einzelne Aspekte des inquisitorischen Verfahrens betreffen und Deciani veranlassen, seine Unsicherheit über die Folter zu

---

[9]Tiberio Deciani (*Udine 1509, †Padua 1582) promoviert 1529 in Padua und übt in Udine und (ab 1544) in Venedig erfolgreich den Advokatenberuf aus (ab 1544). Von 1546 bis 1549 ist er damit beauftragt, den vornehmen Venezianern, welche in der Terraferma (in Vicenza, Padua und Verona) Regierungsaufgaben wahrnehmen, zur Seite zu stehen. Von 1549 an bis zu seinem Tode lehrt er Kriminalrecht und Zivilrecht an der Universität Padua und übt Beratertätigkeiten sowohl für Privatleute als auch für die Serenissima aus, von der er 1578 zum Berater *in iure* ernannt wird. Neben dem posthum erschienenen und unvollendet gebliebenen *Tractatus Criminalis* ist er Verfasser der *Apologia pro iurisprudentibus* (Venedig 1579), worin er, ausgehend von einer profunden humanistischen Bildung und in Beantwortung von Kritiken des Andrea Alciato die Auslegungstätigkeit des Juristen als unverzichtbares Element einer Synthese von theoretischer Spekulation und konkreten Praxisbedürfnissen lobt.

[10]*Franco Cordero*, Criminalia. Nascita dei sistemi penali. 2. Auflage. Rom, Bari (Laterza) 1986, S. 300.

formulieren und die Beschränkung ihrer Anwendung zu empfehlen, das Verbot von Suggestivfragen zu fordern, die Unverletzlichkeit des Rechtes auf Verteidigung, das auf Naturrecht beruhe, zu verkünden, die strenge Beachtung der Formen (welche wesentlich für die Bewertung des Urteils seien) einzufordern, und die Pflichten-Aspekte der richterlichen Tätigkeit hervorzuheben.

Bei Deciani finden sich somit gleichzeitig: a) eine Auffassung vom ordentlichen Strafverfahren, das nach der *accusatio* der antiken Quellen (auch solchen literarischer und sogar metajuristischer Art) geformt ist; b) eine präzise Vorstellung von der Autonomie und Überlegenheit dieser Form gegenüber möglichen konkurrierenden Modellen, und schließlich c) die Tendenz, das inquisitorische Modell in seine ursprünglichen – und sehr rasch überschrittenen – Grenzen zurückzudrängen, welche durch den Einsatz im Kampf gegen jede Form der Häresie gezogen sind.

Im Lichte dieser Feststellungen kann der *Tractatus Criminalis* mit gutem Recht den – allerdings viel mehr auf den theoretischen Bereich begrenzten – wissenschaftlichen Produkten humanistischer Prägung an die Seite gestellt werden, die, wie wir gesehen haben, gerade in diesen Jahren in Frankreich eine scharfe Kritik an der geltenden prozessualen Methode üben. Und wie die französische Lehre, so trägt auch das Werk Decianis dazu bei, den Weg zum glänzendsten Befürworter des akkusatorischen Ideals, Anton Matthaeus, zu bereiten.

Kapitel 9
Vorschläge und Debatten im Zeitalter des naturrechtlichen Rationalismus: Anton Matthaeus und Christian Thomasius

9.1 Das „Manifest" des Anton Matthaeus

Das Werk *De Criminibus* des Anton Matthaeus, eines Juristen deutscher Herkunft, jedoch tätig in einem im 17. Jahrhunderts besonders anregenden Kulturbereich wie dem des römisch-holländischen Rechts[1], erscheint 1644 auf den Verlagsbühnen von Utrecht und Amsterdam und erfährt nach einigen Schwierigkeiten im Verlauf des 18. Jahrhunderts eine immer weitere Verbreitung.

Diese günstige Entwicklung ist dem Umstand geschuldet, dass dem Werk Schritt für Schritt eine Rolle als frühes „Manifest" der entstehenden wissenschaftlichen Bewegung zugeschrieben wird, welche auf Überwindung des im Europa des Ancien Régime verbreiteten Strafrechtssystems und des dazu gehörigen inquisitorischen Verfahrensmodells zielt. So betrachtet kann daher weder die Häufigkeit erstaunen, mit der die Inhalte von *De Criminibus* im juristischen Schrifttum des 18. Jahrhunderts, das den Ideen der Aufklärung gegenüber besonders aufgeschlossen ist, zitiert werden, noch die beachtliche Anzahl von Neuauflagen, welche das Werk, auch in Italien, bis in die ersten Jahrzehnte des 19. Jahrhunderts hinein erfährt[2].

---

[1]Anton Matthaeus (*Herborn 1601, †Utrecht 1654) gehört einer Dynastie von Juristen an, die im 16. und 17. Jahrhunderts mindestens fünf Vertreter mittlerer und höherer Qualität zählt. In Deutschland geboren, folgt er seinem Vater (der wie er Anton heißt), als dieser 1625 in die Niederlande umzieht. Promoviert in Groningen im Jahre 1628, lehrt er Rechtsmaterien am Gymnasium von Harderwijk und ab 1634 an der Hochschule von Utrecht, welche 1636 in den Rang einer Universität erhoben wird. Seit 1642 mehrmals Rektor, entfaltet er eine intensive Tätigkeit als Schriftsteller in verschiedenen Rechtszweigen und arbeitet bei mehreren Gelegenheiten mit der Stadtverwaltung von Utrecht zusammen.

[2]In Italien erlebt *De Criminibus ad lib. XLVII et XLVIII Digesti Commentarius* drei Auflagen: 1772 in Neapel, 1803 in Pavia und 1824–25 in Florenz. Die paveser Auflage besorgt Tommaso Nani als Textbuch für seine Kurse im Straf- und Strafprozessrecht an der Universität Pavia.

Matthäus folgt ohne übertriebene Strenge dem grundlegenden Schema der Bücher 47 und 48 der Digesten (der *libri terribiles,* die sich mit dem Strafrecht befassen) und entwickelt mit systematischem Talent eine umfangreiche Analyse, in der die Herausarbeitung der römischen akkusatorischen Strukturen mit historischer und philologischer Akkuratesse den organisatorischen Rahmen einer dezidierten Kritik des geltenden Rechts bildet – inspiriert vom humanistischen Vorverständnis und auf rationaler Basis und mit bereits naturwissenschaftlichen Anklängen frei durchgeführt. Dank dieser Haltung wird die Form des Prozesses zur fundamentalen Knotenpunkt der gesamten Strafrechtsproblematik, und die Auflösung dieses Knotens stellt die unerlässliche Bedingung für die Errichtung jenes vollständigen und erneuerten materiellen und prozessualen Strafrechtssystems dar, das ersichtlich die hauptsächliche Zielsetzung des Werkes ist.

9.1.1 Der akkusatorische Ansatzpunkt

Anklagen bedeutet nach Matthaeus nichts anderes, als dem Richter die Aufgabe zu übertragen, eine Entscheidung über ein Verbrechen mit dem Ziel zu treffen, über den Schuldigen öffentlich jene Strafe zu verhängen, die vom Recht vorgesehen ist (*"accusatio nihil aliud est, quam criminis ad iudicem delatio, atque exequutio, vindictae publicae caussa facta"*). Die Anklage unterscheidet sich begrifflich sowohl von der bloßen Anzeige als auch von der zivilrechtlichen Klage; denn die Anzeige ist ein bloß informeller Akt, dem es gänzlich an der förmlichen Regelung und an den Verfahrenshandlungen fehlt, welche die Anklage kennzeichnen und durch welche die Bedeutung und die Verantwortlichkeit hervorgehoben werden, welche der Ankläger übernimmt. Mit der zivilrechtlichen Klage aber wollen wir als private Bürger das, was uns zusteht, verteidigen oder wiedererlangen, während mit der Anklage die öffentliche Bestrafung des Schuldigen verfolgt wird.

Dies vorausgeschickt, unternimmt Matthaeus im XIII. Titel von *De criminibus* eine lange und genaue Abhandlung des akkusatorischen Modells; der Titel ist in elf Kapitel unterteilt, die sich vorwiegend mit den drei Personen des Verfahrens (Ankläger, Angeklagter, Richter) und mit der Darstellung der formellen Garantien, die es kennzeichnen (*libellus accusatorius, litis contestatio,* Vorladung, Kalumnien-Eid des Anklägers), befassen. Aus dieser Darstellung geht die eindeutige Überzeugung hervor, dass die *accusatio* als regelmäßige und ordentliche Methode nicht nur für die Verfahrenseröffnung, sondern auch für alle Phasen des Verfahrens bis zur Vollstreckung des Urteils anzusehen sei.

Unter Verwendung von Normen und Instituten, die überwiegend aus den klassischen bzw. justinianischen Quellen abgeleitet sind, isoliert und bestimmt Matthaeus eine präzise prozessuale Struktur mit überwiegend mündlichem Verfahren, das in jeder Phase öffentlich verläuft und davon ausgeht, dass das Recht zur Anklage jedem Menschen zusteht (dem *"quivis e populo"*), und das gegenüber garantistischen und humanitären Forderungen (wie im Falle der strengen und restriktiven Haltung gegenüber der Folter) nicht taub ist und Kriterien für eine das Ermessen des Richters einschränkende Rechtssicherheit sucht, vor allem im Hinblick auf die Möglichkeit, im Falle des unzureichenden gesetzlichen Beweises arbiträre Strafen zu verhängen oder zu einer nicht endgültigen Freisprechung *(absoltutio ab instantia)* zu schreiten.

9.1.2 Die Beschränkung der Inquisition und die Statuten von Utrecht

Matthaeus gehört jedoch nicht zu jenen Juristen, die einzig und allein an abstrakten Themen und an theoretischen Konstruktionen interessiert sind. Auch wenn er einige Themen vorwegnimmt, die später von der – auch radikalen – Kritik der Aufklärungszeit aufgegriffen werden, zeigt er doch, dass er fest in der Realität seiner Zeit steht, wenn er im zehnten und letzten Kapitel von *De Criminibus* die Merkmale und die große Verbreitung der Inquisition betrachtet und diskutiert – des einzigen prozessualen Modells, das seiner Ansicht nach eine konkrete Alternative zur *accusatio* darstellt.

Auch in diesem Fall geht er von der Definition aus. Das Wort *inquisitio* bezeichne jene Verfahren, mittels derer der Richter *ex officio* gegen Beschuldigte vorgehe, obwohl niemand sich als Ankläger des Verbrechens eingetragen habe *("denotat ea iudicia, quibus iudex ex officio in reos inquirit, atque animadvertit, licet nullus in crimen inscripserit accusator")*.

Das Unterscheidungsmerkmal zwischen beiden Methoden liegt somit nach Matthaeus darin, dass die eine auf die prozessuale Initiative des privaten Anklägers ausgerichtet ist, die andere auf die Tätigkeit *ex officio* des Magistrats. Was die Verbreitung angehe, habe es – vor allem in der Antike – eine Zeit gegeben, in der die Anklage die häufigste und gleichsam ordentliche Verfahrensart gewesen sei, um zur Bestrafung von Verbrechen zu gelangen; die Inquisition wiederum sei, da recht selten, eine Art außerordentlichen Verfahrens der Verfolgung von Schuldigen gewesen *("accusatio erat frequentissima, et ut ita loquar, ordinaria vindicandorum criminum ratio; inquisitio autem, quoniam rarior, quasi extraordinarius peragendi reos modus")*.

Von dieser Beobachtung ausgehend erledigt Matthaeus auf wenig mehr als einer Seite den *"ordo inquisitorius"* und betont, dass dieser in der justinianischen Kompilation einen bloß zweitrangigen Aspekt des römischen Verfahrensmodells dargestellt habe.

Nun entwickeln sich ja die Dinge in den Niederlanden – und natürlich im ganzen Kontinentaleuropa – des 17. Jahrhunderts ganz anders, und zum Beweis dessen dienen auch die Abschn. 34, 35 und 36 der Statuten Utrechts, also der Stadt, in welcher der Verfasser lebt und arbeitet. In diesen Abschnitten erfährt die Gestalt des privaten Anklägers keinerlei Erwähnung, während alle Initiativen und prozessualen Aktivitäten allein dem *Schout* – nach der von Matthaeus selbst benutzten lateinischen Übersetzung dem *"praetor"* – von Utrecht zustehen:

Im Munizipalrecht dieser Stadt gibt es nahezu keine Erwähnung des Anklägers; die Rede ist ausschließlich an den Schout gerichtet.	*Accusatoris in iure municipali civitatis huius mentio vix nulla; sermo omnis ad praetorem dirigitur.*

Die direkte Ursache alles dessen lasse sich leicht feststellen:

Es ist leicht zu verstehen, aus welchem Grunde dies geschieht, denn die Privatleute haben praktisch aufgehört, Anklage zu erheben, und nur noch der Fiskal-Prokurator und der Schout üben diese Funktion aus.	*Cur id fiat, non est obscurum; fere enim desierunt accusare privati, solusque fisci procurator, atque praetor eo munere defunguntur.*

Matthaeus scheint nicht besonders daran interessiert zu sein, die weiter zurückliegenden Ursachen dieser Lage festzustellen. Vielmehr bemüht er sich in erster Linie darum, das in Utrecht angewandte inquisitorische Verfahren darzustellen, und versucht in zweiter Linie, in ihm ungeachtet des Schweigens der örtlichen Rechtsquelle einen möglichst weiten Raum für die Initiative des Privaten zuzuschneiden.

Auf den ersten Blick habe der Einzelne in Utrecht keinerlei Recht zur *accusatio*, denn wenn es anders wäre, hätten die Statuten dies wenigstens erwähnt; diese Befugnis sei dem Bürger somit in allen Teilen dieses Gesetzes vorenthalten. Hinzu komme, dass sowohl in Frankreich als auch in Belgien zwar das zivilrechtliche Vorgehen für Schäden und Interessen und die Anzeige gestattet sei, nicht aber die Anklage. Dennoch

bin ich der Meinung, dass es der Wahrheit am besten entspricht, dass auch den Privatleuten, vor allem denen, die gegen Verletzungen vorgehen, die sie selbst oder ihnen Nahestehende erlitten haben, die Befugnis zur Anklage nicht verweigert werden sollte.	*verius existimo, privatis, inprimis iis qui suam suorumve iniuriam persequuntur, non esse denegandam accusandi facultatem.*

Entscheidend für diese Position ist jene Vorschrift der Statuten von Utrecht, welche anordnet, bei einem Schweigen der örtlichen Gesetze auf das gemeine Recht zurückzugreifen. Nun fehle aber in den Statuten eine spezielle Regelung der *accusatio*, und wenn in ihnen nur der Schout erwähnt sei, so geschehe dies deswegen, weil es in der Realität nur sehr wenige private Ankläger gebe, nicht aber, weil sie überhaupt nicht zugelassen seien. Bestätigt sieht Matthaeus sich auch durch ein territoriales Gesetz, die *Instructiones Curiae Provincialis* (die eben das gemeine Recht als Quelle für die Regelung der *accusatio* erwähnen), und durch die Gewohnheiten der benachbarten Provinz Holland (welche die Ausübung der Anklage dem Opfer der Straftat gestatten); er zieht daraus den Schluss, dass man die Statuten von Utrecht ohne weiteres, wenn schon nicht im Sinne einer vollen Anerkennung des Anklagerechts für alle Bürger, so doch zumindest im Sinne der Anerkennung dieses Rechts für die Verletzten von Straftaten (*„ad quos iniuria pertinet"*) interpretieren sollte.

9.1.3 Vorläufer einer kulturellen Entwicklung

Nachdem er fast jede Seite von *De Criminibus* einem großartigen rechtshistorischen Gemälde gewidmet hat, beendet Matthaeus sein Werk mit einer kleinen und beschränkten Schlacht zugunsten der Anerkennung der Bedeutung der privaten prozessualen Initiative in einer örtlichen Gegebenheit – derjenigen der Stadt Utrecht –, die nicht besonders dafür geeignet erscheint. Die Argumentation wird mit Aufmerksamkeit, mitunter auch subtil entwickelt und verwendet reichlich die Instrumente der Logik und juristischen Technik, und sie verschmäht auch nicht, auf Philologie und Rechtsvergleichung zurückzugreifen. Es handelt sich freilich um eine Verteidigungsschlacht, die sich zwischen klugem Skeptizismus und dem Hinweis auf alternative Wege bewegt, welche derzeit noch nicht konkret beschritten werden können.

Zwischen den Zeilen dieser Ausführungen nimmt man deutlich das Unbehagen des Juristen wahr, der als Heimkehrer von einer leidenschaftlichen und gelehrten akkusatorischen Rekonstruktion des Strafrechtssystems sich in der alltäglichen inquisitorischen Realität wiederfindet – einer Realität, die nicht nur alle Bereiche und Ebenen der Justiz durchtränkt, sondern sich auch ganz und gar in die Gewohnheiten und Meinungen der Menschen eingenistet hat. Vielleicht ist es dies volle Bewusstsein der Elemente und der scheinbaren Unerschütterlichkeit der herrschenden Strukturen, aus der jener Eindruck des Missmuts und der Kraftlosigkeit entspringt, der mitunter die Kapitel von *De Criminibus* kennzeichnet.

Dennoch kann das Zeugnis von Matthaeus keineswegs als fruchtlos eingeschätzt werden. Seine Forschungsmethode erschöpft sich nämlich nicht in einem Rückzugsgefecht, mit dem das, was von einem idealen, technisch perfekten, persönlich bevorzugten, aber konkret nicht realisierbaren Modell gerettet werden kann, gerettet werden soll. Vielmehr bilden die Inhalte von *De Criminibus* ein sehr deutliches Zeichen dafür, dass die Zeiten und damit auch die europäische Strafrechtskultur sowohl in der Methode als auch in den Inhalten in einer raschen Entwicklung in Richtung auf neue Formen und Einstellungen begriffen sind, welche während des Aufklärungszeitalters zu voller Reife gelangen werden.

9.2 Auf dem Wege zur aufklärerischen Kritik: Christian Thomasius

Die erste Stellungnahme zum Verhältnis zwischen Anklage und Inquisition, der man mit gewisser Berechtigung das Adjektiv „aufklärerisch" voranstellen kann, findet sich mit hoher Wahrscheinlichkeit in einer akademischen Abhandlung mit dem Titel *De origine processus inquisitorii,* veröffentlicht 1711 in Halle von Christian Thomasius[3].

---

[3]Christian Thomasius (*Leipzig 1655, †Halle 1728) ist einer der bedeutendsten Vertreter des europäischen Naturrechts und Vernunftrechts an der Schwelle vom 17. zum 18. Jahrhundert. 1672 erwirbt er den Doktorgrad in Philosophie, 1679 denjenigen in Jurisprudenz und arbeitet sodann in Leipzig als Strafverteidiger und lehrt dort bis 1690 Privatrecht. In diesem Jahr wechselt er nach Halle und lehrt an der dortigen Universität.

Diese Abhandlung fügt sich voll und ganz in eine ganze Reihe von kurzen polemischen und didaktischen Schriften ein, in denen der Verfasser – der sich wegen großer Bekanntheit und hohen akademischen Ansehens den Namen eines *Praeceptor Germaniae* erworben hat – eine scharfe kritische Überprüfung des im Europa des späten gemeinen Rechts geltenden Strafrechtssystems anstellt.

Diese Werke haben jeweils zum Inhalt die Bigamie[4], die Häresie[5], die Zauberei[6], die Hexerei[7] sowie – vielleicht seine bekannteste Schrift – die Folter (deren völlige Abschaffung er fordert)[8], und sie machen aus ihrem Verfasser den ersten großen Vertreter der modernen liberalen Strafrechtswissenschaft, indem sie seinen pragmatischen und reformatorischen Geist, seine beachtlichen Fähigkeiten zur Popularisierung auch der innovativsten Theorien und, was betont zu werden verdient, seine frühe Kenntnis des englischen Modells deutlich machen.

Die *Dissertatio de origine processus inquisitorii* entwickelt in 55 (äußerst kurzen, fast telegrafischen, aber mit einem reichen Anmerkungsapparat versehenen) Paragrafen die These, dass der historische Ursprung des zu Beginn des 18. Jahrhunderts in ganz Europa geltenden Verfahrens – mit Ausnahme Englands, wo nur der akkusatorische Prozess gelte *("in Anglia ubi solus viget processus accusatorius")* – im kanonischen Recht zu suchen sei, genauer in den Vorschriften, welche zu Beginn des 13. Jahrhunderts auf Veranlassung Innozenz' III. zur Unterdrückung der häretischen Bewegungen erlassen worden seien. Mit diesem prozessualen Instrument hätten die Päpste unter dem Schein der Gerechtigkeit *("sub specie iustitiae")* ihre Herrschaft über die Laien, die sie schon seit langem mit verschiedenen Kunstgriffen erlangt hatten *("imperium in laicos, variis artibus diu quaesitum")*, erhalten wollen. Unabhängig von dieser erklärtermaßen polemischen Absicht zeichnet die Schrift sich dadurch aus, dass sie *ex professo* oder indirekt sämtliche

---

[4]*De crimine bigamiae*. Halle 1685. Die Gründe für die Bekämpfung der Bigamie liegen nach Ansicht von Thomasius in der Störung des sozialen Friedens, nicht in den Grundsätzen des Naturrechts.

[5]*Problema iuridicum an haeresis sit crimen*. Halle 1697. Die Häresie dürfe vom Staat nicht strafrechtlich verfolgt werden, weil sie eine Verirrung des Geistes, nicht aber des Willens sei, während Straftaten sich gerade durch ihre Willentlichkeit auszeichneten; auch sei die Häresie eine Meinung, und das bloße Denken an eine Straftat sei nicht strafbar.

[6]*De crimine magiae*. Halle 1701. Das Verbrechen der Zauberei sei mangels eines Gegenstandes nicht formulierbar. Der Staat könne nicht Verhaltensweisen bestrafen, welche mangels eines Gegenstandes unwirksam seien und infolge einer falschen Vorstellung von der Wirklichkeit nur von der religiösen Moral oder vom Aberglauben vorgeworfen werden könnten.

[7]*De origine processus inquisitorii contra sagas*. Halle 1712.

[8]*De tortura ex foris christianorum proscribenda*. Halle 1705. Nach Beschreibung der Merkmale des Instituts, das er als "gewaltsame Erforschung der Wahrheit mittels Quälereien" (*"violenta veritatis per tormenta facta inquisitio"*) bezeichnet, fordert Thomasius dessen Abschaffung, da es der Moral und der Humanität widerspreche, nicht zum "bürgerlichen Zustand" passe, Merkmale einer vorweggenommenen Strafe aufweise, das Recht der Freiheit der Selbstverteidigung verletze und schließlich das Geständnis eines Unschuldigen auslösen könne.

Fragen berührt, die schon sehr bald von der reformistischen Kritik des 18. Jahrhunderts aufgegriffen und und vertieft werden.

9.2.1 Definition und Unterscheidungsmerkmale des Inquisitionsprozesses

Thomasius geht von einer Definition des Inquisitionsprozesses aus, welche näher betrachtet zu werden verdient, da sie sich nicht nur als sehr viel inhaltsreicher, präziser und problemorientierter erweist als die bis dahin bekannten, sondern auch ganz genau die tatsächliche Lage der Strafjustiz im Europa des frühen 18. Jahrhunderts widerspiegelt:

Der Inquisitionsprozess [...] ist ein Verfahrensmodell, wonach der Richter *ex officio* aufgrund bestimmter Indizien den eines begangenen Verbrechens Beschuldigten verfolgt, ihn aufgrund verschiedener Umstände in das Gefängnis sperrt und, weil meistens die Beweise fehlen, ihn, um sein Geständnis zu erzwingen, auf verschiedene Weise der Folter unterwirft und im Anschluss an die Folterung entweder den Beschuldigten freispricht oder ihn zu der Strafe verurteilt, welche gewöhnlich verhängt wird, und sodann diese Strafe in einer bestimmten vorgeschriebenen oder normalerweise befolgten Weise vollstreckt.	*Inquisitorius processus [...] est ordo iudicialis, secundum quem iudex ex officio secundum normam indiciorum quorundam inquirit in delicti alicuius commissi auctorem, eumque secundum diversitatem circumstantiarum carcere excludit, ac deficientibus plerumque probationibus ad eruendam eius confessionem varis modis torquet, ac post torturam reum vel absolvit, vel condemnat ad poenam moribus receptam patiendam, eamque poenam secundum certum ordinem praescriptum vel usitatum exequitur.*

Diese Definition bezweckt nach der Darstellung des Verfassers, die wichtigsten Unterschiede zwischen *inquisitio* und *accusatio* hervorzuheben, und sie ist begleitet von einer Reihe von erläuternden Anmerkungen, aus denen eine erste Seitenwahl zugunsten des zweiten der beiden Modelle durchscheint.

Die von Thomasius hervorgehobenen Antinomien verdienen eine aufmerksame Betrachtung, denn viele von ihnen werden später zu regelrechten Schlachtrossen der aufklärerischen Kritik des späten 18. Jahrhunderts. Sie lassen sich folgendermaßen zusammenfassen:

a) Der Inquisitionsprozess werde im Wesentlichen *ex officio* durchgeführt, d. h. ohne einen echten Ankläger *("sine accusatore vero");* daraus folge, dass in dieser Verfahrensform der Magistrat stets und gleichzeitig die beiden Rollen des Verfolgers und des Richters ausübe.

b) Im inquisitorischen Verfahren könnten die Indizien nach einer Stufenordnung der Schwere hinreichen, 1) um eine spezielle Untersuchung *(inquisitio specialis)* gegen eine bestimmte Person zu beginnen *(indicia ad inquisitionem);* 2) um den Beschuldigten zu verhaften *(indicia ad capturam);* 3) um diesen der Folter zu unterziehen *(indicia ad torturam).* Sie könnten jedoch niemals für die Verurteilung zu der gesetzlichen Strafe ausreichen, da sie nicht eine absolute Gewissheit lieferten (denn sie seien „argumenta dubia"). Im inquisitorischen

Verfahren könne also eine Verurteilung nur auf der Grundlage von gesetzlichen Beweisen erfolgen, die klarer als das Mittagslicht seien (*„luce meridiana clariores"* nach einem alten römischrechtlichen Grundsatz)[9].

Konkret bleibe im inquisitorischen Modell, nachdem 1) die Existenz des Verbrechens *(corpus delicti)* und 2) das Vorliegen von mehr oder weniger gewichtigen Indizien zulasten des Beschuldigten festgestellt seien, bei Fehlen des gesetzlichen Beweises, der aus der übereinstimmenden Aussage mindestens zweier Zeugen (*„duo testes in ipso crimine deponentes"*) hervorgehe, das Geständnis als einziges Mittel, um zur Verurteilung zu gelangen. Hinzu komme, dass die Stufenleiter des Gewichts der Indizien absolut vage und unbestimmt sei und ihre Bewertung ganz dem Ermessen des Richters überlassen bleibe. In dieser Hinsicht sei also die Regelung der Indizien zahlreichen Missbräuchen ausgesetzt (*„multis abusibus obnoxia"*).

c) Der akkusatorische Prozess setze die Begehung der Straftat und ihre Kenntnis durch einen Ankläger voraus, der sich nicht den gefährlichen Folgen einer Bestrafung wegen Verleumdung aussetzen wolle. Im inquisitorischen Verfahren hingegen müsse das Vorliegen der Straftat *(corpus delicti)* im Verlauf der Generalinquisition *(inquisitio generalis)* vorab und zwingend dargetan werden.

d) Das inquisitorische Verfahren sei gekennzeichnet durch die Untersuchungshaft des Beschuldigten, der in eine trostlose und elende Lage versetzt werde, welche *„ex natura sua"* Quelle physischer und moralischer Qualen sei.

e) Wie schon unter b) erwähnt, könne das Beweissystem, das im Verfahren *ex officio* angewendet werde, nur selten zu sicheren Folgerungen führen, denn Straftaten würden meistens im Verborgenen begangen (*„clam fiunt"*) und könnten selten durch Zeugen oder Urkunden bewiesen werden (*„per testes et instrumenta raro probari possunt"*).

f) Infolge dessen erweise die Anwendung der Folter sich im Inquisitionsprozess als der ganz gewöhnliche Weg, um das Geständnis des Beschuldigten zu erlangen (*„remedium ordinarium [...] ad inquirendam veritatem occultam"*), während dieses Institut im akkusatorischen Verfahren – wie die historische Erfahrung zeige – meistens unbekannt sei oder ein ganz nebensächliches Element darstelle.

g) Die Nationen, welche akkusatorische Formen angenommen hätten, hätten einige Verhaltensweisen nicht unter die Verbrechen aufgenommen, welche hingegen dort, wo das inquisitorische Verfahren eingeführt sei, zu ihnen gerechnet würden. Auch seien die Strafen für dieselben Straftaten dort strenger, häufig auch grausam, wo die *inquisitio* gelte.

h) Dieselben Unterschiede, welche die überwiegend mildere und menschlichere Natur des akkusatorischen Modells kennzeichneten, stelle man auch bei der Vollstreckung der Urteile fest.

---

[9]Vgl. C. 4, 19, 25.

9.2.2 Der Strafprozess im Lichte der Vernunft und des Naturrechts

Nachdem er so die Voraussetzungen festgestellt hat, gelangt Thomasius zum Kern der Problematik und macht sich an die Widerlegung jener Auffassungen, welche die Ursprünge des inquisitorischen Verfahrens nicht im kanonischen Recht erblicken, sondern in den Heiligen Schriften, im römischen Recht oder im Naturrecht.

Die auf lange Sicht besonders interessanten Ausführung sind jene, die dem Naturrecht gewidmet werden. Sie zeigen sich eingebettet in eine Diskussion, welche in mancher Hinsicht neu ist, in der die einzelnen Argumente im Licht der Gebote der klaren Vernunft *(dictamina rectae rationis)* untersucht werden und in der die Debatte über die naturrechtlichen Grundlagen der verschiedenen Verfahrensformen sich mit der parallelen Kontroverse um die Feststellung des optimalen Modells vermischt und letztlich mit ihm identisch wird.

Die Untersuchung zur jüdisch-christlichen Tradition und zum römischen Recht vollzieht sich anhand der akkuraten Textauslegung einer beachtlichen Zahl von Stellen der Heiligen Schriften und der justinianischen Kompilation (die ihrerseits begleitet sind von weiteren Informationen, meistens aus klassischen Autoren). In der Ökonomie der Abhandlung liefern die beiden letzten Abschnitte nach der Absicht des Verfassers nicht nur einen entscheidenden Beitrag zur These von der kanonistischen Entstehung des Inquisitionsprozesses, sondern dienen auch dazu, die Auffassungen zu bestätigen, die in der frühesten Verbreitung der *accusatio* und in der jüngsten Entwicklung der *inquisitio* einen klaren Hinweis darauf erblicken, dass das erste Modell dem Naturrecht angehört, wie auch dazu, dem Leser einige angesehene Beispiele von akkusatorischen Strukturen zu liefern, die sich in der Vergangenheit entwickelt haben.

9.2.2.1 Die naturrechtliche Prägung der accusatio

Doch wenden wir uns dem Naturrecht zu. Thomasius legt vorab die Ziele jener Diskussion fest, mit der er die naturrechtliche Prägung der *accusatio* beweisen will und damit auch, dass a) das Amt des richterlichen Strafens nicht des inquisitorischen Verfahrens bedarf; b) die *inquisitio* nicht als ordentliches Rechtsinstitut angesehen werden kann; c) das inquisitorische Modell nicht nützlicher für die „*res publica*" ist als das akkusatorische.

Wie gerade schon erwähnt, wird vor allem der antiken Verbreitung der akkusatorischen Formen große Bedeutung beigemessen: dies allein reiche bereits aus, um nicht nur deren Überlegenheit zu zeigen, sondern auch ihren engen Zusammenhang mit dem Naturrecht. Nach dieser Feststellung geht Thomasius dazu über, diejenigen zu widerlegen, welche behaupten, dass, weil es Aufgabe des Staates und damit des Richters sei, zu verhindern, dass Verbrechen unbestraft bleiben (gemäß dem alten Spruch *interest reipublice ne delicta remaneant impunita*), das Amt des Richters notwendig darin bestehen müsse, die Untersuchung wegen Verbrechen auch dann durchzuführen, wenn es keinen Ankläger gebe *("officium iudicis consistit, in eo, ut inquirat in delicta, etiamsi nemo accuset")*. Thomasius erwidert, dass diese Ansicht nur eine Residualstruktur beweise, nämlich die Nützlichkeit der Inquisition als außerordentliches Rechtsinstitut (das freilich gänzlich überflüssig werde, wenn man nur eine kluge, auch belohnende Politik der Förderung und des Schutzes privater Anklagen betreibe). In Wirklichkeit sei der Richter nach dem Naturrecht dazu berufen, die Rechtsprechung gerecht und unparteiisch zu betreiben, und könne daher nicht diesen Grundsatz dadurch brechen, dass er die Initiative als Partei übernehme. Letztlich gehöre zu den natürlichen Grundlagen des Verfahrens, dass jeder Prozess für sein Zustandekommen dreier unterschiedlicher Personen bedürfe, des Akteurs (d. h. des Anklägers), des Beklagten (d. h. des Angeklagten) und des Richters, ohne dass die Rollen vermischt werden dürften, denn niemand könne sich selber anklagen oder Richter in eigener Sache sein.

Diesen zuletzt dargestellten Überlegungen, welche an sich schon ausreichen, um die Annahme zu beweisen, fügt Thomasius noch eine ganze Reihe weiterer sorgfältiger Erwiderungen auf einzelne Einwände der Vertreter des inquisitorischen Modells an.

Diejenigen, die – unter Berufung auf alte mittelalterliche Theorien – meinen, dass im inquisitorischen Verfahren es die Indizien seien, die gedanklich die Rolle des Anklägers ausfüllen könnten, weist Thomasius darauf hin, dass Indizien faktische Gegebenheiten seien, während der Ankläger eine physische Person sei und hier folglich im großen Stil Elemente vermengt würden, deren Natur auch im Recht eine ganz verschiedene sei.

Das Argument, dass die Ankläger häufig gedungen seien und sich häufig als Verleumder erwiesen, wird rasch mit der Bemerkung erledigt, dass, was speziell die Verfolgung Unschuldiger, den guten Leumund und die Würde des Einzelnen angehe, der inquisitorische Prozess noch viel gewichtigere Unzuträglichkeiten aufweise.

Dem weiteren Einwand, dass verborgene Straftaten nur mittels Inquisition verfolgt werden könnten, tritt Thomasius mit der Bemerkung entgegen, dass hier als ausgemacht hingestellt werde, was in Wirklichkeit äußerst zweifelhaft sei – dass es nämlich wirklich dem öffentlichen Interesse entspreche, Taten zu bestrafen, welche weder Spuren noch Zeugen hinterlassen.

Einfach lächerlich – jedenfalls für den, der nicht nur die abstrakten Theorien, sondern auch die konkrete Praxis des Inquisitionsprozesses kenne – sei sodann der simple Gedanke (den aber einige Partisanen der Inquisition verträten), dass der inquirierende Richter auch mit der Verteidigung des Beschuldigten betraut werden solle, sodass er in sich die drei Personen des Verfahrens vereinige (und damit u. a. das Verbrechen des Amtsmissbrauchs begehe).

Demjenigen schließlich, der meint, dass es einige nicht verborgene Straftaten gebe – insbesondere im Bereich der Sexualdelikte –, die im gemeinen römischen Recht nicht geregelt seien und daher nur im Wege der Inquisition verfolgt werden könnten, erwidert Thomasius – unter Hinweis auf den grundlegenden Unterschied zwischen Moral und Recht, der bekanntlich seine rechtsphilosophischen Vorstellungen kennzeichnet –, dass die fleischlichen Verfehlungen nicht mit Verbrechen

9.2 Auf dem Wege zur aufklärerischen Kritik ...

vermengt werden dürften, und dass die ersteren ohnehin weder im Wege der Anklage noch im Wege der Inquisition verfolgt werden dürften, weil sie dem Bereich der Moral und nicht demjenigen des Rechts angehörten.

9.2.2.2 Ermessen und Beweissystem

Der letzte Teil von Thomasius' Argumentation widmet sich den absolut zentralen Problemen des richterlichen Ermessens und des Beweissystems, insbesondere dem heiklen Verhältnis zwischen richterlichen Ermessensbefugnissen und Rolle der Indizien.

Die Anhänger des Inquisitionsmodells nähmen an, dass in diesem Modell es dem Richter nicht gestattet sei, willkürlich vorzugehen *(„pro libidine sua et mero arbitrio")*, dass er vielmehr in seinen Entscheidungen angeleitet sei durch das zwingende Vorliegen bestimmter Indizien *(„ad certa indicia, tanquam ad normam")*. Auf diese Behauptung reagiert Thomasius heftig und vertritt die Auffassung, dass die Wahrheit gerade umgekehrt sei, dass nämlich in der *inquisitio* sowohl die Bestimmung der Indizien als auch die Bewertung ihrer Konsequenzen (z. B. für den Übergang zur Spezialinquisition, zur Verhaftung oder zur Folter) völlig der richterlichen Willkür überlassen und keinerlei fester Regel unterworfen sei, wie eindeutig aus den Artikeln 18 und 24 der *Constitutio Criminalis Carolina* hervorgehe.

Zum selben Thema laute ein zweites Argument der Inquisitions-Befürworter, dass im akkusatorischen Verfahren die Beschuldigten ebenfalls auf der Grundlage von Indizien verurteilt werden könnten *(„etiam propter indicia")*. Im Inquisitionsverfahren hingegen werde die gesetzliche Strafe (für die *poena extraordinaria* gelte selbstverständlich etwas anderes) nur dann verhängt, wenn der volle gesetzliche Beweis oder das Geständnis des Täters vorliege *(„numquam condemnentur super solis indiciis, sed vel factum ipsum debeat probari, vel confessio rei adesse")*. Die Antwort des Thomasius ist in diesem Falle in zwei Punkte gegliedert: a) erstens könnten die Indizien sich als klarer als der lichte Tag darstellen *(„luce meridiana clariora")*, und dann sei kein Grund ersichtlich, der die Verurteilung auch des nicht geständigen Beschuldigten hindern könnte (wie es beispielsweise in England geschehe); b) zweitens habe die Argumentation der Befürworter der *inquisitio* dann Bedeutung, wenn das Geständnis (auf das sich in der Mehrzahl der Fälle in diesem Verfahrensmodell das Urteil stütze) frei und ungezwungen sei; dass es aber regelmäßig durch Schmerzen erzwungen werde, die häufig schlimmer seien als die Strafe *(„tormentis, saepe gravioribus ipsa poena, extorta")*, nehme dem erwähnten Einwand jede Bedeutung.

9.2.2.3 Verleumdung und antikanonistische Kritik

An diesem Punkt angelangt ist Thomasius der Ansicht, hinreichend nicht nur dargetan zu haben, dass im Naturrecht der Inquisitionsprozess keinerlei besondere

Grundlage zum Nachteil des Akkusationsprozess besitze, sondern auch, dass es nicht wenige Mängel des inquisitorischen Verfahrensmodells gebe, die vergeblich verborgen würden (*„frustra occultatas"*). Er will jedoch, bevor er die Behandlung des Themas abschließt, noch ein paar weitere wichtige Überlegungen anstellen. Die erste betrifft die falsche Verdächtigung. Dort, wo das akkusatorische Verfahren angewendet werde, gebe es sehr strenge Strafen für falsche oder leichtfertige Anklagen. Dasselbe könne man – so Thomasius – vom inquisitorischen Verfahren nicht sagen, denn in ihm gebe es keinerlei wirksames Heilmittel, um die Verleumder zu treffen (seien diese nun Anzeigenerstatter oder – wohlgemerkt – auch die Richter selbst) oder zumindest dem fälschlich verfolgten Unschuldigen Genugtuung zu leisten. Die zweite kurze Bemerkung kehrt zur antikanonistischen Polemik zurück und betrifft den Umstand, dass, wenn schon nicht der Ursprung, so doch das abnorme Anwachsen der Untersuchungshaft und der Anwendung der Folter eindeutig jenen anzulasten sei – und dieser ausdrückliche Hinweis meint die kirchliche Hierarchie –, die historisch die Anwendung der inquisitorischen Formen befördert hätten, um Häresien zu bekämpfen.

9.2.3 Eine pragmatische, laizistische und rationale Reform

Alles in allem führt die von Thomasius in *De origine processus inquisitorii* vertretene Position zum Verhältnis von Anklage und Inquisition zu einem vernichtenden Urteil über die letztere. Der Inquisitionsprozess erscheint erstens unlogisch und willkürlich, da er nicht auf Naturrecht und auf Vernunft gestützt ist (genauer: auf die Gebote *rectae rationis*); zweitens weist er leicht feststellbare und gewiss nicht zu empfehlende historische Wurzeln auf (die kanonistische Bekämpfung der Häresie), und teils dank dieser Wurzeln, teils dank der ihm eigenen Struktur erscheint er grausam und unmenschlich in seinem Ablauf, ungewiss und summarisch in seinen Ergebnissen, eindeutig nachteilig gegenüber dem Beschuldigten und schließlich einzigartig geeignet zur Begünstigung von Missbräuchen und Ungerechtigkeiten.

Thomasius zeigt sich allerdings sehr vorsichtig, was eine etwaige völlige Abschaffung der *inquisitio* wegen ihrer häufigen Missbräuche und eine daraus folgende gänzliche Wiedereinführung der *accusatio* angeht. In dieser Hinsicht weist er darauf hin, dass man gewöhnlich die Auffassung vertrete, dass, wenn einmal die abartigen Aspekte eines Rechtsinstituts erkannt seien, man öffentlich im Wege der Gesetzgebung einschreiten müsse, um seinen Gebrauch mitsamt seinem Missbrauch zu beseitigen (*„usum cum abuso esse tollendum per leges publicas"*). Er sei jedoch entgegengesetzter Auffassung, denn

9.2 Auf dem Wege zur aufklärerischen Kritik ...

der Arzt irrt, wenn er die Krankheit, die er diagnostiziert hat, mit gewaltsamen Gegenmitteln beseitigen will, welche häufig statt der erhofften Gesundheit den Tod beschleunigen. Ebenso irren die Juristen und Politiker, die eine Krankheit öffentlicher Einrichtungen diagnostiziert haben und nun denken, dass es höchst einfach sei, die Heilmittel zu finden [...], oder meinen, die Missbräuche durch gewaltsame gesetzgeberische Eingriffe zu beseitigen.	*errat medicus, qui cognito morbo eundem vult tollere per remedia violentia contraria, saepe mortem loco sanitatis speratae accelerantia. Ita iurisconsulti et politici errant, qui cognito rei publicae morbum putant, facillimum esse, invenire remedia, [...] aut qui rerum abusus per leges violentas tollere autumant.*

Letztlich liege das Gute nicht immer ausschließlich auf der einen Seite (*„nihil est ab omni parte beatum"*): Auch der Akkusationsprozess weise nämlich kritisierbare Aspekte auf, welche man feststellen könne, wenn man den englischen Rechtszustand betrachte (bei dem sich Missbräuche wie z. B. die Häufigkeit falscher Zeugenaussagen zeigten). Also sei es, so Thomasius, notwendig, den richtigen Mittelweg zu wählen (*„media via incedendum"*), d. h. den Weg einer sorgsamen und geduldigen Reform, bei der man zwar die schweren Mängel des Systems erkennt und schrittweise ohne allzu sprunghafte Umwälzungen beseitigt, welch letztere Unzuträglichkeiten verursachen könnten, die denen der inquisitorischen Methode gleichkommen würden.

Unabhängig von dieser klugen (vielleicht aber gerade deshalb nicht mehr utopischen) Schlussfolgerung, kann man nicht leugnen, dass auch in *De origine processus inquisitorii* jene „provozierende und innovative kritische Öffnung zu bemerken ist"[10], die im Übrigen einen großen Teil der strafrechtswissenschaftlichen Produktion des Thomasius kennzeichnet. So betrachtet fügt sich auch die Diskussion des Strafprozesses vollständig in jenes Projekt der Säkularisierung und Laizisierung des Rechts (und der damit verbundenen Verteidigung der Gewissensfreiheit und der religiösen Toleranz) ein, das Thomasius mittels der kompromisslosen Anwendung der vernunftrechtlichen und naturrechtlichen Ansätze auf das rechtswissenschaftliche Studium entwickelt. Insbesondere dies ist die große Neuigkeit, die er in die Auseinandersetzung mit der Thematik der Verfahrensform des Strafprozesses einführt. Mit *De origine processus inquisitorii* wird die vorwiegend humanistische Kritik – wie sie z. B. typisch für Ayrault und Deciani ist und ungeachtet der ersten beachtlichen Öffnungen auch noch das Werk von Matthaeus prägt – mit einem ganz und gar rationalistischen und naturrechtlichen Überbau versehen, die den Diskurs vollständig von jener Art „romanistischer Hypothek" zu befreien vermag, die in vielerlei Hinsicht das Programm der Anhänger der gebildeten Schule fruchtlos werden ließ, weil sie die Lösung des Strafverfahrensproblems in einer nicht umzusetzenden Operation der Wiedergewinnung klassischer justinianischer Strukturen erblickte.

---

[10]*Adriano Cavanna*, Storia del diritto moderno in Europa. Le fonti e il pensiero giuridico 1. Mailand (Giuffrè) 1979, S. 341.

Im Lichte dieser zusammenfassenden Betrachtungen erscheint es daher gestattet, der frühaufklärerischen Haltung des Thomasius in *De origine processus inquisitorii* die Rolle eines symbolischen Markierungspunktes für die Entwicklungsgeschichte des Strafprozesses im Europa des späten gemeinen Rechts zuzuschreiben.

Wahr ist freilich, wie wir gesehen haben, dass die Kriminalistik traditioneller Prägung, Erbe einer vielhundertjährigen Ausarbeitung durch die Lehre, auch weiterhin bis zum Ende des 18. Jahrhunderts eine gewisse Lebenskraft aufweist, denn sie besitzt qualitative Punkte von nicht zu bezweifelnder Bedeutung sowie eine literarische Präsenz, die verglichen mit den systemkritischen Stimmen numerisch sehr viel gewichtiger ist. Wahr ist aber auch, dass die Existenz von Richtungen, welche sich oft heftig befehden, einen klaren Hinweis darauf liefert, dass der Prozess der Schaffung einer theoretischen Basis für die konkrete Überwindung der geltenden Strukturen in vollem Gange begriffen ist.

Die erste bewusst innovative und objektiv aufklärerische Stellungnahme, die wir soeben dargestellt haben, bedeutet den Einbruch eines Reformismus in die juristische Welt, der zwar auf soliden technischen und spekulativen Grundlagen beruht, dem es aber auch nicht an pragmatischen Aspekten und beachtlichen Öffnungen zum Utilitarismus fehlt. Aus diesen Gründen und wegen seiner spezifischen Gehalte sollte *De origine processus inquisitorii* – zugleich Indikator und Folge zunehmender und unaufhaltsamer Veränderungen im kulturellen Klima und im historischen Kontext – einen Bezugspunkt von einzigartiger Bedeutung für die Interpreten und Repräsentanten der neuen Zeiten und der neuen Ideologien bilden.

Kapitel 10
Anklage und Inquisition in der Lehre der Aufklärungsepoche

10.1 Grundprinzipien der strafrechtlichen Aufklärung

Im Folgenden sollen einige Aspekte der Debatte geschildert werden, die in den letzten Jahrzehnten des 18. Jahrhunderts in Italien zum Verhältnis zwischen akkusatorischem Modell und inquisitorischen Strukturen stattfindet. Die Perspektive, in welche diese Debatte eingebettet ist, ist diejenige einer immer dringenderen Reform des Strafprozesses. Diese Reform ist ihrerseits eingebunden in eine allgemeinere Neubegründung des ganzen Systems der Strafjustiz nach Kriterien des Garantismus und der daraus folgenden Eingriffslinien, die anhand der europäischen rechtspolitischen und rechtsphilosophischen Spekulation aufklärerischer Prägung ermittelt werden. Diese Eingriffslinien stützen sich auf vier Grundprinzipien:

a) Gesetzlichkeitsprinzip Es handelt sich um das Prinzip, das in der bekannten Redewendung *nullum crimen, nulla poena sine lege* seinen Ausdruck findet, die in ihrer endgültigen Ausformulierung dem deutschen Strafrechtler Anselm Feuerbach (1775–1833) zugeschrieben wird, jedoch bereits in den Werken Montesquieus und Beccarias anzutreffen ist. Nach diesem Prinzip kann kein Tun oder Unterlassen eine Straftat bilden, für das nicht ein vorher erlassenes Gesetz besteht, das es als eine solche definiert, und keine Strafe für die Begehung einer bestimmten Straftat verhängt werden, die nicht zuvor gesetzlich bestimmt worden ist (was natürlich eine *poena extraordinaria* unmöglich macht). Das Gesetzlichkeitsprinzip ist ferner streng gebunden an dasjenige der Nichtrückwirkung des Strafgesetzes, wonach die Strafnorm nur auf solche Handlungen und Unterlassungen angewendet wird, die nach ihrem Inkrafttreten begangen worden sind.

b) Verhältnismäßigkeitsprinzip Nach diesem Prinzip muss die Schwere der Strafe an dem Gewicht des Verbrechens anhand einer präzisen, vorher gesetzlich festgelegten Strafenskala bemessen werden (ganz im Gegensatz zu dem, was im System des gemeinen Strafrechts gilt, in dem relativ leichte Verstöße mit schwersten Strafen belegt werden können). Aus prozessualer Sicht bedeutet dies: Je größer das

Gewicht der Straftat und der daraus folgenden Strafe ist, umso aufmerksamer und sorgsamer muss die strenge Beachtung der prozessualen Formen sein (während im System des gemeinen Rechts die Grausamkeit der Straftat den Richter ermächtigt, sich für summarische oder höchst summarische prozessuale Formen zu entscheiden, die jeglicher Form von Garantie entbehren).

c) Humanitätsprinzip Das Humanitätsprinzip führt im materiellen Bereich zur Beseitigung jeglicher Form gewaltsamer und der Menschenwürde widersprechender Strafen, vor allem im Hinblick auf Körperstrafen (Verstümmelungen, Brandmarkungen, Peitschen- und Stockschläge, Pranger usw.). Im Hinblick auf die Todesstrafe bedeutet es insbesondere, dass diese in der bloßen Entziehung des Lebens besteht, ohne die – im Strafsystem des Ancien Régime üblichen – Begleiterscheinungen einer bedrückenden Vielfalt an Hinrichtungsarten (Erhängen, Erdrosseln, Scheiterhaufen, Enthauptung, Vierteilung usw.) als auch an quälerischen Nebenstrafen (Rädern, glühende Zangen, Verstümmelungen, Schläge usw.). Auf prozessualer Ebene hindert das Humanitätsprinzip den Rückgriff auf Formen des nötigenden Zwangs, beginnend natürlich mit der gerichtlichen Folter, und es beschneidet die Anwendung der Untersuchungshaft und beschränkt die Modalitäten und Bedingungen derselben.

d) Rationalitätsprinzip Dieses Prinzip erfordert, dass die Strafjustiz sich als wirksam und rasch erweist, ohne allerdings jene Formen, die zur Garantie der Person aufgestellt sind, und die Grundprinzipien der Gerechtigkeit aufzuopfern. Dies führt einerseits zur Vereinfachung der Strukturen der Gerichtsverfassung und zur Verschlankung der Rituale und Prozeduren, andererseits zur Beseitigung der Situationen von Willkür und Ermessen. Das Ganze muss daher eingeordnet werden in einen Rahmen der Kontrolle der exakten Regelanwendung unter der Annahme, dass das gute Funktionieren der öffentlichen Angelegenheiten sich auf den vollen Genuss der Rechte der Person und deren Schutz auswirken muss.

10.2 Die neuen Bedeutungen einer alten Debatte

Die Autoren, welche wir nunmehr betrachten wollen, gehören zu jener goldenen Generation von Juristen, vor allem von Kriminalisten, die in den Jahren um 1770 ihre Tätigkeit im Gefolge des Gründungsaktes des modernen Strafrechts beginnt – der anonymen Veröffentlichung der Abhandlung Cesare Beccarias *Von den Verbrechen und von den Strafen* im Jahre 1764 in Livorno. Als echte „Fährleute"[1] zur Moderne und zum Kodifikationszeitalter werden die „postbeccarianischen" Juristen zu Vermittlern zwischen dem Strafrechtssystem des Ancien Régime und den rationalen und laizistischen Konstruktionen des Aufklärungsdenkens, indem sie

---

[1]*Adriano Cavanna*, Storia del diritto moderno in Europa. Le fonti e il pensiero giuridico. Bd. 2. Mailand (Giuffrè) 2005, S. 221.

10.2 Die neuen Bedeutungen einer alten Debatte

sich einerseits durch Ablehnung extremer Positionen positionieren, andererseits durch den Willen, die Justiz in einen strukturellen Rahmen einzubinden, der zwar neu ist, der aber nicht alle jene Zustände völlig ablehnt, in denen sie selbst ausgebildet worden sind.

Die *Animadversiones ad criminalem jurisprudentiam* („Betrachtungen über die Kriminaljustiz") von Paolo Risi, veröffentlicht zu Mailand 1766, sind die erste Manifestation dieser ersten „postbeccarianischen" Generation, der u. a. Alberto De Simoni, Filippo Maria Renazzi, Luigi Cremani, Francesco Mario Pagano, Gaetano Filangieri und – bereits auf dem Schwelle zum 19. Jahrhundert – Tommaso Nani, Giandomenico Romagnosi und Giovanni Carmignani angehören. Es handelt sich um eine vielschichtige Gruppe solider Gelehrter, die zwar zwischen gemäßigter theoretischer Abstraktion und einer ausgeprägten – mitunter nicht ganz unbeteiligten – Parteinahme für den konkreten Pragmatismus des reformerischen Absolutismus schwanken, insgesamt aber doch ein ernstes und differenziertes wissenschaftliches Werk der Systematisierung umsetzen, mit dem die kriminalistische Tradition des gemeinen Rechts im Lichte der Ergebnisse der naturrechtlichen Spekulation und der von der Aufklärungsphilosophie geforderten Neuerungen überarbeitet werden soll.

Die Ideen und Stellungnahmen, die hier dargestellt werden, erscheinen daher – mitunter untrennbar – verbunden mit den Diskussionen über das „Strafrechtsproblem", welche das Europa der Aufklärungsepoche erfassen, ja sogar auf mitunter polemische, häufig originelle Weise als einzigartig wirksame Ausdrucksformen einer der intensivsten Epochen in der Geschichte der Strafrechtswissenschaft Italiens zu dieser Diskussion beitragen.

Die Thematik des Gegensatzes – und der Entscheidung – zwischen dem auf Anklage beruhenden Verfahrensmodell und der inquisitorischen Methode knüpft sowohl an eine im Humanismus verwurzelte Tradition, die gegenüber den Verfahrensweisen, die sich in Europa seit dem 13. Jahrhunderts durchgesetzt haben, sehr kritisch eingestellt ist, als auch an die polemischen Angriffe gegen die inquisitorischen Strukturen an, die von bedeutenden Exponenten des naturrechtlichen Rationalismus ausgehen. Wie wir gesehen haben, wird die erstere repräsentiert durch die Werke der „gebildeten" Schule, unter denen die Namen von Pierre Ayrault und insbesondere von Anton Matthaeus (eines Autors, der nicht zufällig von den Kriminalisten des ausgehenden 18. Jahrhunderts besonders geschätzt wird) hervorstechen, während die letztere in erster Linie in der klaren und entschiedenen Verurteilung des geltenden Systems durch Christian Thomasius in seiner Abhandlung *De origine processus inquisitorii* ihren Ausdruck findet.

Nach der Mitte des 18. Jahrhunderts reichert sich der Disput, der bis dahin in vorwiegend akademischem Tonfall geführt worden ist, im Gleichschritt mit dem Aufkommen und der Verbreitung eines ganz und gar aufklärerischen Vertrauens in die effektive Möglichkeit realer und konkreter Reformen, mit neuen Inhalten an. Die Werke Montesquieus und Beccarias, die entscheidend dazu beitragen, die zentrale Bedeutung der Strafrechtsfrage (und mit ihr der prozessualen Probleme) zu benennen, werden danach zu einem unverzichtbaren, wenn auch nicht immer ausdrücklich benannten, Bezugspunkt für drei Vertreter der neuen Generation von Juristen – zwei Wissenschaftler: Luigi Cremani und Filippo Maria Renazzi, und ein Praktiker: Alberto De Simoni –, die in einigen in der Mitte der 70er Jahre erschienenen Werken die Thematik des mittlerweile „ideologischen" Konflikts zwischen Anklage und Inquisition ausdrücklich behandeln.

10.3 Beccaria und der Strafprozess

Bevor wir jedoch die Gedanken der gerade erwähnten drei Autoren betrachten, müssen wir zunächst kurz auf die Positionen eingehen, welche Cesare Beccaria und sein erster „Schüler", Paolo Risi, in den Fragen des Strafprozesses einnehmen.

Beccaria – dies muss betont werden – bezieht in der Debatte über die Form des Strafprozesses nicht ausdrücklich Stellung und zieht es vor, wie wir sogleich näher sehen werden, hierzu auf das zu verweisen, was wenige Jahre vorher von Montesquieu in *De l'Esprit des lois* geschrieben worden ist. Dennoch stellt *Dei delitti e delle pene,* wenngleich das Werk weder eine technisch ausgereifte Darstellung der Prozessmaterie bietet, noch ein präzises Alternativmodell vorschlägt, einige wesentliche Garantieprinzipien auf, mit denen nicht nur die Fundamente des geltenden Systems zerbrochen, sondern zugleich auch Referenzpunkte der strafprozessualen Debatte aufgestellt werden, die noch heute unausweichlich sind.

In extremer Kürze zusammengefasst, meint Beccaria, ausgehend von einer scharfen Kritik der besonders ungerechten Aspekte des traditionellen Inquisitionsmodells – in dem „der Mensch aufhört, ein Mensch zu sein, und zur Sache wird" –, der Strafprozess müsse sich auf folgende Grundsätze stützen: a) Unschuldsvermutung; b) Trennung der Funktionen von Anklage und Urteil; c) moralischer Maßstab bei der Beweiswürdigung; d) Öffentlichkeit; e) Schnelligkeit und Einfachheit. Bevor wir in unserem Gang durch die Geschichte fortschreiten, wollen wir uns in aller Kürze mit diesen Punkten befassen.

a) Unschuldsvermutung Ein jeder, sagt Beccaria, hat das Recht, „als unschuldig angesehen zu werden", und ein Mensch darf daher nicht vor dem richterlichen Urteil Täter genannt werden, noch darf ihm die Gesellschaft den öffentlichen Schutz entziehen, bevor entschieden ist, dass er die Vereinbarungen verletzt hat, durch die ihm dieser Schutz zugesichert worden ist.

In der bestehenden Strafjustiz drehen sich hingegen alle Strukturen um die entgegengesetzte Vermutung der Schuld und damit um die Umkehrung der Beweislast, denn es ist nicht die Anklage, welche die Schuld des Angeklagten nachweisen muss, sondern er ist es, der beweisen muss, dass er mit der Tat nichts zu tun hat, weshalb im geltenden System – so schließt Beccaria – jemand „zuerst zum Täter erklärt werden muss, bevor er seine Unschuld beweisen kann".

b) Trennung zwischen Anklage- und Urteilsfunktion Im inquisitorischen Verfahren ist der Ankläger mit dem Richter identisch; infolge dessen wird der Richter zum Feind des Beschuldigten, eines Menschen, der gefangen ist – Schmerzen, Qualen und einer schrecklichen Zukunft zur Beute; er sucht nicht die Wahrheit der Tat, sondern er sucht in dem Gefangenen das Verbrechen, er stellt ihm Fallen, und er glaubt eine Niederlage zu erleiden, wenn er keinen Erfolg hat, und einen Verlust an jener Unfehlbarkeit zu erleiden, die der Mensch sich in allen Dingen anmaßt.

Bei der Durchführung dieses ungleichen Kampfes ist der Magistrat – „ein Richter, der gewohnt ist, Straftäter finden zu wollen" – auch noch mit außergewöhnlichen Ermessensbefugnissen ausgestattet. Man braucht nur daran zu denken, dass „die Indizien für die Verhaftung in der Macht des Richters liegen", während in ganz Europa ein Prozess, der ein „informativer" sein sollte und in „dem, was die Vernunft gebietet" bestehen sollte, d. h. in der „gleichmütigen Erforschung der Tat", in Wirklichkeit sich stets in einen „Offensivprozess" verwandelt, in dem es ausschließlich darum geht, die Vernichtung des Beschuldigten zu erreichen. Taten und Verantwortlichkeiten müssten hingegen von einem neutralen und am Ausgang des Verfahrens desinteressierten Richter festgestellt werden, der ausschließlich mit der Entscheidung beauftragt ist, dem jegliches Ermessen versagt ist und der – so schlägt Beccaria vor – von zwei „Beisitzern" *(assessori)* flankiert ist, die durch das Los ausgewählt werden und seine Tätigkeit kontrollieren. Und was die Anklage betrifft, so müsste sie ohne Ausnahme entweder einem amtlichen Organ anvertraut sein, das selbstverständlich vom Richter unterschieden sein muss, genauer gesagt „Kommissaren, die im öffentlichen Namen die Rechtsbrecher anklagen", oder einzelnen Privatleuten (dem „Publikum").

c) Moralischer Maßstab bei der Beweiswürdigung Das System der gesetzlichen Beweise, das den Strafprozess des gemeinen Rechts kennzeichnet, kulminiert in der Suche nach dem Geständnis, in dem Beccaria „das Zentrum" erblickt, „um das sich alle Brandherde des Strafverfahrens drehen", denn das Geständnis ist das fundamentale Instrument, das die Verurteilung zur gesetzlichen Strafe ermöglicht. Zugleich aber – fährt Beccaria fort – gestattet das System auch „die tyrannischen Vermutungen, die Quasi-Beweise, die halben Beweise (so als ob ein Mensch halb-unschuldig bzw. halb-schuldig, also halb-strafbar und halb freizusprechen sein könnte)", kraft deren es auch bei Fehlen eines vollen gesetzlichen Beweises möglich wird, den Beschuldigten zu einer außerordentlichen und arbiträren Strafe zu verurteilen. Und damit nicht genug übt dann noch „die Folter ihre grausame Herrschaft aus". Die Folter, ein „schändlicher Prüfstein der Wahrheit", ist für Beccaria nichts anderes als eine Strafe, die einem Bürger auferlegt wird, wenn „noch zweifelhaft ist, ob er Täter ist oder unschuldig ist", während doch die Erfahrung lehrt, das sie nur dazu geeignet ist, den „schwachen" Unschuldigen zu verurteilen und den „starken" Verbrecher freizusprechen. Diese „abwegige prozessuale Logik"[2] muss nach Ansicht von Beccaria durch den moralischen Maßstab der freien Überzeugungsbildung ersetzt werden, d. h. durch die freie Würdigung der Beweise anhand des „einfachen und gewöhnlichen Menschenverstandes", bis schließlich jene „moralische Gewissheit" erlangt ist, „die jeden Menschen in den wichtigsten Verrichtungen des Lebens leitet" und Grundlage der Entscheidung über Schuld und Unschuld bilden muss.

---

[2]*Cavanna*, Storia del diritto moderno. Bd. 2, S. 218.

d) Öffentlichkeit „Die Verfahren sollen öffentlich sein" – heißt es in *Dei delitti e delle pene*– „und öffentlich auch die Beweise der Straftat, denn jene Meinung, die vielleicht der einzige Zement der Gesellschaft ist, zügelt Gewalt und Leidenschaften; auf daß das Volk sage: ‚Wir sind nicht Sklaven, wir werden verteidigt'". Der Beweis der Taten und Verantwortlichkeiten soll also nicht im Geheimen der Inquisition gewonnen werden, sondern im Verlauf eines „öffentlichen Verfahrens" und durch einen Richter, der die Stellung eines „Dritten" hat. Infolge dessen unzulässig sind „heimliche Anklagen" und Anzeigen: vielmehr besitzt der Beschuldigte das Recht, sowohl die Anklage als auch ihre Grundlagen als auch die Ergebnisse der Ermittlungen kennenzulernen.

e) Schnelligkeit und Einfachheit Die „Promptheit" der Strafe ist einer der Grundwerte des von Beccaria vorgestellten Justizsystems. In *Dei delitti e delle pene* lesen wird, dass „der Prozess in möglichst kurzer Zeit beendet werden muss". Denn ein einfacher und rascher Prozess ermöglicht einerseits der Strafe, die unmittelbar nach Begehung der Straftat verhängt wird, in der Gesellschaft ihre wohltuenden präventiven Wirkungen auszuüben, andererseits erspart er lange und nutzlose Leiden sowohl dem schuldigen Angeklagten und in noch größerem Maße dem unschuldigen Angeklagten. In dieser Hinsicht bezieht Beccaria entschieden Stellung gegen die Auswüchse der Untersuchungshaft,

> denn die Entziehung der Freiheit ist eine Strafe und darf daher dem Urteil nur insoweit vorausgehen, als die Notwendigkeit es gebietet. Bis ein Bürger für schuldig befunden ist, dient die Haft also bloß seiner Bewachung; und diese Bewachung, die ihrem Wesen nach Strafcharakter besitzt, muß so kurz wie möglich dauern und so wenig hart wie möglich ausgestaltet sein.

10.4 Paolo Risi, der „Seilschaftsführer"

Der „Seilschaftsführer"[3] der nachbeccarianischen Juristen ist, wie schon bemerkt, Paolo Risi[4]. In seiner Eigenschaft als Richter kennt er die Mechanismen des strafprozessualen Brandherdes des gemeinen Rechts gut, den Beccaria selbst als ein „kompliziertes Labyrinth von absurden Merkwürdigkeiten" bezeichnet hat und hinzugefügt hat, dass diese „Absurditäten" „zweifellos" der glücklicheren Nachwelt

---

[3]*Stefano Solimano*, Paolo Risi e il processo penale, in: Studi di storia del diritto. Bd. 3. Mailand (Giuffrè) 2001, S. 419–519, insb. S. 517.
[4]Paolo Risi (*Mailand 1731 – †ebd. 1800) ist Amtsrichter *(pretore)* zu Pizzighettone, als er seine *Animadversiones ad criminalem jurisprudentiam* (Mailand 1766) verfasst. Danach wechselt er als Fiskal-Bürgermeister *(sindaco fiscale)* zum Fiskal-Kollegium *(collegio fiscale)* von Mailand, und in dieser Eigenschaft verfasst er einen Bericht über die Abschaffung der Folter und über die Beschränkung der Todesstrafe. 1786 wird er Fiskal-Advokat, und ab 1789 bis zu seinem Eintritt in den Ruhestand (1791) ist er Beisitzer beim Tribunal von Mailand. 1791–92 ist er mit Beccaria an der Erstellung des Entwurfs eines neuen Strafgesetzbuchs für die österreichische Lombardei beteiligt. Die Übersetzungen der *Animadversiones* ins Französische (Lausanne 1768) und ins Deutsche (Heidelberg 1771) machen ihn in ganz Europa bekannt. 1776 begleitet er mit einigen *Osservazioni* die italienische Übersetzung des Werkes von Joseph von Sonnenfels *Über die Abschaffung der Tortur* (Mailand 1776).

10.4 Paolo Risi, der „Seilschaftsführer"

als „unglaublich" erscheinen würden – worin er freilich bei mehr als einer Gelegenheiten durch die Entwicklungen der letzten 250 Jahre widerlegt worden ist.

Wie Beccaria bezieht auch Risi in den *Animadversiones* von 1766 nicht ausdrücklich Stellung in der Diskussion um die Form des Strafverfahrens, sondern zieht es vor, seine Darstellung in der Weise vorzunehmen, dass er einige Knotenpunkte des Verfahrens mit Stellungnahmen betont, die „den Anspruch auf eine Strafjustiz formulieren, welche die Rechte und die Würde des Inquisiten respektiert"[5] und weitgehend mit den (soeben dargestellten) „Losungsworten" zum Strafprozess identisch sind, welche Beccaria verkündet hat. Es geht insbesondere um die Themen: a) der Unschuldsvermutung; b) des Rechts auf Verteidigung, auf mündliche Verhandlung und auf Öffentlichkeit; c) der Unparteilichkeit des Richters. Auch in diesem Falle wollen wir diesen Punkten einige kurze Anmerkungen widmen.

a) Unschuldsvermutung Hierzu erscheint die Position Risis weniger direkt im Vergleich mit der klaren Äußerung Beccarias über die Unschuldsvermutung. Dennoch hebt der Mailänder Richter beim Thema der Feststellung des *corpus delicti* hervor, dass die notwendige Sicherheit, dass eine Straftat begangen worden sei, als solche noch nicht ausreiche, um die Schuld der verdächtigten und in der Spezialinquisition ermittelten Person zu vermuten, denn es sei nicht die bloße Beschuldigung, die feststellen könne, wer Täter ist und wer nicht *(„criminis cognitio, non criminatio ad reum cognoscendum perducit")*. Mit anderen Worten: Die Schuld einer Person stellt sich nach den gebotenen Untersuchungen und Beweiserhebungen *(„criminis cognitio")* heraus, nicht vorher. Es handelt sich um einen Grundsatz – so Risi weiter – für dessen Aufstellung es nicht der Anrufung der Autorität dieses oder jenes Juristen bedürfe, es genüge die Berufung auf die bloße menschliche Vernunft *(„rationem testem appello")*.

b) Recht auf Verteidigung, auf mündliche Verhandlung und auf Öffentlichkeit Risi widersetzt sich mit Nachdruck der Praxis, welche seit langem die *repetitio testium* und die *legitimatio processus* auf bloße Formalitäten reduziert hat, und er vertritt infolge dessen die absolute Notwendigkeit, dass die Zeugen nicht heimlich, sondern öffentlich und in Anwesenheit des Beschuldigten schwören und aussagen. Sei dies nämlich in zivilrechtlichen Verfahren der Fall, dann müsse dies umso mehr „in criminalibus" geschehen. Der Ankläger bzw. der Fiskus[6] müssten die Beweise der Anklage dem Beschuldigten offenbaren, insbesondere müssten die Zeugen in Anwesenheit des Beschuldigten *(„coram reo")* schwören und aussagen, sodass der Letztere mit ihnen ins Gespräch kommen könne. Nur so, öffentlich und in

---

[5] *Solimano*, Paolo Risi, S. 514.

[6] In der Fachsprache des späten gemeinen Rechts wird der Terminus „Fiskus" im Zusammenhang mit Strafverfahren gewöhnlich dazu verwendet, um einerseits die Funktion des Schutzes der Interessen des Herrschers und ganz allgemein des Staates zu bezeichnen, andererseits die Organe, welche diese Funktion ausüben. Wir haben bereits auf die Gestalt des Fiskal-Advokaten hingewiesen, eines Amtsträgers, der in das Verfahren eingreift und dort eine mitunter sehr nachdrückliche Rolle zur Unterstützung der Anklage ausübt.

mündlicher Verhandlung, könne und müsse der Beschuldigte die Ergebnisse der Zeugenvernehmung als legitim ansehen.

c) Unparteilichkeit des Richters Bei Risi zeigt sich dieser Grundsatz vor allem in der Auffassung, dass wesentliche Aufgabe des Strafrichters nicht sei, einen mutmaßlichen Schuldigen zu ermitteln und zu verurteilen, sondern die gleichmütige Erforschung der Tat. Der Beschuldigte müsse überzeugt werden, dass ihm nichts zugerechnet wird, das nicht der Wahrheit entspricht, und dass keine durch Irrtum, Hinterhalt, Vortäuschung oder irgendwelche andere ungehörige Motive (*„quacumque alia prava cupiditate"*) bedingten Falschheiten begangen werden. Der Richter seinerseits solle nicht auf irgendeine beliebige Weise (*„quacumque ratione"*) die Straftat untersuchen, sondern nur unter peinlicher Beachtung des Gesetzes (*„legitime"*) und mit klarer Unterscheidung zwischen der Feststellung der Straftat und derjenigen der Verantwortlichkeit, denn selbst wenn die erstere sicher sein sollte, könnte doch die letztere unsicher bleiben (*„licet enim certum sit crimen, tamen adhuc esse potest incertus reus"*).

Alles in allem scheint Risi überzeugt, dass es möglich sei, das System von innen her zu reformieren – und nimmt damit eine Haltung ein, die in jenen Jahren zu großer Verbreitung gelangen wird (Wir sehen sie konkret am Werke im Falle der toskanischen Leopoldina). Hierzu bezieht er sich ausdrücklich auf die Gedanken eines Autors, den wir bereits kennen: Anton Matthaeus, dessen „akkusatorischer" Vorschlag am Ende des 18. Jahrhunderts in ganz Europa einen großen Erfolg als Modell für eine „mögliche" und von gefährlichen radikalen Fluchten nach vorn freien Strafrechtsreform erlebt[7]. Angeregt durch die angesehene Position des Utrechter Meisters schlägt Risi im Ergebnis vor, den *stylus iudicandi* auf ein rationales akkusatorisches Modell römischrechtlicher Prägung zu beziehen, in welchem sowohl die Bedürfnisse der Prävention und der strafrechtlichen Repression als auch die Durchsetzung wenigstens einiger der garantistischen Prinzipien, die mittlerweile in der Kultur des Aufklärungszeitalters sich unwiderstehlich durchzusetzen beginnen, abgewogen und erfüllt sind. Der Reformismus Risis ist somit seinem Wesen nach ein gemäßigter, und sein Werk ist ein solches der besonnenen Vermittlung von Tradition und Innovation.

10.5 Die Stellung Luigi Cremanis

Wir kehren nun zurück zu den Entwicklungen in der Debatte über die Form des Strafprozesses. Am 25. November 1775 – rund zehn Jahre nach der Veröffentlichung von *Dei delitti e delle pene* – hält Luigi Cremani, ein junger Professor der Institutionen des Kriminalrechts an der Universität Pavia, in Anwesenheit der

---

[7]Wie bereits bemerkt, wird Tommaso Nani 1803 in Pavia *De criminibus* neu publizieren und es als Textbuch für seine Universitätskurse über Straf- und Strafprozessrecht verwenden.

10.5 Die Stellung Luigi Cremanis

Universitätsspitzen und der Studenten eine Einführungsvorlesung, welche – ebenfalls in Pavia – im folgenden Frühjahr unter dem Titel *Oratio de varia iurisprudentia criminali apud diversas gentes, eiusque caussis* (Ansprache über die Unterschiedlichkeit der Kriminalrechtsprechung bei den verschiedenen Völkern und über deren Gründe)[8].

Die Grundthese, die in dem Werk entwickelt wird, besteht darin, dass die Strafgesetze sich mit der Änderung der Regierungsformen ändern und dass diese Gesetze ihrerseits der Vollkommenheit nahekommen, wenn sie direkt „wie ein Bächlein aus der Quelle" *(„veluti rivulum ex fonte")* aus derselben Natur und aus denselben Prinzipien wie die Regierungsform, auf die sie sich beziehen, abgeleitet sind. Diese Thesen finden auch im Bereich der Strafjustiz Anwendung. Das bedeutet, genauer betrachtet: Während beim „Volksregiment" *(„populare regimen")* – d. h. in der demokratischen Republik – jeder einzelne Bürger jeden anklagen kann, darf in der Monarchie diese Funktion nur demjenigen zustehen, der entweder daran ein Interesse hat oder aufgrund der öffentlichen Funktion, die er bekleidet, dazu verpflichtet ist.

In republikanischen Staatsformen, in denen der gemeinsame Wille aller *(„communis omnium voluntas")* die größte Bedeutung besitzt, sind die Bürger zugleich Untertanen und Regierende: alle nehmen an der Regierungstätigkeit teil, allen steht die richterliche Tätigkeit zu, alle sind gleichermaßen interessiert an der Bekämpfung und Unterdrückung der Kriminalität. Infolge dessen soll in der Republik „niemand von der Anklage von Verbrechen, mit der die Verfahren ihren Ausgang nehmen, ausgeschlossen werden" *(„nemo a criminum adcusatione, a qua iudicia exordium sumunt, reiici debet")*. Anders ist die Lage in monarchischen Regierungsformen und damit auch in jenem politischen Regime – der österreichischen Lombardei –, in dem Cremani und die Adressaten seiner Vorlesung sich befinden. In Monarchien nämlich, wo es leicht möglich ist, dass bei den Untertanen „jene erhabene und vollkommene Tugend" *(„sublimis et perfecta virtus")* fehlt, die allein imstande ist, die *„popularis res publica"* in Gang zu halten, würde ein unbegrenztes Recht auf Anklage zu nichts anderem führen als zum

---

[8]Luigi Cremani (*Arezzo 1748,†Florenz 1838) promoviert 1772 zu Pisa im Klima der von Leopoldo Guadagni und von Giovanni Maria Lampredi gelehrten gemäßigten naturrechtlichen Aufklärungsphilosophie. In Pisa ist er außerordentlicher Lektor des Zivilrechts, bis er 1775 nach Pavia auf den Lehrstuhl für Institutionen des Kriminalrechts berufen wird. Dort verbleibt er 20 Jahre (1787 ist er Rektor); und in Pavia veröffentlicht er auch auf dem Höhepunkt einer ruhmreichen akademischen Karriere von 1791 bis 1793 sein wichtigstes Werk: *De iure criminali libri tres* (Drei Bücher über das Kriminalrecht), vielleicht das bedeutendste der Werke wissenschaftlicher Systematisierung der gesamten Strafrechtsmaterie, erscheint in einem heiklen Augenblick des Übergangs von den Rechtssystemen des Ancien Régime zur modernen Kodifikation. 1796, bei Ankunft der französischen Revolutionstruppen, flieht er in die Toskana, wo er aktiv an der antijakobinischen Repression mitwirkt. Während der Jahre der napoleonischen Herrschaft (1800–1814) zieht er sich ins Privatleben zurück, mit dem Einsetzen der Restauration wird er zum Präsidenten der *Ruota Criminale* von Florenz ernannt und trägt dazu bei, die Arbeiten an der Strafrechtskodifikation im Großherzogtum Toskana in Gang zu bringen.

Aufkommen und zur Vervielfachung von Verleumdungen und falschen Beschuldigungen, die aus privaten Leidenschaften und Hassgefühlen hervorgehen.

Hören wir zu diesem speziellen Punkt die Ausführungen Cremanis:

Öffentliche Anklagen, die in der demokratischen Regierungsform absolut notwendig sind, haben mit unserer Regierungsform nichts zu tun, und weil in dieser letzteren die Aufgabe der Anklage nur jenen zustehen darf, die daran ein Interesse haben, oder jenen, die dazu durch öffentliches Amts verpflichtet sind, so brauchen wir nicht zu befürchten, dass jemand, von persönlichem Hass getrieben, versuchen könnte, uns mit Verleumdungen und falschen Anklagen zu behelligen.	*Publicae vero accusationes, quae in democratico regimine necessariae omnino sunt, a nostra civitate penitus quodammodo exulant; cumque accusandi munus vel ad eos tantum, quorum interest, vel quibus publica potestate id iniunctum est, spectare debeat, metuendum non erit, ne privato quis odio motus calumniis, aut falsis accusationibus molestiam nobis parere adgrediatur.*

10.6 Die Lehre Montesquieus (und Beccarias)

Der Standpunkt, den Cremani hier vertritt, ist nicht ganz neu. Letztlich entspricht er in seinen allgemeinen Zügen der Interpretation, welche in den Kreisen der Aufklärer einige Passagen gefunden haben, die Montesquieu in *De l'Esprit des lois* von 1748 dem Problem der Form der Kriminalverfahren gewidmet hat. Auf diese Interpretation hat sich in *Dei delitti e delle pene* von 1764 auch Cesare Beccaria bezogen, der fast nebenbei in die Diskussion über heimliche Anklagen die folgende Bemerkung eingestreut hat:

> Es ist bereits vom Herrn de Montesquieu gesagt worden, daß öffentliche Anklagen der Republik, wo das Gemeinwohl die erste Leidenschaft der Bürger sein müsse, besser entsprächen als der Monarchie, wo dieses Empfinden eben wegen der Natur dieser Regierungsform recht schwach sei und die beste Einrichtung darin bestehe, Beauftragte zu bestimmen, die im öffentlichen Namen Gesetzesbrecher anklagten.

Dieses Fragment Beccarias enthält eine kurz gefasste Lesart von mindestens zwei Kapiteln aus *De l'Esprit des lois,* nämlich des VIII. Kapitels des sechsten Buches und des XX. Kapitels des zwölften Buches. In ihnen bemerkt Montesquieu – mit der gewohnten, scheinbar deskriptiven, in zahlreiche Hinweise auf die griechische und römische Geschichte eingekleideten Technik – dass in Republiken die gewöhnliche Form des Strafprozesses diejenige sei, welche sich auf die freie Anklage stütze, umkleidet allerdings mit einer Reihe von Garantien, welche die Unschuld des einzelnen Bürgers vor Verleumdungen schützen sollten.

Nach Ansicht des französischen Philosophen war im republikanischen Rom jedem Bürger gestattet, einen anderen anzuklagen, und dies habe in vollem Umfang dem Geiste dieser Regierungsform entsprochen, in der ein jeder unendlichen Eifer für das Gemeinwohl empfinde und „alle Rechte des Vaterlandes" (*„tous les droits de la patrie"*) in seinen Händen halte. Das in republikanischer Zeit befolgte Modell sei beim Übergang zu den monarchischen Formen des Kaiserreiches beibehalten worden, habe aber – infolge einer Krise der republikanischen

Tugenden und Werte – zur Ausbreitung der finsteren Erscheinung der Denunziationen geführt, die aus dem Wunsch entstanden seien, dem Herrscher zu gefallen, um Ehren und Privilegien zu erlangen.

Um dieser Erscheinung zu begegnen, sagt Montesquieu (der, wie man sich erinnert, zehn Jahre lang selbst ein hoher Richter gewesen ist und das Amt des *Président à mortier* am Parlament von Bordeaux bekleidet hat), dürfe man daher nicht dem reinen inquisitorischen Modell folgen, das durch die Vereinigung von Ankläger und Richter in derselben Person gekennzeichnet sei, sondern müsse dem Beispiel folgen, das von einem „bewunderswerten Gesetze" *(„loi admirable")* geliefert werde, das in der französischen Monarchie gelte und die Organe und Aufgaben der Anklage und jene des Urteils trenne und wohl unterscheide. In Frankreich nämlich ernenne der Herrscher bei jedem Gericht einen zuständigen Beamten, der damit befasst sei, Verbrechen zu verfolgen. Dieser Beamte, der vom Richter verschieden sei, mache die Funktion der Denunzianten überflüssig, garantiere die Ruhe der Bürger und sei gehalten, die Namen der Denunzianten offen zu legen, wenn er verdächtigt werde, seine Funktionen zu missbrauchen[9]. Die klare Trennung der Funktionen und der Karrieren zwischen den Justizangehörigen, die damit betraut seien, die Anklage zu vertreten, und jenen, die mit der Entscheidung der Fälle betraut seien – und nur die deklarative Aufgabe der *bouche de la loi* besäßen – ist somit nach Ansicht von Montesquieu die unerlässliche Voraussetzung für das ordnungsgemäße Funktionieren der Strafjustiz.

10.7 Die ideologische Matrix der Positionen Cremanis

Kehren wir nun zu Cremani zurück. Die seiner *Orazione* von 1775 zugrunde liegenden Gedanken a) vom engen Zusammenhang zwischen republikanischer Regierungsform und Akkusationsmodell und b) von der Unangemessenheit des letzteren im monarchischen System ergeben sich somit aus einer weitgehenden Beeinflussung durch die soeben erwähnten Passagen aus *De l'Esprit des lois*. Der nicht zu leugnende Einfluss des montesquieuschen Relativismus, der viele Seiten des Werkes Cremanis durchdringt, scheint allerdings Halt zu machen vor der Typologie der Regierungsformen, die in der *Orazione* doch stets – zumindest formal – an die traditionelle aristotelische Einteilung gebunden erscheinen (höchstwahrscheinlich vermittelt durch die Lehre eines der Pisaner Lehrer Cremanis, Giovanni Maria Lampredi).

Nach dieser Lehre bestehen die drei Grundformen der Regierung nicht – wie in *De l'Esprit des lois* – in Demokratie, Monarchie und Despotismus, sondern – wie nach der aristotelischen Tradition – in Demokratie, Aristokratie und Monarchie

---

[9]Montesquieu nimmt in diesem Falle Bezug auf die königlichen Prokuratoren (und auf die herrschaftlichen Prokuratoren für die feudalen Gerichtsbarkeiten), die das staatsanwaltschaftliche Amt in den durch die *Ordonnance Criminelle* von 1670 festgelegten Formen ausüben.

(denen die drei pathologischen Formen der Ochlokratie bzw. Demagogie, der Oligarchie und der Tyrannis entsprechen); aus diesen drei „reinen" Formen leitet sich sodann eine unbegrenzte Möglichkeit von vermittelnden Kombinationen ab, die zahllose „gemischte" Formen hervorbringen.

Cremani erklärt sich als Anhänger eines ganz ähnlichen Grundschemas, konzentriert dann aber letztlich doch seine ganze Aufmerksamkeit – nach wenigen Worten zur Aristokratie – auf die Strafrechtssysteme der demokratischen Republiken und der Monarchien.

Die Ausführungen der *Orazione* enthalten zwar keine ausdrückliche eigene Stellungnahme, doch lassen sie die ideologische Matrix und die politischen Vorlieben des Autors durchscheinen. Die republikanische Regierungsform wird zwar penibel und akkurat als eine noble und höchst respektable behandelt, erscheint aber als konkrete Alternative nicht realisierbar, da sie auf gesellschaftlichen und politischen Gleichgewichten beruhe, die zu instabil seien. Im Gegensatz dazu präsentiert er die monarchische Form in der speziellen Erscheinung des reformistischen und aufgeklärten Absolutismus habsburgischer Prägung als eine zufriedenstellende Realität, welche die allgemeine Glückseligkeit auch ohne jene gedankliche Spannung zu verfolgen vermöge, die in der Republik ebenso unerlässlich wie problematisch sei.

Erweist sich so die aufgeklärte Monarchie als ideales Vehikel für die Verfolgung des Gemeinwohls, ist sie also das politische System, in dem Cremani selbst glücklich zu leben bekennt, so bedarf es keiner großen Mühe, um zu dem Schluss zu gelangen, dass es keinen Grund gibt, das reine akkusatorische Modell zu verwirklichen, da es ja eben Ausdruck einer Regierungsform – des *„populare regimen"* – ist, welche derzeit als nicht praktikabel erscheint.

Ausgehend von einigen aus *De l'Esprit des lois* hergeleiteten Prinzipien, gelangt somit Cremani weniger zu einer direkten Ablehnung des reinen akkusatorischen Prozesses als vielmehr zu seiner indirekten Ausschaltung, welche *a priori* mit der Entscheidung für ein politisches System gerechtfertigt wird – die freie und öffentliche Anklage, die zu einer utopischen republikanischen Regierungsform passt, erweist sich als „schädlich" oder doch zumindest als „weniger richtig" *(„minus recta")* in der bestehenden Monarchie, in der man zwangsläufig dahin übereinkommt, dass prinzipiell „die Prozesse aufgrund von gesetzlichen Bestimmungen von Justizbeamten eröffnet werden müssen, die hierzu vom Herrscher eingesetzt worden sind" *("iudicia iuxta legum praeceptum a magistratibus instituenda esse ad id a Principe constitutis")*.

10.8 Strafprozess und bürgerliche Freiheit bei Filippo Maria Renazzi

Der präzise und detailliert begründete Standpunkt Cremanis in seiner paveser Vorlesung von 1775 bildet den ersten Bezugspunkt einer Debatte, die sich in Italien – in den 70er und 80er Jahren des 18. Jahrhunderts – mit neuen Stimmen anreichert und damit die Aktualität des behandelten Problems bestätigt.

Unter den sehr wenigen Autoren, die in der *Orazione* Cremanis zitiert werden, verdient neben dem „unsterblichen Montesquieu" und Beccaria (der allerdings nur indirekt zitiert wird) der Name eines jungen, mit Cremani ungefähr gleichaltrigen

Gelehrten erwähnt zu werden: Filippo Maria Renazzi, der von 1773 bis 1775 in Rom bereits die ersten beiden Bände eines Werks veröffentlicht hat, das eine nicht unverdiente Bekanntheit erlangen wird – die *Elementa Iuris Criminalis,* die 1781 und 1786 durch einen dritten und vierten Band vervollständigt werden[10]. Doch wichtiger als die *Elementa* ist für unsere Thematik ein anderes Werk Renazzis, das weniger bekannt und sehr viel weniger umfangreich ist – die *Diatriba de ordine seu forma iudiciorum criminalium* (Diskussion der Ordnung und Form der Kriminalverfahren), erschienen 1777 in Rom, ein Jahr nach der Veröffentlichung des paveser Buches von Cremani.

Die *Diatriba* Renazzis ist als eine Art historische Einführung in das dritte Buch der *Elementa Iuris Criminalis* konzipiert, das sich eben mit den Strafverfahren befasst, und besteht in einer raschen und knappen, aber nicht oberflächlichen Analyse der verschiedenen Formen, die der Strafprozess im Laufe der Jahrhunderte angenommen hat, begleitet von einer Reihe von Reflexionen und Betrachtungen, die sich als sehr nützlich für das bessere Verständnis der Gedanken und der wissenschaftlichen Position des Verfassers erweisen.

Dazu empfiehlt sich der Hinweis, dass Renazzi sich vornimmt, vorweg einige Begriffe zu klären, die er für grundlegend hält, indem er auf den ersten Seiten des Werkes folgende Prinzipien darstellt: a) das Prinzip der Relativität der Verfahrensmodelle; b) das Prinzip der wechselseitigen Abhängigkeit von bürgerlicher Freiheit und formalen Aspekten des Strafverfahrens.

Zur Relativität der Verfahrensmodelle bemerkt Renazzi zunächst, dass die Art, die Verfahrensstrukturen *(„ratio iudicialis ordinis")* und die Form der Organisation des Verfahrens selbst *(„forma criminalis peragendi iudicii")* aufzufassen, sich im Lauf der Zeit infolge der unterschiedlichen Gesetze der Völker und ihrer unterschiedlichen Institutionen *(„iuxta varias populorum leges diversaque instituta")* gewandelt hätten; und er zieht daraus den Schluss – wobei er bezeichnender Weise gerade die *Orazione* Cremanis zitiert, jedoch offenkundig (wie generell in diesem Einführungsteil) auch von Montesquieu beeinflusst ist –, dass die Struktur des Strafverfahrens wesentlich von der Form der bürgerlichen Regierung abhängig sei *(„ordo criminalis iudicii a civilis regiminis forma vel maxime pendet").*

---

[10]Filippo Maria Renazzi (*Rom 1745, †ebd. 1808) ist der Sohn eines Rechtsprofessors der Universität Bologna, der aus beruflichen Gründen nach Rom umgezogen ist. Seine juristische Vorbereitung reift nicht im universitären Bereich, sondern ist das Ergebnis privat betriebener Studien. Seit 1763 übt er den Anwaltsberuf aus; nach einem 1768 erfolgreich überstandenen Lehrstuhl-Berufungsverfahren ist er ab 1769 dreißig Jahre lang Professor der Institutionen des Kriminalrechts an der Universität Rom. Reich an wissenschaftlichen und kulturellen Interessen ist er Bewunderer Montesquieus und Beccarias und setzt sich von kulturell offenen, in der Sache jedoch gemäßigten Positionen aus für die Reform und die Rationalisierung des Systems der Strafjustiz ein. Die Veröffentlichung der *Elementa Iuris Criminalis* (1773–1786) verschafft ihm europaweiten Ruf und zahlreiche Angebote für einen Wechsel ins Ausland, doch zieht er es vor, in Rom zu bleiben, wo er neben der akademischen Tätigkeit auch weiterhin die Advokatur betreibt und ferner zahlreiche öffentliche Aufgaben sowohl unter der päpstlichen Regierung als auch während der französischen Besatzung übernimmt. Er veröffentlicht auch eine umfangreiche *Storia dell'Università degli Studi di Roma* (Geschichte der Universität Rom) in vier Bänden (Rom 1803–1806).

Zum Prinzip der wechselseitigen Abhängigkeit von bürgerlicher Freiheit und formalen Aspekten des Strafprozesses stellt Renazzi fest, dass dann, wenn es zum Fehlen einer genauen Regelung des Strafprozesses komme, die bürgerliche Freiheit in große Gefahr gerate (*„absque iudiciarii ordinis forma aliqua atque sanctione civilis libertas vigere nequeat incolumis"*) und dass die Regelung des Verfahrens dort genauer und reicher an Formalitäten sei, wo die grundlegenden (natürlichen) Rechte der Bürger, also Leben, Freiheit und Ansehen, höhere Achtung genössen (*„constate o accuratiorem prescriptum esse ordinem criminalis iudicii, eoque pluribus refertum solemnitatibus, quo maior civium vitae, libertatis, famae ratio habita est"*).

Die in der *Diatriba* dargestellte Geschichte des Strafprozesses erweist sich also als ein dauernder Wechsel zwischen den beiden Grundsystemen, dem akkusatorischen und dem inquisitorischen. Auf eine Zeit der eindeutigen Vorherrschaft des ersteren im klassischen Griechenland und im republikanischen Rom folge im kaiserlichen Rom die zunehmende Durchsetzung des inquisitorischen Modells ohne private Anklage (*„ordo inquisitorius sine accusatore"*), das seinerseits durch eine Rückkehr zur akkusatorischen Form als Folge des Niedergangs des Kaiserreichs und des Eindringens der germanischen Völker verdrängt werde. Seit dem Mittelalter habe man es schließlich fast überall mit einer massiven Durchsetzung des inquisitorischen Modells zu tun – teils wegen dessen größerer Entsprechung mit den zunehmend sich entwickelnden absolutistischen Regierungsformen, teils wegen des beherrschenden Einflusses, den die vom kanonischen Recht übernommenen Verfahren ausgeübt hätten. Wenn auch mit vielen lokalen Abwandlungen, könne somit der Strafprozess des 18. Jahrhunderts in fast ganz Europa auf dieselben Merkmale zurückgeführt werden: a) Initiative des Richters *ex officio*, b) Heimlichkeit, c) Schriftlichkeit, d) Aufgabe der privaten Anklage (oder ihre Umwandlung in die *querela*).

An diesem Punkt angelangt, setzt sich Renazzi direkt und – anders als Cremani – ausdrücklich mit dem Problem der Entscheidung zwischen Anklage und Inquisition auseinander. Seine eigene Position wird sogleich deutlich; Paragraf XV der *Diatriba*, in dem das Problem behandelt wird, trägt nämlich eine eindeutige Überschrift: Verteidigung der Anwendung des heutigen Kriminalverfahrens (*Processus criminalis hodierni usus defenditur*).

Vielfältig – so bemerkt Renazzi – seien die Gründe, die nicht wenige Autoren (statt aller wird Christian Thomasius zitiert) veranlasst hätten, die absolute Vorherrschaft der inquisitorischen Formen zu beklagen. Unter anderem scheine die Meinung sehr verbreitet, dass dieser Verfahrenstypus es Denunzianten und Richtern gestatte, straflos Unschuldige zu verfolgen, indem er den ersteren die Möglichkeit verschaffe, jeden beliebigen Bürger zu quälen, den letzteren aber die Möglichkeit, zur Folter zu schreiten, ohne fürchten zu müssen, dafür die Strafen zu erleiden, die im akkusatorischen System vor verleumderischen Beschuldigungen schützten.

Die Antwort Renazzis auf solche Einwände stützt sich, wie er sagt, auf die Erfahrung, die gelehrt habe, dass das geltende inquisitorische System zwar alles andere als fehlerfrei sei, jedoch mehr Vorteile als Nachteile sowohl für das öffentliche wie für das private Wohl mit sich bringe.

10.9 Die Unzuträglichkeiten des akkusatorischen Modells nach Ansicht von Schmid D'Avenstein

Die zuletzt erwähnte Auffassung wird belegt mit einigen Ausführungen, welche Renazzi der frischen Lektüre eines Werkes mit dem Titel *Principes de la législation universelle* entnommen hat, das 1776 anonym (und mit der Angabe von Amsterdam als Erscheinungsort) publiziert worden ist, jedoch von dem schweizerischen Ökonomen und Juristen Georg Ludwig Schmid D'Avenstein stammt, einem Autor, der den physiokratischen Ideen sehr nahe steht, welche in Italien einen gewissen Einfluss auf einige Vertreter des rechtspolitischen Denkens des ausgehenden 18. Jahrhunderts ausüben, unter denen vor allem Gaetano Filangieri zu nennen ist.

Zu den Problemen des Strafprozesses übernimmt und entwickelt Schmid D'Avenstein die Hinweise, welche die unerschöpfliche Goldmine des *Esprit des lois* liefert, und urteilt daher, dass die akkusatorische Methode „nur bei einem Volk" angewendet werden sollte, „das nicht zahlreich ist und dessen Sitten schlicht und rein sind"[11]. „In allen anderen Fällen" führe diese Methode, die „unter dem Vorwand des Eifers für das Gemeinwohl entstanden ist, von dem alle Bürger erfüllt sein sollen", zu einer Reihe schwerwiegender Unzuträglichkeiten, denn „es öffnet die Tür zu Denunziationen und zu allen Auswirkungen der rächenden Leidenschaften gegenüber Schwachen und ist fast eine Versicherung der Straflosigkeit für Mächtige wegen der Furcht, sie anzuklagen".

Außerhalb der engen Grenzen einer kleinen und gesunden Staatsorganisation entwickelt somit nach Ansicht von Schmid D'Avenstein das akkusatorische Modell unweigerlich im Volk „einen verräterischen, finsteren oder misstrauischen Charakter", und weit entfernt davon, eine Manifestation der öffentlichen Geistes und der Vaterlandsliebe zu sein, werde es ein sicheres Transportmittel für die Korruption – ganz besonders dann, wenn dem Richter und dem Ankläger, wie es vorzukommen pflege, ein Prozentsatz der Geldstrafen zustehe. Dank der Aussicht auf diesen „schmutzigen Gewinn" würden nämlich „die Bande des Vertrauens und der Freundschaft unter den Bürgern" gesprengt, ein jeder werde für den anderen „zu einem von einer ängstlichen Verwaltung bezahlten Spion", Übertretern „irgend einer nutzlosen und kleinlichen Bestimmung" werde keine Schonung gewährt, die Justizangehörigen betrachteten Straftaten als eine nicht unwichtige Einnahmequelle, und im „Geist des Volkes" hätten die Vorstellungen von der Richtigkeit einzelner Handlungen keine bestimmten Umrisse mehr.

---

[11]Die Zitate aus dem Werk von Schmid D'Avenstein sind entnommen aus der zweiten italienischen Übersetzung, veröffentlicht in zwei Bänden 1787 in Massa unter dem Titel *Principj della legislazione universale*.

Wie für Montesquieu besteht daher auch für Schmid D'Avenstein die vorzugswürdige Lösung darin, die Funktion der Anklage von derjenigen des Urteils zu trennen und „eine öffentliche Partei einzurichten, die damit befasst ist, jene anzuklagen, welche eines Verbrechens gegen die Gesellschaft schuldig sind". Diese „hat nichts Hassenswertes", denn sie repräsentiere nicht nur die Interessen der Allgemeinheit, der gegenüber sie sich für jeden Machtmissbrauch verantworten müsse, sondern trage auch zur Erhaltung der guten Sitten und zur genauen Ausführung der Gesetze bei.

10.10 Die kritische Zustimmung Renazzis zum inquisitorischen Modell

Renazzi entnimmt somit den *Principes* von Schmid D'Avenstein die Idee, dass das System, das auf einer freien und unbegrenzten privaten Anklage beruht, ohne Nachteil nur in einer kleinen Staatsordnung mit unverdorbenen Sitten angewendet werden kann *(„in parva civitate, ubi praeterea civium mores nondum corrupti sint")*, und er gelangt zu dem Schluss, dass die Inquisition im Allgemeinen viel geeignetere Mittel liefere, um nicht nur die Bestrafung, sondern auch die Prävention jeder verbrecherischen Tätigkeit sicher zu stellen.

Die reine akkusatorische Methode behindere hingegen die Aufrechterhaltung des gesellschaftlichen Friedens und der öffentlichen Ruhe, denn sie sei schicksalhaft dazu bestimmt, die Gelegenheiten für Zwietracht und Streit zwischen einzelnen Bürgern zu schaffen und zu vermehren und den Prozess in eine Art von Resonanzkörper privater Hassempfindungen zu verwandeln; auch bringe sie ernsthafte Bedrohungen des Lebens und der Güter völlig unbescholtener Bürger mit sich, denn wie (wieder einmal) die Geschichte des kaiserlichen Rom lehre, bringe sie Denunzianten hervor, welche durch Belohnungen zur Anklage gedrängt würden. Betrachte man hingegen die häufige Verborgenheit der Ankläger, der die dauernde Überwachung des Bürgers durch Justizbeamte gegenüberstehe, die verpflichtet seien, *ex officio* vorzugehen, so müsse man den Schluss ziehen, dass die Inquisition eines der grundlegenden öffentlichen Interessen, nämlich dasjenige, die Straflosigkeit und die daraus folgende *audacia* der Verbrecher so weit wie möglich eingeschränkt zu sehen, sehr viel wirksamer schütze.

Beim Problem des richterlichen Ermessens beschränkt Renazzi sich auf die Bemerkung, dass im herrschenden inquisitorischen Verfahren, das auf dem System des gesetzlichen Beweises beruhe, der Richter – anders als es gewöhnlich im akkusatorischen Verfahren geschehe – nur auf der Grundlage sicherer Indizien vorgehen dürfe, nicht aber auf der Grundlage bloßer Indizien eine Verurteilung verkünden dürfe, denn für diese seien der sichere Beweis der Tat oder das Geständnis des Beschuldigten erforderlich.

Die Zustimmung Renazzis zum inquisitorischen Modell, die sich hauptsächlich auf Gründe der Nützlichkeit und Zweckmäßigkeit stützt, ist allerdings nicht bedingungslos. Offen bleibt nämlich das gewichtige Problem jener dem regulären inquisitorischen Verfahren fremden Elemente, die im Laufe der Jahrhunderte ohne präzise rechtliche Indikation *(„praeter ius")* rezipiert worden sind und nur kraft gerichtlicher Gewohnheiten beachtet werden. Diese Elemente müssen, da sie sich von Gerechtigkeit und Humanität *(„ab aequitate et ab humanitate")* entfernen, von den Regierenden mit einem beherzten Eingriff entfernt werden, der unter Bewahrung des als nützlicher und an die Zeit besser angepasster angesehenen Verfahrenszustandes die Kriminaljustiz reformiert, um private Sicherheit *(„privata securitas")* und Gemeinwohl *(„communis salus")* zu garantieren und sie so miteinander zu versöhnen.

Äußerst klug verzichtet Renazzi darauf, ausdrücklich aufzuzählen, welches denn die Aspekte der Strafjustiz seiner Zeit seien, die sich von Gerechtigkeit und Humanität entfernt hätten und deshalb Gegenstand der Reform sein müssten. Es darf wohl angenommen werden, dass der Hinweis zumindest einige der Elemente meint, die besonders häufig Gegenstand der Kritik des Aufklärungsdenkens gewesen sind, beginnend mit der gerichtlichen Folter, mit der völligen Isolierung des Beschuldigten, der völligen Heimlichkeit der Untersuchung, der Anwendung der außerordentlichen Strafe und, last, not least, der Beschränkungen in der Ausübung des Rechts der Verteidigung, insbesondere der technischen Verteidigung.

Abschließend bekräftigt Renazzis *Diatriba* allerdings – und diesmal mit äußerster Klarheit –, dass das Problem der Respektierung der bürgerlichen Gleichheit und Freiheit *(„civilis aequalitas et libertas")* seine Lösung weniger in der Entscheidung für das eine oder das andere abstrakte Verfahrensmodell finde, als a) in erster Linie in der genauen Regelung und der konsequenten Beachtung der prozessualen Formen (die umso genauer sein müssten, je schwerer die Strafe sei, die das Schicksal und sogar das Leben des Beschuldigten bedrohe); b) zweitens in der Anwendung der Grundsätze der Gerechtigkeit und der Humanität; c) drittens in der Schleunigkeit des Verfahrens (um nutzlose Quälereien besonders für Unschuldige zu vermeiden und um die wohltätigen Wirkungen zu erlangen, welche daraus entstehen, dass man die Strafe als unmittelbare Folge der Straftat erblickt).

10.11 Eine Stimme ohne Unsicherheiten: Alberto De Simoni

Bei der Betonung der Notwendigkeit, prozessuale Gebräuche zu bekämpfen, welche den Gerechtigkeitsempfindungen widersprechen, erwähnt Renazzi, dass eine gleiche Position auch in gewichtiger Weise *(„graviter")* von Alberto De Simoni – einem weiteren jener Kriminalisten, die wir als „Postbeccarianer" bezeichnet haben – in der Abhandlung *Del furto e sua pena,* erschienen 1776, also gleichzeitig mit der *Orazione* Cremanis und ein Jahr vor der *Diatriba* Renazzis, vertreten worden sei.

Das Werk des Veltliner Juristen, der nur wenige Jahre älter ist als Renazzi und Cremani[12], hat einen Inhalt, der letztlich über das hinausgeht, was der Titel anzeigt, denn es bietet im zweiten Teil eine breite Abhandlung über die Probleme des Strafprozesses. Gefolgsmann und zugleich Kritiker Beccarias, betrachtet De Simoni das geltende Straf- und Strafprozessrecht als ein Ergebnis der dunklen Zeiten der Barbarei, vermischt mit dem interpretativen Mischmasch der praktischen Juristen des späten gemeinen Rechts, und er setzt sich für dessen Reform im humanitären Sinne auf der Grundlage der Prinzipien des Naturrechts ein.

Eindeutig ist bei diesem Autor die Entgegensetzung der Verfahrensmodelle:

> Es gibt zwei Arten, in Kriminalsachen zu verfahren; die eine heißt die akkusatorische, die andere die inquisitorische. Die erste, welche als die mildere erscheint, besitzt ihren Ursprung im römischen Recht; die andere beansprucht, aus dem päpstlichen Recht zu stammen.

Nach der Diskussion und der Verteidigung der jeweils genannten – römischen und kanonischen – Wurzeln der beiden Systeme zählt De Simoni deren Eigenschaften auf und betont dabei noch einmal die „nicht geringe Unterschiedlichkeit", welche sie kennzeichne. Denn der akkusatorische Prozess

> wird vom Richter betrieben, nachdem zuvor Anklage erhoben worden ist, die mittels des Anklagebuches eingeleitet wird, in dem eine knappe und präzise Geschichte der Tat, der Name des Anklägers, des Angeklagten, des Richters, des Delikts, der Person, gegen die und mit der es begangen worden ist sowie die Zeit, in der es begangen worden ist, und sonst nichts enthalten sein muss; sodann folgen in diesem Prozess die Erklärung des Anklägers, die Erwiderung des Angeklagten, die Beweise und Gegenbeweise sowie die Entscheidung.

Im inquisitorischen Prozess dagegen,

> das der Richter *ex officio*, ohne dass eine förmliche Anklage vorangeht, auf einen nackten und schlichten geheimen Hinweis oder auf eine Anzeige oder auch nur auf ein bloßes Gerücht hin betreibt, forscht er sowohl nach dem verborgenen Verbrechen und seinen Umständen als auch nach dem Täter. Dabei häuft er Beweise jeder Art an, lädt Zeugen

---

[12]Alberto De Simoni (*Bormio 1740, †Ardenno 1822), übt nach Studien in Innsbruck und Salzburg ab 1762 die Advokatur im heimatlichen Veltlin aus und übernimmt gelegentlich auch administrative und rechtsprechende Aufgaben. Als nicht akademischer, aber breit, auch philosophisch, gebildeter Jurist, wird er bekannt durch das Werk *Del furto e sua pena* (Der Diebstahl und seine Bestrafung) (Lugano 1776), worin die Reform des Strafsystems mit systematischem und praktischem Sinn beschrieben wird, und durch das nachfolgende Werk *Dei delitti considerati nel solo affetto* (Von den Verbrechen im bloßen Affekt) (Como 1783). In der revolutionären Epoche nimmt er an den Ereignissen teil, die zur Trennung des Veltlins von Graubünden führen. Ab 1802 nimmt er in Mailand an den Kodifikationsarbeiten teil und verfasst in diesem Zusammenhang den Entwurf eines Zivilgesetzbuches für die Italienische Republik (1802–1803); auch beaufsichtigt er die italienische Übersetzung des Code Napoleon (1805). Appellationsrichter (1804) und Kassationsrat (1807), kehrt er in den letzten Jahren zu Studien vom naturrechtlichen Standpunkt aus zurück (*Del diritto pubblico di convenienza politica* [Öffentliches Recht im politischen Interesse], Como 1807; *Saggio critico storico e filosofico sul diritto di natura e delle genti* [Kritische historische und philosophische Abhandlung über das Natur- und Völkerrecht], posthum Mailand 1822).

10.11 Eine Stimme ohne Unsicherheiten: Alberto De Simoni

vor, vernimmt sie und formuliert die Inquisitionsartikel, auf die der Beschuldigte antworten muss, und bei Fehlen des vollen Beweises gegen den Beschuldigten, der das Verbrechen leugnet, geht er mit außerordentlichen Mitteln vor, um aus dem Munde desselben jenen Teil des Beweises herauszupressen, der ihm zu seiner Verurteilung noch fehlt; und am Ende erlässt er das Urteil.

In diesen Vorbemerkungen allgemeiner Art, in denen allerdings nicht ein strenges Urteil über den Rückgriff auf „außerordentliche" Beweismittel fehlt, ist bereits eine scharfe Kritik an nicht wenigen Aspekten der geltenden Verfahrensmethode enthalten.

De Simoni gesteht dem Inquisitionsprozess eine größere Wirksamkeit zu, wenn er ihn als einen solchen beurteilt, der „seiner Institution nach darauf gerichtet ist, die Wahrheit der Tat zu entdecken", doch bezieht er aus dieser Beobachtung keine hinreichenden Gründe, um ihn vorzugswürdig zu finden (wie es dann Renazzi in der *Diatriba* von 1777 tut). Im Gegenteil ist De Simoni der Auffassung, dass die ungerechten und verfolgungsorientierten Züge mit dem Inquisitionsmodell naturgemäß verbunden sind und daher nicht völlig ausgemerzt werden können – selbst wenn ein politischer Wille im reformerischen Sinne vorhanden wäre. Denn die Inquisition „kann leicht in die Bedrückung eines Unschuldigen entarten", und dies könne „aus Bösartigkeit des Richters", „aus Unkenntnis", „aus empfindsamer Leidenschaft für strenge Gerechtigkeit" und „schließlich noch aus Schwäche des Beschuldigten" geschehen.

Die negativen Wirkungen dieser entartenden Elemente werden noch verschärft durch das, was für De Simoni der vielleicht kapitale Mangel der inquisitorischen Methode ist, nämlich die Vereinigung der Funktionen des Anklägers und des Richters. Die Rollen des Anklägers/Inquisitors und des Richters in derselben Person zu vereinigen bedeute nämlich höchste Gefahr für die „klare und unverderbte Gerechtigkeit im Aufbau des Prozesses". Unter diesen Umständen könne es allzu leicht geschehen, dass in dem „kühlen Erforscher und Untersucher der Existenz und des Täters eines Verbrechens" und der „reinen und klaren Wahrheit" der Geist des Anklägers überhand nehme, sei es aus Übermut, sei es aus Eigenliebe, aus Eifer oder aus Leidenschaft, aus Vorurteil oder einfach, um seine Arbeit nicht als nutzlos ansehen zu müssen. Und allzu leicht könne es infolge dessen geschehen, dass der Beschuldigte – „ein unglücklicher Gefangener, Opfer von Schmerz und Hunger, vom Leiden niedergedrückt" – sich zum Geständnis entschließe, selbst wenn er unschuldig sei, „um nicht weiterhin schlechter als ein Verurteilter zu leben".

Ein weiteres umstrittenes Thema, auf das De Simoni die Aufmerksamkeit des Lesers lenkt, betrifft den Ersatz des Schadens, den der für unschuldig erkannte Beschuldigte erlitten hat. „Nach der gesunden und methodischen Gerichtspraxis" der Römer sei es möglich gewesen, ihn sowohl von dem privaten Ankläger als auch von dem öffentlichen Ankläger zu erlangen, „wenn ihre Anklage sich auf eine Verleumdung gestützt hat und nicht mit rechtmäßigen Beweisen unterstützt gewesen ist". Doch von wem solle man „im geltenden Inquisitionsprozess" den Schadensersatz einfordern? Vom Fiskus? Es handele sich um ein „imaginäres Phantom", das, solange die Möglichkeit der Verurteilung bestehe, höchst aktiv im Missbrauch seiner vielfachen Befugnisse sei, um den Beschuldigten zu quälen und sich seiner Güter zu bemächtigen, das aber im Falle des Freispruchs „wie ein Schatten oder ein Gespenst verschwindet, ja nicht einmal mehr existiert, um nicht von dem Inquisiten für seine Schäden herangezogen zu werden".

Der Veltliner Jurist steigert sich sodann mit noch größerer Vehemenz, die an Beleidigung grenzt, gegen jene Kriminalisten (und statt aller zitiert er Egidio Bossi und Benedict Carpzov), die geglaubt hätten, den Inquisitionsprozess dadurch rechtfertigen zu können, dass sie den Indizien und dem Gerücht die Funktion des Anklägers zugesprochen hätten und so das „Mittel" mit dem „Prinzip einer Kriminalsache vermengt" hätten (in Wirklichkeit aber – wie man sich erinnern wird – nur ein altes kanonistisches Schema aufgegriffen haben, das sich im 12. und 13. Jahrhundert durchgesetzt hat). De Simoni gesteht, dass er nicht in der Lage sei, diese Argumentation nachzuvollziehen – treffe es zu, dass der Fiskus sich „mit der moralischen Eigenschaft einer Person bekleiden" könne, so sei dies doch keineswegs möglich für „abstrakte Wesenheiten, die von sich aus zu keinerlei Art von moralischer Person fähig sind, wie das Indiz und das Gerücht". Was aber letztlich noch größere Besorgnis errege, sei, dass von solchen „äußerst trügerischen, unsicheren und zweifelhaften Dingen [...] die Ehre, das Leben und der Besitz der Bürger" abhängen könnten.

Der geltende Strafprozess habe daher wenig zu tun mit der korrekten „Ausübung des Bestrafungsrechtes" und rechtfertige in vollem Umfang die Bemerkung Cesare Beccarias, der darin einen regelrechten Krieg, den die Gesellschaft gegen den Beschuldigten führe, erblickt habe. De Simoni ist allerdings darum bemüht, die Gültigkeit dieses Vergleichs auf das „System des Inquisitionsprozesses" zu beschränken, und betont, dass nicht die innere Berechtigung des Bestrafungsrechtes in Zweifel gezogen werden solle, sondern nur der Missbrauch, der sich täglich in der Kriminalpraxis ereigne und der in engem Zusammenhang mit dem herrschenden Verfahrensmodell stehe.

In den gerade zitierten Passagen erscheint die Entscheidung zugunsten des akkusatorischen Modells impliziert und leitet sich aus einer Ablehnung der Inquisition auf der Grundlage einer garantistischen und humanitären Auffassung vom Strafverfahren ab. In weiteren Schritten wird De Simoni in *Del furto e sua pena* sehr viel deutlicher, was seine eigene Vorliebe für ein System akkusatorischen Typs angeht, das als Referenzpunkt und Hauptquelle die römischrechtlichen Verfahrensregeln besitzt.

So bemerkt De Simoni in dem Abschnitt, der sich mit der Untersuchungshaft befasst, dass der Richter gemäß der herrschenden inquisitorischen Methode mit einer Ermessensbefugnis bei der Prüfung „der für die Verhaftung ausreichenden Indizien" ausgestattet sei und dass infolge dessen häufig ein Unschuldiger nur „wegen einer Kombination schicksalhafter Umstände" verhaftet und in das Gefängnis gesperrt werde. Dieser Übelstand „hängt von dem bestehenden System des inquisitorischen Prozesses ab" und wäre nicht möglich bei der „Methode des römischen Anklageprozesses", denn wenn die Indizien für die Haft, welche vom Ankläger präsentiert würden, „sich in Rauch auflösen", so würde jener der Strafe für leichtfertige Anklage unterliegen und müsste darüber hinaus dem

Beschuldigten den Schaden ersetzen, „was in der im Inquisitionsprozess befolgten Methode nicht geschieht".

In entsprechender Weise kritisiert De Simoni im Abschnitt über die Gefangenschaft noch einmal, dass die nahezu unbegrenzten Befugnisse des Inquisitionsrichters gegenüber dem Beschuldigten häufig zur Bedrückung der Unschuld durch Entziehung der persönlichen Freiheit, Beschlagnahme der Güter und weitere harte und einschränkende Anordnungen führten, er betont jedoch zugleich, dass „eine derartige Konsequenz" im akkusatorischen Prozess nicht möglich wäre, da „in ihm der Richter nichts über die Person des Angeklagten verfügen kann, wenn nicht zuvor der Ankläger seine Anklage mit harten Begründungen bewiesen und vertreten hat".

10.12 Das komplexe Bild der 70er Jahre

Es ist nach allem leicht festzustellen, dass die von De Simoni vertretenen Ideen sich in mehreren Punkten von denen Renazzis entfernen und in offenem Widerspruch zu den von Renazzi vertretenen Positionen stehen. Letztlich gehen die Jugendwerke der drei hier betrachteten Autoren zwar von einer gemeinsamen Rechtskultur und von gemeinsamen Lektüren aus[13], bilden aber drei eindeutig selbstständige und deutlich unterschiedene Wege dar, das Problem der Entscheidung zwischen der Beibehaltung der geltenden inquisitorischen Formen und der Einführung eines Systems akkusatorischen Typs anzugehen.

Cremanis Verteidigung des inquisitorischen Verfahrens, das er als notwendige Konsequenz aus der monarchischen Regierungsform ansieht, liegt eine Umsetzung der relativistischen Schemata Montesquieus im deutlich konservativen Sinne zugrunde. Der toskanische Jurist verkennt zwar nicht direkt die wertvollen Züge des akkusatorischen Prinzips, er löst das Problem jedoch indirekt, indem er die Form des Verfahrens streng an die (als ausgemacht angesehene) Regierungsform anbindet und es damit vermeidet, in die inhaltliche Diskussion von Fragen einzutreten, die eine scheinbar einwandfreie Konstruktion in Zweifel ziehen könnten.

Renazzi hat einen sehr viel differenzierteren Ansatz für das Problem; es beruht auf dem Versuch, zumindest in den Folgerungen für die hier behandelte Frage die verschiedenen im Aufklärungszeitalter behandelten Themen miteinander zu versöhnen. Die Wahl eines abstrakten Modells scheint er nicht für entscheidend zu halten; vielmehr zieht er es vor, der Beachtung der prozessualen Formalitäten die

---

[13]Gemeinsame Lektüren, die vor dem Hintergrund einer soliden und breit angelegten klassischen Bildung in drei Gruppen eingeteilt werden können: die erste besteht in den Werken der praktischen Kriminalisten, die insbesondere auf das 16. und 17. Jahrhundert zurückgehen; die zweite umfasst Werke von gelehrten Juristen und von Philosophen, die dem naturrechtlichen und vernunftrechtlichen Denken verbunden sind; die dritte entspricht einer eindeutig aufklärerischen Position im engeren Sinne und stützt sich auf eine besondere Vorliebe für Montesquieu sowie auf eine vertiefte, wenn auch nicht immer überzeugte Kenntnis Beccarias.

Aufgabe zuzuweisen, die Freiheits- und Gleichheitsrechte der Rechtsgenossen zu garantieren. Daraus ergibt sich konkret eine ausdrückliche Anerkennung des inquisitorischen Mechanismus als ein Modell, das sich mehr als jedes andere als geeignet erweist, die Zwecke der Strafjustiz zu verfolgen, wenn es nur von allen ungerechten und inhumanen Elementen befreit und gesäubert ist, die es aufgrund des Aufkommens von verfahrensfremden gerichtlichen Gewohnheiten umhüllt haben.

Auch De Simoni erkennt die Effizienz der inquisitorischen Strukturen an, gibt jedoch mit Entschiedenheit den garantistischen und humanitären Aspekt der Problematik den Vorrang, wenn er meint, dass man zum akkusatorischen Prozess römischrechtlicher Prägung als dem einzigen, der die Rechte der Person wirksam zu schützen vermöge, zurückkehren müsse. Als nichtakademischer und in seinen Stellungnahmen nicht immer schlüssig argumentierender Jurist[14] ist De Simoni der einzige unter den jungen Autoren, der – wie bereits Montesquieu – zu den Ursprüngen der besonderen Härten der Inquisition die Identität des Anklägers und des Richters zählt; und er ist auch der einzige, der diese Härten als solche ansieht, die eindeutig dem Geist des inquisitorischen Verfahrens selbst innewohnen.

10.13 Der Standpunkt Pietro Verris

Am Schluss dieses Kapitels erscheint noch ein knapper Hinweis auf eine Schrift angebracht, welche zeitgleich mit den zuletzt betrachteten Werken verfasst wurde. Sie leistet zwar keinen Beitrag zur dargestellten Debatte, ist aber doch sehr nützlich, wenn man das kulturelle Klima erfassen will, in dem jene entstanden sind. Wir meinen die Betrachtungen über die Folter *(Osservazioni sulla tortura)* Pietro Verris, die 1776/1777 verfasst, erst posthum 1804 von Pietro Custodi veröffentlich worden sind. Heute ist das Werk sehr bekannt. Geschrieben im Zusammenhang mit der von Kaiserin Maria Theresia verfügten Abschaffung der Folter in den Erbländern der österreichischen Krone vom 2. Januar 1776 und unter dem Eindruck der Lektüre der Akten des Mailänder Verfahrens gegen die „Pestschmierer" von 1630, greift er einige Themen auf, die bereits in der *Accademia dei Pugni* diskutiert und von Beccaria in *Dei delitti e delle pene* behandelt worden sind; und er formuliert eine glänzende Anklageschrift gegen den Inquisitionsprozess des Ancien Régime – der als „ein Labyrinth merkwürdiger Metaphysik" bezeichnet wird (ein Ausdruck, der fast wörtlich das „Labyrinth von merkwürdigen Unsinnigkeiten" aus *Dei delitti e delle pene* wiederholt) – und gegen dessen wohl ungerechtestes Element, eben die gerichtliche Folter.

Obwohl sie den Autoren, die im Italien der Aufklärungsepoche das Thema der Form des Strafprozesses diskutiert haben, gänzlich unbekannt geblieben sind, bringen die *Osservazioni* Pietro Verris mit großer kritischer Effizienz das in der

---

[14]Bezeichnend erscheinen insoweit die Ansichten des Veltliner Juristen, die dieser mitunter zur Möglichkeit der Folter ausdrückt.

10.13 Der Standpunkt Pietro Verris

aufklärerischen Kultur immer weiter verbreitete Bewusstsein zum Ausdruck, dass die traditionellen Methoden der strafrechtlichen Repression gewalttätig und angesichts der neuen Horizonte des rechtspolitischen Denkens unangemessen sind – und zwar sowohl, was den Schutz der Rechte der Person als auch, was die Frage der Aufgaben und der Bedeutung der öffentlichen Institutionen angeht.

Wir wollen uns an dieser Stelle damit begnügen, die Aufmerksamkeit des Lesers auf den folgenden (aus Kap. XV des Werkes entnommenen) Passus zu lenken, der mit wenigen Strichen von beachtlicher Eindringlichkeit die wesentlichen Elemente der inquisitorischen Praxis zusammenfasst und ihre besonders offenkundigen Mängel und Regelwidrigkeiten aufzeigt: die Gewalt gegen die Person, gegen ihre persönliche Freiheit und gegen ihre Würde; die dumpfe Heimlichkeit; die völlige Missachtung der Verteidigungsrechte; das Streben nach dem Geständnis um jeden Preis; die prozeduralen Schwerfälligkeiten.

> Unsere Kriminalpraxis ist wirklich ein Labyrinth merkwürdiger Metaphysik. Man verhaftet einen Menschen, den man wegen eines Verbrechens verdächtigt. Dieser Mensch verliert von diesem Augenblick an seine persönliche Existenz. Er ist ein gedankliches Wesen in den Händen des Staates; dieser verhört ihn, verwickelt ihn in Widersprüche, presst ihn aus, quält ihn, bis vor lauter Widersprüchen oder Unstimmigkeiten oder wegen eines aus Überdruss an der Gefangenschaft, aus Elend oder aufgrund der Qualen der Folter abgelegten Geständnisses der Staat hinlängliches Material zu seiner Verurteilung erlangt hat. Und nachdem all diese langwierigen und grausamen Prozeduren überstanden sind, während derer es dem Angeklagten nicht gestattet ist, einen Beistand oder Verteidiger beizuziehen, beschuldigt der Staat ihn dieses Verbrechens und stellt ihn deswegen vor den Richter. In aufgeklärteren Ländern hingegen wird ein kürzerer und natürlicherer Weg eingeschlagen. Sobald der Verdächtige verhaftet ist, beginnt auch schon das Verfahren mit der ersten Vernehmung. Es wird ihm der Grund des Tatverdachts mitgeteilt, die Kläger, falls vorhanden, werden ihm gegenübergestellt. Belastungs- und Entschuldigungsgesichtspunkte werden erörtert, und so einfach und auf klare, leichte und regelmäßige Weise wird jeder Prozeß zu Ende geführt.

Kapitel 11
Konkrete Reformen, theoretische Konstruktionen und operative Vorschläge an der Schwelle zum Kodifikationszeitalter

11.1 Die Strafrechtsreformen des aufgeklärten Absolutismus

Während seit den 70er Jahren des 18. Jahrhunderts das Bild in der Lehre zum Thema Anklage/Inquisition sich rasch und tief greifend zu erweitern und auszudifferenzieren beginnt, gewinnen in ganz Europa um die Mitte der 80er Jahre die wichtigsten gesetzlichen Ausdrucksformen des reformerischen Absolutismus im Bereich der Strafjustiz Gestalt.

In dem Prozess einer wenn schon nicht totalen Reform, so doch einer frühen Modernisierung des Strafrechts befindet sich die Gesetzgebungspraxis Österreichs in einer erstrangigen Position, weshalb ihr als erstes einige kurze Informationen gewidmet werden müssen.

11.1.1 Österreich

In einem Zeitraum von wenig mehr als dreißig Jahren unternimmt und vollendet der habsburgische Staat zum ersten Mal in der Geschichte eine vollständige Kodifikation des Straf- und Strafprozessrechts, deren wichtigste Etappen zunächst einem Bedürfnis nach Zentralisierung und Standardisierung der Strafjustiz, später einem Rationalisierungsprogramm für diese entsprechen, in dem die Wünsche nach Effizienz und Funktionalität diejenigen garantistischer Natur überwiegen.

Der Vorgang nimmt seinen Anfang am 31. Dezember 1768, als Kaiserin Maria Theresia – nach einer langen Ausarbeitungsphase, die sich über rund 15 Jahre erstreckt hat – die *Constitutio Criminalis Theresiana* verkündet, ein Normengebilde, das in der Geschichtsschreibung ebenso sehr vernachlässigt (und geschmäht) wird, wie es einer eingehenden und aufmerksamen Betrachtung wert ist wegen der wirklich grundlegenden Rolle, die es in der Anfangsphase der modernen Strafrechtskodifikationen gespielt hat. Wir haben es hier im Grunde mit einer Neukompilation und Vereinigung der wichtigsten Territorialrechte zu tun, die der Hauptzielsetzung entspricht, innerhalb des habsburgischen Reiches eine einheitliche Regelung auch der Strafrechtsmaterie zu schaffen. Die *Theresiana* (in Kraft seit dem 1. Januar 1770) ist in zwei Teile eingeteilt, einen prozessrechtlichen und einen materiellrechtlichen, und sie ist weit davon entfernt, die garantistischen Forderungen, die in der europäischen (auch der österreichischen) Rechtswissenschaft jener Zeit rasch herangereift sind, aufzunehmen. Es fehlt das Gesetzlichkeitsprinzip, es fehlt das Analogieverbot, der persönliche Status spielt teilweise noch eine Rolle, das Strafensystem erscheint archaisch und gewaltbetont und enthält noch verschiedene qualifizierte Formen der Todesstrafe. Die Regelung des Prozesses besteht in einer Zusammenfassung der hauptsächlichen Aspekte, von denen wir gesehen haben, dass sie das römisch-kanonische Strafverfahren kennzeichnen – beginnend natürlich mit der Anwendung der gerichtlichen Folter, deren Exekutionsformen auch mittels beigefügter, den Bücherfreunden gut bekannter, Bildtafeln erläutert werden.

Die *Theresiana* erfährt im Verlauf weniger Jahre eine Reihe von sektoralen gesetzgeberischen Eingriffen gegenteiliger Art und mit wichtiger symbolischer Bedeutung. Unter ihnen stechen hervor die Abschaffung der Folter, die im Gefolge Beccarias von Minister Joseph von Sonnenfels hartnäckig verfolgt worden ist (Dekret vom 2. Januar 1776), die Verringerung der Fälle der Todesstrafe (Dekret vom 19. Januar 1776) und ihre (bloß programmatische) Ersetzung durch Zwangsarbeiten (Dekret vom 17. Februar 1777).

Diese Eingriffe machen schon bald eine tief greifende Umarbeitung der *Theresiana* erforderlich, welche von Kaiser Joseph II. am 13. April 1781, wenige Monate nach dem Tod seiner Mutter Maria Theresia, angeordnet wird. Am Ende einer neuen intensiven Phase der Gesetzesplanung, in der ein Schüler von Sonnenfels, Franz Georg von Keeß, eine tragende Rolle spielt, wird die *Theresiana* schließlich am 13. Januar 1787 durch das *Allgemeines Gesetz über Verbrechen und derselben Bestrafung* ersetzt. Es handelt sich um einen Text, der offenkundig durch die aufgeklärten Grundsätze der Legalität und der Rationalität inspiriert ist, jedoch sehr viel weniger die ebenso bedeutsamen Prinzipien der Verhältnismäßigkeit und der Humanität befolgt und der deshalb, auch wenn er sich für eine teilweise Abschaffung der Todesstrafe ausspricht, ein Sanktionssystem von äußerster Härte mit fast terroristischen Aspekten zeichnet.

Die Josephina, die nur das materielle Strafrecht regelt, ist unmittelbar begleitet von zwei prozessualen Gesetzeswerken, welche die Zweiteilung der Straftaten widerspiegeln, die der Josephina selbst mit den zwei großen Kategorien der Verbrechen und der Polizeiübertretungen zugrunde liegt. Gemeint ist die *Instruktion für die politischen Behörden* vom 12. Februar 1787, die das Verfahren für Übertretungen behandelt, und die nachfolgende *Allgemeine Kriminalgerichtsordnung*, die das Verfahren in Strafsachen regelt. Die *Allgemeine Kriminalgerichtsordnung* wird von Joseph II. am 1. Juni 1788 erlassen und tritt am 1. August 1788 in Kraft. Es handelt sich um ein Ereignis von nicht geringer Bedeutung in der Geschichte des Strafverfahrens. Bildet nämlich das *Allgemeine Gesetz über Verbrechen und*

11.1 Die Strafrechtsreformen des aufgeklärten Absolutismus 135

derselben Bestrafung von 1787 das erste moderne Strafgesetzbuch, so stellt die *Kriminalgerichtsordnung* im Grunde die erste moderne Strafprozessordnung dar und beschreibt „das, was man als das Strafverfahrensmodell des aufgeklärten Absolutismus bezeichnen kann", in dem „Etatismus und Garantismus zum Zusammenleben gezwungen werden"[1]. In dieser frühen Kodifikation des Prozessrechts sind die Merkmale mit eindeutig aufklärerischer Prägung letztlich bedingt und häufig neutralisiert durch ein schwieriges, wenn nicht sogar unmögliches Zusammenleben mit den strengen zentralistischen Prinzipien des etatistischen Absolutismus. Daraus ergibt sich eine Verfahrensstruktur, die zwar rational und auf den Vorrang des Gesetzes gegenüber dem richterlichen Ermessen gegründet ist, jedoch streng inquisitorische Natur besitzt und auf der strengen Anwendung des Systems der gesetzlichen Beweise (und damit auf dem Streben nach dem Geständnis) sowie auf der zentralen Rolle des „Richters als Faktotum"[2] beruht, das im öffentlichen Interesse die drei Funktionen der Anklage, der Verteidigung und des Urteils mit der daraus folgenden völligen Ausschaltung der technischen Verteidigung aus dem Verfahren ausübt.

Die habsburgische Gesetzgebungstätigkeit des ausgehenden 18. Jahrhunderts kulminiert im *Strafgesetz über Verbrechen und schwere Polizeiübertretungen,* auch bekannt als *Franziskana* zu Ehren des Kaisers Franz I., vom 3. September 1803, das – erheblich verbessert in der Form, gemildert in einigen Inhalten, doch im Wesentlichen identisch – die Regelung der josephinischen Kodifikation aufgreift, dabei aber die materielle und prozessuale Gesetzgebung von 1787/1788 *in toto* ersetzt. Die *Franziskana* ist für den italienischen Betrachter besonders interessant, weil sie ab dem 1. Januar 1816 auch im Königreich Lombardo-Venetien in Kraft tritt und infolge dieser Ausdehnung ein beachtlicher Teil der Halbinsel Gelegenheit gehabt hat, für einige Jahrzehnte die Auswirkungen der gesetzgeberischen Entscheidungen zu erfahren, die im Bereich des österreichischen Absolutismus herangereift sind.

11.1.2 Italien

Die wichtigsten Ergebnisse der kurzen, aber intensiven Gesetzgebungsphase des aufgeklärten Absolutismus in Italien sind die *Leopoldina* im Großherzogtum Toskana und die *Norma Interinale del Processo Criminale per la Lombardia Austriaca* (Interimistisches Gesetz über den Kriminalprozess für die österreichische Lombardei). Beide Texte stammen aus dem Jahre 1786, und auch auf sie soll ein kurzer Blick geworfen werden, um festzustellen, bis zu welchem Punkt die in jenen Jahren sich abspielende wissenschaftliche Debatte die Entscheidungen

---

[1] *Cavanna*, Storia del diritto moderno. Bd. 2, S. 309.
[2] Ebd. Bd. 2, S. 313.

von Gesetzgebern beeinflusst, die zwar von der Notwendigkeit einer Modernisierung des Systems überzeugt sind (und insbesondere im Falle der *Leopoldina* dazu bereit, es garantistischen und humanitären Forderungen zu öffnen), in der Realität aber sehr zögern, die von der Tradition ererbten prozessualen Schemata aufzugeben.

11.1.2.1 Die Leopoldina

Die *Riforma della legislazione criminale toscana* (Reform der toskanischen Kriminalgesetzgebung) vom 30. November 1786, nachdrücklich gewünscht von Großherzog Leopold von Habsburg-Lothringen (zu dessen Ehren sie die Bezeichnung *Leopoldina* trägt), bildet zweifellos die bedeutsamste der konkreten Gesetzesinitiativen des 18. Jahrhunderts, die vor der Revolutionszeit aus den Gedanken Beccarias hervorgegangen sind. Allgemein dadurch bekannt, dass sie der erste Gesetzestext ist, der die Todesstrafe gänzlich abgeschafft hat (§ 51), bietet die *Leopoldina* ein noch vorkodifikatorisches und alles andere als erschöpfendes Normenwerk, das gleichzeitig das Straf- und das Strafprozessrecht regelt. Das inquisitorische Schema wird in seiner Struktur nicht verändert (vielmehr als gegeben vorausgesetzt), jedoch in Teilbereichen und inhaltlich auch im Lichte einiger von den Vertretern der strafrechtlichen Aufklärung vertretenen Prinzipien reformiert.

Mit anderen Worten: Die *Leopoldina* fügt in das gewohnte Verfahrensmodell, das sich im Ancien Régime etabliert hat, eine beachtliche Reihe von Regeln und Instituten ein, die an den humanitären Prinzipien des strafrechtlichen Garantismus und an der Notwendigkeit einer Rationalisierung der Strafjustiz orientiert sind. In diesem Sinne sticht die endgültige Abschaffung der Folter hervor (§ 33); daneben müssen aber – wenn auch nur in aller Kürze – weitere wichtige innovative Eingriffe erwähnt werden, nämlich:

a) das Verbot der Eideszuschiebung an den Beschuldigten, der damit nicht mehr als Zeuge gegen sich selbst angesehen wird (§ 6);
b) die Reform des Zeugeneides (§§ 9–10);
c) die Abschwächung des Heimlichkeitsprinzips und die Anerkennung des Rechts des Beschuldigten, die Belastungsbeweise kennenzulernen (§ 13);
d) das Recht des Beschuldigten, die persönliche Freiheit zu bewahren, wenn das Verfahren Straftaten betrifft, die nicht mit Strafen an der Person (also nur mit pekuniären Strafen) bedroht sind (§ 15);
e) die größeren Garantien für Zeugen, die nicht mehr nur mit dem Ziel eingesperrt werden können, ein den Erwartungen des Richters entsprechendes Zeugnis abzulegen (§§ 20, 25);
f) das Verbot außerordentlicher und willkürlicher Verfahren und Anordnungen (§§ 22, 48);
g) die Verpflichtung des Richters, auch die Entlastungszeugen und die Entlastungsbeweise zur Kenntnis zu nehmen (§§ 23–24, 26);

h) die Abschaffung der Kategorie der privilegierten Beweise, d. h. der unvollkommenen Beweise oder Indizienbeweise, die für besondere Kategorien von besonders schweren Straftaten als ausreichend für die Verhängung der gesetzlichen Strafe angesehen werden (§ 27);
i) die Einführung der Beschleunigung des Verfahrens, insbesondere in Fällen, in denen der Beschuldigte sich in Haft befindet (§§ 29–32);
j) die neue Regelung des Abwesenheitsverfahrens, welche das traditionelle Prinzip *contumax pro confesso habetur* verwirft, wonach die Abwesenheit dem vollen Geständnis gleichgestellt wird (§§ 37–44);
k) die Abschaffung der Konfiskation der Güter des Verurteilten (§ 45);
l) die Einführung von Normen über Schutz und Entschädigung des unschuldig Angeklagten (§ 46);
m) die Regelung der technischen Verteidigung, welche insbesondere *ex officio* den armen und bedürftigen Beschuldigten garantiert werden muss (§ 50).

11.1.2.2 Die „Norma Interinale per la Lombardia austriaca"

Was nun die *Norma Internale* für die österreichische Lombardei angeht, so wird sie 1786 von einem einflussreichen und angesehenen kaiserlichen Beamten, dem Trentiner Karl Anton Martini, mit dem Ziel geschaffen, das im Mailänder Staat geltende prozessuale System schrittweise an dasjenige im Rest des Habsburgerreiches im Hinblick auf eine von Kaiser Joseph II. gewünschte (aber niemals konkret umgesetzte) Ausdehnung der Straf- und Strafprozessrechtskodifikation anzunähern.

Am 1. Januar 1787 in Kraft getreten, ist die *Norma Interinale* (die in Wirklichkeit nicht „interimistisch" ist, da sie zwanzig Jahre in Kraft bleiben wird) bei näherer Betrachtung das Ergebnis einer Operation gesetzgeberischen Montage. Die neun Paragrafen des Artikels I (Von den Kriminalverbrechen im Allgemeinen) bilden nämlich die nahezu wörtliche Übersetzung des ersten Kapitels mit derselben Überschrift im noch nicht erlassenen josephinischen Strafgesetzbuch und fixieren einige Grundregeln im Sinne des Allgemeinen Teils des materiellen Strafrechts (speziell über Vorsatz, Zurechnungsfähigkeit, Beteiligung und Versuch). Besonders erwähnenswert ist, dass die *Norma Interinale,* gerade weil sie mehrere Monate vor dem josephinischen Strafgesetzbuch in Kraft tritt, das historische Vorrecht der ersten gesetzlichen Definition des Gesetzlichkeitsprinzips für sich in Anspruch nehmen kann (das üblicher Weise, wie erwähnt, mit der Formel *nullum crimen, nulla poena sine lege* zum Ausdruck gebracht wird). § 1 bestimmt nämlich:

> Nicht jede gesetzwidrige Handlung ist ein Kriminalverbrechen, genauer gesagt, ein Verbrechen, das dem Kriminalverfahren unterliegt. Welche Handlungen diese Eigenschaft besitzen, kann nur den geltenden Gesetzen entnommen werden. Nicht als Kriminalverbrechen angesehen werden können daher jene Handlungen, die nicht ausdrücklich mit Strafsanktionen bedroht sind.

Die restlichen Paragrafen (Art. II–XXXV, §§ 10–363) besitzen mehr prozessuale Natur und bestehen in einer Revision der Artikel XIX–LIV des prozessualen Teils der *Constitutio Criminalis Theresiana* von 1768 auf rationalistischer und pragmatischer Grundlage. In der *Norma Interinale* werden komplizierte Regelungen der *Theresiana* abgeschwächt und vereinfacht, ohne aber die Grundstruktur des Verfahrensgangs zu verändern, der immer noch eng an das klassische Modell des inquisitorischen Verfahrens *ex officio* gebunden bleibt. Insbesondere tendiert die *Norma Interinale* dahin, gemäß der typischen habsburgischen Position die zentrale Rolle eines richterlichen Amtsträgers hervorzuheben, der den Staat repräsentiert und insbesondere damit beauftragt ist, die doppelte öffentliche Funktion wahrzunehmen, die darin besteht, einerseits die „gerechte Züchtigung" des Schuldigen sicherzustellen und andererseits und zugleich wirksam die Unschuld zu schützen (mit der Folge, dass die technische Verteidigung in eine residuale und nur hilfsweise Funktion gedrängt wird).

Es fehlen allerdings auch in der *Norma Interinale* nicht einige reformatorische Eingriffe, die entschieden auf einer Linie mit jenen liegen, die sich in der *Leopoldina* finden: die Anwendung der Folter ist nicht mehr vorgesehen (§ 238); eingeführt ist das Verbot der Eideszuschiebung an den Beschuldigten (§ 162) und des Stellens von Suggestivfragen (§ 158); es gibt Normen zum Schutz gegen verleumderische Anzeigen (§ 125–126, 129–130); es sind einige Beschränkungen für die Untersuchungshaft fixiert (§ 131–136); der Grundsatz *contumax pro confesso habetur* wird nicht mehr angewendet (§ 309).

11.2 Die zentrale Bedeutung der Verfahrensreform im Denken Gaetano Filangieris

Fast gleichzeitig mit dem Inkrafttreten der *Leopoldina* und der *Norma Interinale* strebt die Debatte über die Form des Strafprozesses in Italien ihrem Höhepunkt entgegen dank des Beitrages von zwei angesehenen Vertretern des süditalienischen rechtsphilosophischen Denkens: Gaetano Filangieri und Francesco Mario Pagano.

Gaetano Filangieris *Scienza della Legislazione* bildet zweifellos einen der größten Momente der Europa im 18. Jahrhundert erfassenden Reformbewegung auf wissenschaftlicher und philosophischer Ebene[3]. In diesem gewaltigen Unterneh-

---

[3]Gaetano Filangieri (*Neapel 1753, †Vico Equense 1788) gehört einer der ältesten Familien der süditalienischen Aristokratie an. Nach intensiven privaten Studien erlangt er den Titel eines *Gentiluomo di Camera* am Hof von Neapel und schlägt eine rein ehrenamtliche militärische Karriere ein. Ab 1780 verwaltet er für drei Jahre den *Monte Nuovo dei Maritaggi* (der sich mit Problemen der Aussteuer, der Heirat und des Klosterlebens junger Adliger befasst); 1787 wird er Mitglied des *Consiglio delle Finanze*. Ab 1776 widmet er einen großen Teil seines kurzen Lebens der Abfassung seiner monumentalen *Scienza della legislazione* (Gesetzgebungswissenschaft), die von 1780–1791 in acht Bänden zu Neapel erscheint (der letzte Band wird posthum publiziert). Als Meilenstein der späten europäischen Aufklärung und Wendepunkt für die Entwicklungen der modernen Politik- und Sozialwissenschaften bildet das Werk ein regelrecht konstitutionelles Projekt der Neubegründung der bürgerlichen Gesellschaft, das große Verbreitung erfährt und zu einem dauerhaften Erfolg in der rechtspolitischen Kultur Europas werden sollte.

men, mit dem sämtliche Aspekte des Rechtslebens im Licht der Ideen der Aufklärung erfasst, interpretiert und geordnet werden sollen, befasst sich ein nicht unwichtiger Teil mit der Behandlung des Strafrechtsproblems. Das dritte Buch des Werkes, 1783 erschienen, trägt nämlich den Titel „Von den Kriminalgesetzen" *(Delle leggi criminali);* in ihm ist breiter Raum einer eingehenden Untersuchung der Hauptfragen des Strafverfahrens gewidmet.

Nach Filangieri muss die Reform des Strafrechts in erster Linie eine Reform des Strafprozesses sein. Da das zentrale Problem der Strafgesetzgebung – welche die Funktion hat, sowohl die Ruhe der Bürger als auch deren bürgerliche Freiheit zu sichern – darin bestehe, dass es gelingt, die Wirksamkeit der Normen („die Abschreckung der Missetäter") mit dem Schutz der Rechte des Einzelnen („die Sicherheit der Unschuldigen") zu „kombinieren", erscheine es unerlässlich, noch vor einem korrekten System der Strafen eine angemessene Verfahrensmethode zu finden, welche den Maßstäben der Klarheit und Einfachheit entspreche.

In Europa – bemerkt der neapolitanische Philosoph – sei die Lage dieses Zweiges der Gesetzgebung eine sehr betrübliche. Die da und dort vorgenommenen Reformen im materiellen Teil seien dadurch entleert worden, dass der prozessuale Teil,

> der am schwierigsten zu heilende und am interessantesten zu behandelnde, in seiner alten Finsternis verblieben ist. Der allgemeine Aufschrei gegen die Regelwidrigkeit des gegenwärtigen Verfahrens hat noch nicht eine neue Methode entstehen lassen, mit der man die alte ersetzen könnte.

Nach diesen Vorbemerkungen entwickelt und erläutert Filangieri, geleitet von der „Fackel der Vernunft", seinen eigenen Reformplan, wobei er ständig historische, doktrinäre und rechtsvergleichende Bezüge herstellt und in erster Linie als Bezugspunkte der Darstellung das römischrechtliche Modell auf der einen Seite wählt und auf der anderen Seite – was besondere Aufmerksamkeit verdient, weil es ein völlig neues Element in die einschlägige Debatte einführt – desjenige des Systems des *common law,* das, „mag es auch im strafrechtlichen Teil ebenso fehlerhaft sein wie die anderen, zugleich doch bewundernswert in jenem Teil ist, der das Verfahren zum Gegenstand hat".

11.3 Anklage und Inquisition im Vergleich

Die Gedankenführung Filangieris nimmt ihren Ausgang bei einer deutlichen Stellungnahme. Es gebe keinen Zweifel – erklärt der Philosoph –, dass das ideale Verfahrenssystem auf der privaten Anklage beruhen müsse:

> Die Freiheit bzw., besser gesagt, das Recht der Anklage ist eines der Vorrechte der Bürgerschaft bei den meisten Nationen und über einen Jahrhunderte langen Zeitraum gewesen. Das gemeinsame und gleiche Interesse, das alle Menschen einer Gesellschaft an der Erhaltung der öffentlichen Ordnung, an der Beachtung der Gesetze, an der Verminderung der Verbrechen und an der Abschreckung der Übeltäter haben, hat die weisesten Gesetzgeber glauben lassen, dass man dem Bürger das Recht, einen anderen anzuklagen, nicht versagen dürfe.

Dies sei die Wahl der Völker der Antike gewesen, bei denen die Freiheit der Anklage die öffentliche und private Ruhe sichergestellt habe, während die strenge Bestrafung der verleumderischen Anklage die Sicherheit der Unschuldigen geschützt habe. In einem System dieses Typs, in dem die Anklage, verbunden mit den Rechten der Bürgerschaft, jedermann freigestanden habe und zugleich dem Angeklagten offenbar und bekannt gewesen sei, seien die beiden Merkmale des Strafrechtsproblems, die „öffentliche Ruhe" und die „private Sicherheit", wechselseitig durchdrungen gewesen und hätten daher eine befriedigende einheitliche Lösung gefunden, da sie sich gegenseitig unterstützt und garantiert hätten.

Mit einer Fülle von doktrinären Anmerkungen unternimmt es Filangieri insbesondere, die römische akkusatorische Methode zu schildern, wie sie „während der Freiheit der Republik und in den guten Tagen des Kaiserreichs" praktiziert worden sei, und hält sich vor allem bei den zur Verteidigung des Angeklagten aufgestellten Grundsätzen sowie bei der Regelung der verleumderischen Anklage auf. Unter Zusammenziehung einer Reihe von Fragmenten beschreibt er sodann, auf welche Weise diese Methode auch bei den Griechen und („wer hätte dies gedacht!") bei den barbarischen Völkern angewendet worden sei, welche die Anklage „sehr viel besser als in der Gegenwart" geregelt hätten.

Insgesamt lässt sich beobachten, wie in diesem Teil des Werkes der Verfasser dazu neigt, vor allem ein einheitliches historisches Bezugsmodell zu rekonstruieren, das weitgehend am klassisch-römischen orientiert ist, und zugleich die relativistische Position Montesquieus verwirft, weshalb er die Frage der Degenerationen und der möglichen Unzuträglichkeiten auch der römischen Methode übergeht.

Der folgende Abschnitt besteht in einem Vergleich der Vorteile der zuvor beschriebenen klassischen Modells mit den abschreckenden Aspekten des „absurden und grausamen" modernen Strafprozesses inquisitorischer Prägung, der vom Despotismus erdacht sei, vom „Aberglauben" verbreitet worden sei, und von der Gleichgültigkeit der Regierenden und von der Unwissenheit angewandt und unterstützt werde.

In diesem geltenden System würden die Straftaten von einer öffentlichen Person verfolgt, die zugleich Richter und Inquisitor sei und sich korrumpierbarer Untergebener bediene; der Bürger „kann nur die eigenen Verletzungen und die seiner engen Verwandten anklagen", und in vielen Fällen könne er nichts anderes begehren als den Ersatz seines Schadens. Das Ganze spiele sich in größter Heimlichkeit ab. Zu diesem letzten Punkt wird das Prinzip der Öffentlichkeit des Verfahrens lobend hervorgehoben, das „einstmals" Brauch gewesen sei, während die „mysteriöse und willkürliche Heimlichkeit", welche die wichtigsten Elemente des modernen Verfahrens umgebe, Gegenstand strenger Kritik wird. Infolge der systematischen Befolgung der Heimlichkeit verliere der Angeklagte nämlich, ohne die Gründe dafür zu erfahren, seine Freiheit und seine Ehre auf unbestimmte Zeit, während derer er sich in „einem Zustand der Gewalt und der Qualen" befinde, der im Falle der Unschuld nicht hinnehmbar sei.

Zusammengefasst seien die „Gegensätze" zwischen der antiken Methode und der modernen Methode im Hinblick auf die Anklage hauptsächlich zwei:

11.3 Anklage und Inquisition im Vergleich

1) Ich sehe bei den Alten die Anklage jedem Bürger gestattet. 2) Ich sehe sie vom ersten Augenblick an, da sie erhoben wird, gegenüber dem Angeklagten offen. Und ich finde das eine wie das andere bei den Modernen beseitigt.

Aus dieser zusammenfassenden Beobachtung gewinnt Filangieri den Ansatz, um den Passus aus *De l'Esprit des lois* zu kritisieren, in dem Montesquieu in der Verschiedenheit der Regierungsformen die Rechtfertigung dafür erblickt, in bestimmten Situationen der freien Anklage Grenzen zu ziehen.

Wie schon bemerkt, bestätigt Montesquieu zwar, dass dort, wo das Recht der Anklage jedermann zugestanden sei, diese dem Angeklagten gegenüber offengelegt und bekannt sein müsse, er ist aber der Auffassung, dass die freie Anklage nur zu den demokratischen Republiken passe, da im Bereich anderer Regierungsformen, wie der Monarchie, sie größere Unzuträglichkeiten als Vorteile mit sich bringe. Filangieri bekräftigt seine Bewunderung des französischen Philosophen, fragt sich jedoch,

ob diese seine Auffassung es verdiente, so viele Proselyten zu machen, wie sie es getan hat. Ich verehre sogar die Irrtümer dieses großen Mannes; wenn sie mir aber schädlich für die Menschheit erscheinen, empfinde ich die Verpflichtung, sie aufzudecken.

Das relativistische Prinzip, das die Güte der Gesetze an ihrem Verhältnis zu den Strukturen und den Eigenschaften der „Nationen" messe, besitze nämlich keinerlei notwendige Folge auf der Ebene der Freiheit der Anklage, denn diese letztere müsse unumgänglich mit der „größten Erschwernis der Verleumdung" kombiniert sein. Montesquieu irre, wenn er das akkusatorische System der Republik auf den (in Monarchien seltenen oder fehlenden) Eifer der Bürger für das Gemeinwohl stütze: Griechen und Römer hätten das Recht zur Anklage auf eine Reihe von strengen Normen gegen die Verleumdung gegründet, nicht aber auf den bürgerlichen Eifer, in den sie offenbar recht wenig Vertrauen gesetzt hätten. Auch dürfe man nicht die Monarchie mit dem Despotismus vermengen, denn in der ersteren müssten die bestehenden Gesetze – einschließlich der Normen gegen verleumderische Anklagen – stets angewendet werden, und sie gestatteten daher nicht das Aufkommen von Denunziationen, wie sie den despotischen Regimen eigen seien. Es sei daher nicht sinnvoll, die Anklage in den Republiken für nützlich, in den Monarchien aber für schädlich zu halten; sie passe zu den ersteren wie zu den letzteren, und in dieser wie in jener könne sie nicht schaden, wenn man sie mit einer Gesetzgebung zur Prävention und Bestrafung der Verleumdung kombiniere. Nur der Despotismus könne die Freiheit der Anklage schädlich werden lassen (wie übrigens jedes andere Recht und Vorrecht, das vom Bürgerrecht abhänge), da er, der jegliche Macht auf die Willkür des Despoten gründe, die Missachtung der Normen, die vor verleumderischen Anklagen schützen, erlaube.

Filangieri spricht auch ein sorgfältig begründetes negatives Urteil über das – von Montesquieu empfohlene – Institut des *„vengeur public"*, d. h. des Justiz- oder Verwaltungsbeamten, der im Bereich eines in Frankreich und einem großen Teil Europas verbreiteten inquisitorischen Modells damit betraut ist, Verbrechen anstelle der privaten Ankläger zu verfolgen. Erstens werde dieser „öffentliche Rächer" vom Herrscher ernannt und sei völlig von ihm abhängig, und wenn es zutreffe, dass „das Interesse der große Antreiber der Menschen ist", dann sei naturgemäß niemand mehr als dieser Magistrat von dem Wunsch getragen, den Herrscher zu begünstigen. Zweitens könne der „öffentliche Rächer" nicht wegen „einfacher" Verleumdung verfolgt werden, sondern nur wegen „manifester" Verleumdung (welche dann vorliege, wenn es im Hinblick auf den Angeklagten auch nicht die geringsten Indizien gebe). Drittens könne man nicht leugnen, dass im Vergleich mit dem privaten Ankläger, der das Recht zur Anklage besitze, der „öffentliche Rächer" sehr viel wirksamere Mittel zu Verfügung habe und sehr viel weniger ernsten Hindernissen begegne, wenn er Missbräuche begehen wolle.

Filangieri schließt die harsche Kritik an den prozessualen Strukturen seiner Zeit mit zwei weiteren Betrachtungen ab. Mit der ersten, die für den Nachweis der „Merkwürdigkeit" *(stranezza)* des Systems entscheidend ist, betont er, dass an die Stelle der Freiheit der Anklage offenkundig die Freiheit der heimlichen Denunziation getreten sei – mit schwerwiegenden Folgen für den sozialen Frieden und für das „Vertrauen" *(confidenza)* unter den Bürgern. Die zweite hebt die Existenz einer „verderblichen und unangemessenen Milde" gegenüber den Verleumdern in den modernen Gesetzen hervor, welche von den Verteidigern der geltenden Methoden damit gerechtfertigt werde, dass, wenn man die Verleumder verfolge, sich niemand mehr zur Anzeige bereit finden würde.

Mit der breiten, gerade zusammenfassend dargestellten Abhandlung will Filangieri definitiv nachweisen, dass „die Freiheit der Anklage [...], wenn sie auf kluge Weise mit der Erschwerung ihres Missbrauchs kombiniert wird, [...] nicht nur nicht schädlich ist", sondern sich als „nützlich und notwendig" erweise, denn sie „errichtet eine wechselseitige Kontrolle unter den Bürgern", „macht das Verbergen von Straftaten schwieriger", „macht die Straflosigkeit seltener" und „macht die Verbrechen seltener".

Ergänzend wird noch bemerkt, dass die Freiheit der Anklage entscheidend zur Stabilität des Staates beitrage, denn sie biete ein gesetzlich geregeltes Ventil für die Launen, welche die Bürger erregten. Daraus folge, dass „die Freiheit der Anklage eine Wahl ist, die man nicht von dem Bürgerrecht abtrennen kann, ohne in die größte Unordnung zu verfallen".

11.4 Die Rekonstruktion des akkusatorischen Systems

Im Lichte des Gesagten ist Filangieri somit der Auffassung, dass es für eine korrekte Reform des Strafprozesses notwendig sei,

a) allen Bürgern das Recht der freien Anklage zurückzugeben;
b) dieses Recht mit der Unmöglichkeit, es zu missbrauchen, zu kombinieren.

Den ersten Punkt beurteilt er als leicht umsetzbar. Als sehr viel problematischer erweise sich der zweite, für dessen Verwirklichung es sich empfehle, mit den gebotenen Korrekturen und Ergänzungen folgenden langen Katalog von „Mitteln" heranzuziehen, die teilweise bereits von den antiken Gesetzen, teilweise auch von dem modernen Modell des *common law* angeregt seien.

11.5 Inquisition als Ausnahme-Institut

a) Die verleumderische Anklage und die Pflichtverletzung (im Sinne eines betrügerischen Verständnisses zwischen Ankläger und Angeklagtem) müssten wie im römischen Recht bestraft werden, das im ersten Fall die Strafe des Ehrverlustes, im zweiten die Strafe der Talion vorgesehen habe.
b) Die römischrechtliche Ausnahmegesetzgebung, wonach einige (Frauen, Kinder, Sklaven, Ehrlose) Anklage nur „wegen eigener Verletzungen sowie wegen Anschlägen gegen den Staat" erheben konnten, einige andere nicht angeklagt werden konnten (Magistrate und Amtsträger, die aus dienstlichen Gründen abwesend sind), wieder andere „von bestimmten Personen nicht angeklagt werden konnten" (z. B. der Vater vom Sohn), müsse wiederbelebt werden.
c) Die freie Anklage dürfe nur öffentliche Verbrechen betreffen (also solche, die hauptsächlich die Gesellschaft oder den Staat verletzen); bei Privatverbrechen (die hauptsächlich einzelne Personen verletzen) stehe das Vorgehen allein der verletzten Person zu.
d) Der Ankläger müsse versichern, sich nicht vor dem Urteil von der Anklage zurückzuziehen (wie es auch in Athen, in Rom und „bei einigen barbarischen Nationen" geregelt sei).
e) Streng geschützt werden müssten die exakte Beachtung und die garantistische Bedeutung der prozessualen Formen. Anklagen müssten klar und detailliert sein und müssten vorgegebene Formeln benutzen, denn „es kann gar nicht genügend Genauigkeit geben, wenn es darum geht, den Frieden eines Menschen zu stören". In diesem Falle wird dem gültigen römischrechtlichen Beispiel auch noch dasjenige des englischen Verfahrens hinzugefügt, in welchem der Anklageakt *(indictment)* mit äußerster Mühe und Sorgfalt vorgenommen werde.
f) Die Regelung der Verjährung der Anklage dürfe nicht aus dem römischen Modell übernommen werden, in dem sie bis zu zwanzig Jahren gereicht habe, sondern müsse sich am Modell des *common law* orientieren, in dem sie im Allgemeinen drei Jahre betrage. Diese Stellungnahme wird damit gerechtfertigt, dass „es sehr viel schwieriger ist, sich nach zwanzig Jahren gegen eine Verleumdung zu verteidigen, als nach drei Jahren".
g) Unzulässig sei ferner die Unterscheidung zwischen „manifester" verleumderischer Anklage und „einfacher" verleumderischer Anklage. Hierbei handele es sich um eine „schädliche" und „der bürgerlichen Sicherheit widerstrebende Parteilichkeit", denn sie bringe die Freiheit des Bürgers mit „spitzfindigen Hinweisen, ephemeren Verdächtigungen und metaphysischen Konjekturen" in Gefahr. „Verleumdung ist stets ein Verbrechen; wenn sie aber ein Verbrechen ist, muss sie auch immer bestraft werden".

11.5 Inquisition als Ausnahme-Institut

Die Rekonstruktion eines dank der dargestellten Eingriffe realisierbaren Verfahrenssystems akkusatorischer Art soll aber nicht zur endgültigen und vollständigen Aufgabe des inquisitorischen Modells führen. Filangieri bemerkt nämlich, dass es Ausnahmefälle geben könne, in denen die Inquisition sich als unverzichtbar erweise, da sie das einzige Mittel sei, um zur Bestrafung einer Straftat zu gelangen. Dies sei der Fall,

a) „wenn das Verbrechen sicher und der Täter unbekannt ist";
b) „wenn es zwar ein Verbrechen gibt, aber keinen Ankläger":
c) „wenn die verletzte Partei zwar die *querela,* nicht aber eine Anklage erhebt", weil sie den Namen des Täters nicht kennt.

In diesen Fällen sei es Aufgabe der öffentlichen Behörde, den Täter zu entdecken und ihn mit besonderen inquisitorischen Verfahrensweisen, die bereits im römischen Recht bekannt gewesen seien, vor Gericht zu bringen:

> War ein Verbrechen begangen und fehlte es an einem privaten Ankläger, der den Täter vor Gericht brachte, so griff man in Rom auf die Inquisition zurück. Und diese ist eben das System, das man auch heute anwenden muss. Das ordentliche Verfahren müsste das akkusatorische sein, das inquisitorische das außerordentliche.

Allerdings müsse dieser inquisitorische Ausnahme-Prozess in vielfacher Hinsicht ein anderer sein als derjenige, der im Europa des ausgehenden 18. Jahrhunderts gelte. Nach Filangieri muss das Gesetz die Fälle (die er optimistisch als „wenige und außerordentliche" ansieht) vorsehen, in denen es an einem Ankläger fehlt, sich dabei an Vernunft, Gerechtigkeit und Humanität orientieren und die Sicherheit der Bürger dadurch schützen, dass es die Inquisition „all jener Mängel entkleidet, mit denen die Grausamkeit des Aberglaubens sie eingehüllt hat". In einigen sehr eindrucksvollen Ausführungen, in denen die rhetorische Haltung durch die leidenschaftliche Parteinahme des Verfassers belebt erscheint, bekräftigt Filangieri die hauptsächlichen Mängel des geltenden Verfahrenstypus, welche teils „von der Natur der heutigen Inquisition selbst abhängen", teils „von den Händen derer, denen sie anvertraut ist".

Was den ersten Punkt angeht, erscheinen besonders verderblich a) die Vereinigung der Aufgaben von Richter und Ankläger in einer Person und b) der Umstand, dass das Verfahren seinen Ausgang gewöhnlich bei heimlichen Anzeigen oder bei der „öffentlichen Stimme bzw. dem öffentlichen Gerücht" nehme. Was den zweiten Punkt angehe, könne nicht geleugnet werden, dass der Ausgang des Verfahrens allzu häufig durch die Willkür von korrupten und unglaubwürdigen Magistraten und Amtsträgern abhänge, „die nicht würdig sind, Einfluss auf die öffentliche und private Ruhe zu nehmen":

> Die heikelste, empfindlichste und wichtigste Aufgabe ist den verächtlichsten Dienern der Justiz anvertraut.

Um diesen Mängeln zu begegnen und um in den oben erwähnten Fällen ausnahmsweise auf die Inquisition zurückgreifen zu können, sei es erforderlich, „die Methode der Römer" wieder zu beleben und die Funktion und die Person des Anklägers und des Richters deutlich zu trennen.

Die Reform des Inquisitionsprozesses muss sich daher – so Filangieri – um die Einrichtung von „Anklage-Magistraten" drehen, die in den Fällen, in denen kein privater Ankläger auftritt, dessen Stelle einnehmen und dessen Funktionen ausüben.

11.6 Die Eigenschaften von Filangieris Reformentwurf   145

Es müsse sich um erprobte und angesehene Personen handeln, die mit einem guten Gehalt versehen seien und somit nicht zur Korruption oder zum Amtsmissbrauch neigten. Diese hätten innerhalb einer genau beschriebenen örtlichen Zuständigkeit die Aufgabe, die Täter von Straftaten festzustellen, die Anklage gegen sie zu formulieren und diese bis zum Ergehen des Urteils zu vertreten, so als ob sie private Ankläger wären. Ferner müssten auch öffentliche Ankläger wegen manifester und auch wegen einfacher Verleumdung angeklagt werden können, um das Vertrauen des Volkes zu begründen und um ein entschiedenes Hindernis für jeglichen Missbrauch zu errichten. Auf diese Weise reduziere alles sich darauf, „dem inquisitorischen Verfahren die ganze Einfachheit des akkusatorischen Verfahrens zu verleihen".

Die von Filangieri vorgeschlagene Reform des inquisitorischen Verfahrens müsste somit aus der Sicht des Verfassers zu einigen fundamentalen Resultaten führen. Erstens wäre der Richter nur zur Wahrnehmung institutioneller Aufgaben berufen (also zur Beweiswürdigung und zum Urteilen), ohne sich noch bei der Durchführung der Inquisition „käuflicher" und korrupter Untergebener zu bedienen. Zweitens würden geheime Anzeigen abgeschafft, und die „öffentliche Stimme bzw. das öffentliche Gerücht" wäre nicht mehr „ein Vorwand oder ein legitimer Grund, um einen Menschen seiner Freiheit zu berauben". Schließlich würden das akkusatorische und das inquisitorische Verfahren vollständig übereinstimmen, außer in der „unterschiedlichen Stellung derjenigen, welche es in Gang bringen" (private Bürger im ersten Fall, öffentliche Justizbeamte im zweiten).

11.6 Die Eigenschaften von Filangieris Reformentwurf

Im Vergleich mit den Autoren, die ihm vorausgegangen sind, entwirft Filangieri in den Teilen der *Scienza della Legislazione,* die sich dem akkusatorischen Verfahren widmen, einen sehr viel analytischeren und detaillierteren Reformentwurf. Aus diesem Entwurf geht ein Verfahren hervor, in dem zwei Prinzipien deutlich werden, die im Denken Filangieris immer wiederkehren; das eine ist die entscheidende Rolle, die dem Gesetz und seiner exakten Anwendung zugeschrieben wird, das andere die unabweisliche Forderung, die Würde, die Freiheit und die Rechte des Bürgers zu verteidigen.

Die klare Entscheidung zugunsten des akkusatorischen Modells fügt sich in eine gedankliche Konstruktion ein, die in der bürgerlichen Leidenschaft des Autors konkrete und reale Umrisse annimmt. Nachdem vorweg die zentrale Bedeutung der prozessualen Problematik im Bereich des Strafrechts anerkannt ist (da sie entscheidend für die Lösung des Problems einer Versöhnung zwischen öffentlichen Interessen und Schutz des Einzelnen ist), zieht Filangieri Argumente sowohl utilitaristischer als auch humanitärer Art heran, um auf theoretischer Ebene das relativistische Modell Montesquieus zu widerlegen und auf konkreter Ebene ein finsteres Panorama der geltenden inquisitorischen Strukturen zu zeichnen. Auf diesen Grundlagen entwirft er ein detailliertes System, das auf der privaten Anklage aufbaut – die als ein Recht aufgefasst wird, das mit dem Bürgerrecht verbunden ist, allen zusteht, mit der Eigenschaft der Öffentlichkeit ausgestattet ist und von jeglicher Verbindung mit der Form der Regierung befreit ist – und (zwecks Ausschaltung des Hauptargumentes der Gegner der Freiheit der Anklage) bedingt ist durch die Existenz und peinlichste Beachtung einer strengen Gesetzgebung, mit der verleumderische Anklagen unterbunden werden sollen.

Der Prozess inquisitorischen Typs ist schließlich (nach einer radikalen Reform, die ihn von jedem verfolgungsorientierten Aspekt reinigt) auf die marginale Rolle eines außerordentlichen Rechtsinstituts reduziert, das hauptsächlich gekennzeichnet ist durch das Auftreten des „Anklage-Magistrats", einer im garantistischen Sinne revidierten und korrigierten Fassung des „öffentlichen Rächers".

Bei der Behandlung der Probleme des Strafverfahrens macht Filangieri sich somit zum Interpreten der reifsten Phase jener Strömung des europäischen aufgeklärten Reformismus, die in den Mittelpunkt ihrer Aufmerksamkeit die Errichtung von Rechtsstrukturen stellt, welche sich von der Tradition des Ancien Régime entfernen, und die im akkusatorischen Verfahren ein absolutes Modell für eine ideale Gesellschaft erblickt, die aus Bürgern besteht, denen gleiche Rechte und gleiche Pflichten zukommen und die deshalb (mittels der fundamentalen Bedeutung des Gesetzes) durch den Schutz dieser Rechte und durch die Wertschätzung dieser Pflichten angeleitet ist.

11.7 Garantismus und akkusatorisches Modell bei Francesco Mario Pagano

Obwohl ihr Verfasser demselben Kreis reformistisch eingestellter neapolitanischer Intellektueller angehört, vermitteln die *Considerazioni sul processo criminale* (Betrachtungen zum Strafprozess) von Francesco Mario Pagano[4], 1787 in Neapel erschienen, eine alles in allem ganz andere Position und weisen in ihren Folgerungen eine Konkretheit auf, die weit entfernt ist von den glänzenden, mitunter aber

---

[4]Francesco Mario Pagano (*Brienza 1748, †Neapel 1799), wird nach privaten Studien und nach Erlangung des juristischen Doktorgrades (1768) recht schnell einer der bekanntesten Strafverteidiger in der neapolitanischen Gerichtsbarkeit. Sein Denken entspringt einem Aufklärungsdenken mit solider naturrechtlicher Grundlage, das um das Bekenntnis zu den natürlichen Menschenrechten kreist und gekennzeichnet ist durch eine scharfe Kritik an den politischen, sozialen und juristischen Strukturen des Ancien Régime, die ihren Ausdruck in einer Reihe von *Saggi politici* (Politische Essays) (Neapel 1783–1792) findet, und, was das Strafrechtsproblem angeht, in den *Considerazioni sul processo criminale* (Betrachtungen über den Strafprozess) (Neapel 1787) sowie in den nachfolgenden *Principi del codice penale e Logica dei probabili* (Grundsätze des Strafgesetzbuches und Wahrscheinlichkeitslogik) (opus posthumum, Mailand 1803) gipfeln. Ab 1785 lehrt er Kriminalrecht an der Universität, wo er schon seit 1770 Lehrbeauftragter für Ethik gewesen ist. 1789 wird er zum Armenanwalt am Tribunal der Admiralität ernannt, an dem er 1794 Richter wird. 1794 wird er wegen Jakobinismus' verhaftet. 1798 befreit, wird er 1799, nach einem kurzen Aufenthalt in Rom, 1799 Wortführer in Angelegenheiten der Partenopeischen Republik, für die er einen wichtigen und originellen *Progetto di Costituzione* (Verfassungsentwurf) erstellt. Nach dem Fall der Republik stirbt er auf dem Schafott der bourbonischen Reaktion.

11.7 Garantismus und akkusatorisches Modell bei Francesco Mario Pagano

utopischen Visionen Filangieris. Wenn nämlich Pagano, so wie sein Freund Filangieri, „mit der Fackel der Philosophie" präzise die „tiefen Wunden" beleuchtet und hervorhebt, „welche das gesamte Kriminalsystem Europas krank und faul machen", so zeigt er doch in dem Augenblick, in dem er sich der Erörterung des Problems der Reform zuwendet, dass er in den langen Jahren der Ausübung des Advokatenberufs einen profunden Sinn für die Realität gewonnen hat, der sich auch dort zeigt, wo es darum geht, die Frage der Wahl und der Beziehungen zwischen Anklage und Inquisition von der theoretischen Ebene auf die praktische Ebene zu übertragen. Pagano lässt sich somit nicht nur von juristischen, politischen und philosophischen Kenntnissen leiten, sondern auch von der persönlichen Erfahrung, wie er selbst in der Vorrede zu den *Considerazioni* bestätigt:

> Meine Betrachtungen sind nicht nur das Produkt fruchtlosen Meditierens, sondern vor allem solche der Erfahrung. *Pars maxima fui.*

Zwei weitere Fixpunkte in den Auffassungen Paganos bilden der tief verwurzelte Respekt vor der historischen Erfahrung, „der Kritikerin vergangener Zeiten und zugleich Richtschnur für die Zukunft", sowie (zumindest in den *Considerazioni*) das Vertrauen in den informierten Herrscher. Zum ersten Punkt bemerkt Pagano, dass

> das, was einmal gewesen ist, auch erneut wieder sein kann, wenn die Lage und die Umstände der Gegenwart sich nur wenig oder gar nicht von denen der Vergangenheit unterscheiden.

Zum zweiten Punkt bemerkt er, dass,

> wenn die Philosophie durch den Mund der aufgeklärten Minister es wagt, sich dem Throne zu nähern, und wenn sie von den liebenswertesten Herrschern wohlwollend aufgenommen wird, es keine Angst davor gibt, die unbefangenen Wahrheiten bescheiden vorzutragen.

Pagano, der im Strafrechtssystem den wichtigsten Indikator für den Grad der Zivilisation erblickt, den ein Volk erreicht hat[5], stellt einen engen Zusammenhang zwischen Kriminalgesetzgebung, Sicherheit des Einzelnen und bürgerlicher Freiheit her. Bürgerliche Freiheit bestehe in der Fähigkeit, die Rechte der Bürgerschaft „ohne Hindernisse" zu genießen; zugrunde gehe sie „nur dann, wenn man den Bürger ungestraft verletzen kann, wenn die sichere und feste Strafe den Verletzer nicht abhält oder ereilt", und somit sei sie die direkte Folge der Ruhe und der

---

[5]In der Einführung zu den *Considerazioni* findet sich hierzu folgender Passus (S. 10–11): „Sollte dich jemals das Schicksal an die Gestade eines unbekannten Volkes verschlagen und du willst wissen, ob der helle Tag der Kultur dort bereits sein wohltätiges Licht verbreitet oder ob die Schatten der Unwissenheit und der Barbarei es mit Schrecken erfüllen, [...] schlag sein Strafgesetzbuch auf, und wenn du dort seine bürgerliche Freiheit durch die Gesetze garantiert findest, die Sicherheit und Ruhe des Bürgers vor der Übermacht und vor der Kränkung geschützt, so ziehe frank und frei den Schluss, dass es kultiviert und von feiner Bildung ist [...]. Wo aber der Mensch weder sicher noch ruhig ist, dort wird er niemals fleißig, reich und weise sein können. Die bürgerliche Kultur und Größe ist eine erhabene und große Pflanze, deren Wurzel die bürgerliche Freiheit ist".

Sicherheit, die ihrerseits nur durch angemessene Kriminalgesetze garantiert würden. Aufgrund dieser Betrachtung vertritt Pagano die Auffassung, dass die bürgerliche Freiheit allgemein von der Strafgesetzgebung und speziell von den „öffentlichen Verfahren" abhänge, die „den wichtigsten und interessantesten Gegenstand" der Strafgesetzgebung bildeten:

> Indem der Kriminalprozess die Form der öffentlichen Verfahren bestimmt, ist er der Wächter der Freiheit, das Bollwerk gegen die Übermacht, der sichere Anzeiger des Glücks einer Nation.

Die Lösung des Strafrechtsproblems – das im Wesentlichen ein Problem des Verfahrens sei – reduziert sich daher auch für Pagano auf die Versöhnung von zwei Prinzipien, die sich auf den ersten Blick widersprechen: die „rasche und exakte Bestrafung der Täter" und die „bürgerliche Freiheit". Eine Nation könne sich nur dann als modern und bürgerlich bezeichnen, wenn sie

> das richtige Mittel [gefunden hat], das in sich zwei widersprüchliche und entgegengesetzte Dinge vereinigt: die öffentliche Sicherheit und die exakte Züchtigung der Täter, sodass beide sich nicht wechselseitig widersprechen, sondern gemeinsam für dieselbe Zielsetzung zusammenwirken.

Filangieri beantwortet – wie wir gesehen haben – die Frage mit dem Hinweis auf das akkusatorische Verfahren als das einzige Modell, das absolut und generell in der Lage ist, die Erreichung der beiden Ziele sicherzustellen. Im Prinzip erkennt auch Pagano, dass der akkusatorische Prozess imstande sei, sowohl die Straflosigkeit des Schuldigen als auch die Verurteilung des Unschuldigen zu vermeiden. Mittels Prüfung der verschiedenen Formen, die der Strafprozess im Laufe der Zeiten angenommen hat, erblickt er im klassisch-römischen System sowie – in neuerer Zeit – im englischen System jene historischen Beispiele, die dem idealen System am nächsten kommen, das durch die strenge Trennung von Richter, Ankläger und Angeklagtem, durch Freiheit der Anklage, durch Gleichheit der Prozessparteien sowie durch Öffentlichkeit und Mündlichkeit des Verfahrens gekennzeichnet ist – Eigenschaften, welche alle seine Phasen bestimmen und Verzögerungen und Unterbrechungen unnötig machen[6].

Die geltenden prozessualen Regeln widersprächen diesem Modell vollständig: Entstanden während des Niedergangs von Rom und Ergebnis gewalttätiger, barbarischer Epochen, zeige der im 18. Jahrhundert geltende Prozess sich beherrscht von der Willkür des anklagenden Richters, stütze sich auf heimliche Denunziationen und sei gekennzeichnet durch die strenge Anwendung der Prinzipien der Heimlichkeit und Schriftlichkeit und schließlich durch die traurige Lage des Beschuldigten.

---

[6]Wie Filangieri ist auch Pagano nicht unempfänglich für die Ausstrahlung der englischen Strafrechtsstrukturen, deren Kenntnis sich auch in den Kreisen der italienischen Aufklärer durch die französischen Übersetzungen der *Commentaries on the Laws of England* von William Blackstone (1765–1769) und durch weitere populär geschriebene Werke wie *La Constitution de l'Angleterre* von Jean-Louis de Lolme (1771) verbreitet hat.

11.8 Die Ineffizienz der Anklage in der monarchischen Regierungsform

Pagano zeigt somit eine deutliche Neigung für einen auf der freien Anklage aufgebauten Prozess, der die bürgerliche Freiheit schütze und zugleich jeden nutzlosen Zeitverlust vermeide. Indes will er in erster Linie einen Prozess, der konkrete Erfolgsaussichten besitzt. Angeleitet von der Erfahrung und vom Pragmatismus formuliert Pagano ernsthafte Zweifel an der Möglichkeit, vor allem in der Situation Neapels ein akkusatorisches System aus dem Nichts zu schaffen. Diese Überzeugung bringt ihn zu einer ausdrücklichen Zustimmung zu den relativistischen Theorien Montesquieus:

> Der echte akkusatorische Prozess kann in der Monarchie nicht stattfinden; hier bedarf es der Inquisition.

In der Republik nämlich spreche nichts gegen das akkusatorische Modell, da der angeklagte Bürger, der sich dem Verfahren durch die Flucht entziehe, von selber „die größte Strafe erleidet, die ein Republikaner überhaupt erleiden kann, nämlich die Verbannung aus dem Vaterland, in dem er selbst ein Element der Herrschaft ist".

In der Monarchie hingegen, wo die Herrschaft nicht allen zustehe, sondern allein dem Herrscher, sei das Bürgerrecht „mit dem bloßen Eigentumsrecht an den dort besessenen Gütern" identisch, und weil der Bürger diese Güter mit Leichtigkeit anderswo hin verbringen könne, könne er auch sein Vaterland mit derselben Leichtigkeit dorthin verbringen, „wo es ihm besser gefällt". Deshalb sei es nur mit einer Strafverfolgung, die inquisitorischen Charakter besitze, möglich, den Täter wirksam zu verfolgen: in der Monarchie „macht es Sinn, sich zunächst einmal des verdächtigen Beschuldigten zu versichern. Und hierzu bedarf es vorab der heimlichen Inquisition".

11.9 Die Vorschläge Paganos

Dass in der gerade herrschenden politischen Form die inquisitorische Verfahrensstruktur die einzige realisierbare sei, bedeute nun aber nicht, dass sie nicht – zumindest teilweise – bei den vielen bedauernswerten Mängeln, die sie kennzeichneten, verbessert werden könnte. Die „schweren Regelwidrigkeiten" des geltenden Systems („deren Zeugen wir alle Tage bei der mühsamen Ausübung der Strafverteidigung sind") könnten folgendermaßen zusammengefasst werden:

a) Die Führung des Verfahrens sei in weitem Umfang von den Richtern an Notare oder an unvorbereitete, nicht engagierte und häufig korrupte Schreiber delegiert worden.
b) Das Verfahren schaffe – entweder weil es zu reich an nutzlosen Formalitäten sei oder weil es in den Händen eines ineffizienten Personals liege – jene

Straflosigkeit, die noch schädlicher sei als für die bürgerliche Freiheit die Unterdrückung der Unschuld.

c) Anklage und Verteidigung bewegten sich nicht auf derselben Ebene; das ganze Verfahren erscheine zugunsten der ersteren unausgewogen.

d) Die verleumderische Anklage und der Amtsmissbrauch würden faktisch nicht verfolgt.

e) Die Funktionen des Richters und des Anklägers seien in derselben Person konzentriert; dies führe entweder zu wirkungsloser Untersuchung, die Straflosigkeit bewirke, oder zu einem parteiischen Verfahren, das die Verfolgung der Unschuld bewirke.

Die Reformvorschläge, die zur Beseitigung der wichtigsten Missstände und zur Einleitung des Verfahrens in weniger harten und in garantistischeren Formen unterbreitet worden sind, führen Pagano dazu, im Wege einer Politik der kleinen Schritte die Schaffung eines gemischten Verfahrenssystems vorzuschlagen, das Prinzipien und Institute enthält, die sowohl aus dem inquisitorischen als auch aus dem akkusatorischen Modell abgeleitet sind. Dieses gemischte System könnte einerseits den Weg zu einer schrittweisen, aber immer weiter gehenden Reform des geltenden Verfahrens (das zweifellos der von der Gesellschaft erreichten Kulturstufe nicht mehr entspreche) im akkusatorischen Sinne öffnen, andererseits würde es die Vorentscheidungen, welche der absoluten und reformistischen Monarchie zugrunde lägen, unberührt lassen.

Indem sie eine tiefe Bewunderung für das Institut der Jury angelsächsischer Prägung durchblicken lassen (das freilich nach Ansicht von Pagano nicht an die bestehenden Gesellschafts- und Regierungsstrukturen des Königreichs Neapel angepasst werden kann), betonen die *Considerazioni,* dass die entscheidende Bedeutung für die Errichtung eines Verfahrensmodells, das gleichzeitig effizient und garantistisch ist, weniger der freien Anklage als den – als komplementär angesehenen – Prinzipien des Kollegialrichters und der (ebenfalls aus dem englischen Modell übernommenen) freien Richterablehnung zukomme.

Die Kollegialität des Richters, die stets nützlich, in den besonders schweren Fällen aber unerlässlich sei, begrenze die Willkür, welche umgekehrt proportional zur Zahl der Richter sei, sorge dafür, dass alle Aspekte der Sachen berücksichtigt würden, und schaffe damit Raum für ein korrektes Verfahren.

Was das Recht auf Ablehnung einer bestimmten Zahl von Mitgliedern des Spruchkörpers angeht, wird mit Nachdruck betont, dass

> die freie Befugnis zu Ablehnungen das heilige Asyl gegen Unterdrückungen und der stärkste Schutz der bürgerlichen Freiheit [sei].

Durch Erfahrung belehrt, bemerkt Pagano, dass unabhängig von jedem Reformplan im Strafprozess am meisten zähle, dass man von Personen abgeurteilt werde, denen man vertraue; und er schließt mit der Feststellung, dass also

> das Kollegium und die freie Befugnis, jeden Richter abzulehnen, die Stütze der bürgerlichen Freiheit sind.

11.9 Die Vorschläge Paganos

Auf dieser Grundlage zeichnen die *Considerazioni* schließlich zwei Reformprogramme. Das eine („Reform des Kriminalprozesses") ist umfassender, einschneidender und anspruchsvoller, das andere („Verbesserung des gegenwärtigen Prozesses") begrenzter und als ein erster Schritt auf dem Weg zu einem echten und eigentlichen Wechsel gedacht.

Die „Reform des Kriminalprozesses" sieht in erster Linie eine rationale Überprüfung der Justizstrukturen vor – mit klarer Trennung zwischen jenen Justizpersonen, welche das Entscheidungskollegium bilden sollen, und jenen, die mit der Anklage befasst sind, die allerdings auch von privaten Bürgern betrieben werden kann. Der Beschuldigte hat bei Vorliegen bestimmter Voraussetzungen und Garantien das Recht, vorläufig auf freiem Fuß zu bleiben. Die Vorbereitungsphase ist weiterhin überwiegend inquisitorischer Natur, doch die mündliche Verhandlung ist – vor allem bei der Vernehmung der Zeugen – offen für die Grundsätze der Öffentlichkeit, der Mündlichkeit und des streitigen Verfahrens. Das Verfahren muss mit der größten Beschleunigung betrieben werden – auch mittels eng angesetzter Termine. Nichtigkeitsgründe sind nicht vorgesehen, weil der Schutz der Rechte des Beschuldigten hauptsächlich dem Institut der Richterablehnung anvertraut ist (welche auch dem Ankläger zusteht). Hingegen sind Appellationsverfahren und eventuell auch ein Verfahren dritter Instanz nach dem System der *duo conformes* vorgesehen.

Die „Verbesserung des gegenwärtigen Prozesses" konzentriert sich auf folgende Punkte: Beseitigung der *poenae arbitrariae;* Anhörung der Parteien vor der Beweisaufnahme; weniger restriktive Regelung der persönlichen Freiheit; Anwesenheit des Beschuldigten oder seines Verteidigers bei einigen Prozesshandlungen im vorbereitenden Verfahren; Vorweg-Übersendung der Akten an den Beschuldigten; Beseitigung der summarischen Verfahren; Einführung eines Systems von Rechtsmitteln auf der Grundlage der *duo conformes;* Beseitigung der Nichtigkeitsgründe als Ursachen von Unterbrechungen und Verzögerungen; Einführung eines begrenzten Rechts auf Ablehnung; Feststellung der Professionalität und der Vertrauenswürdigkeit des untergeordneten Justizpersonals.

Die von Pagano vorgeschlagenen Reformen haben als gedanklichen Fluchtpunkt die Verwirklichung eines ausschließlich akkusatorischen Verfahrensmodells, sind also darauf gerichtet, die bestehende Lage zu verändern, ohne aber den Weg zu weiter gehenden Veränderungen zu versperren. Die erarbeiteten Lösungen, mitunter gewagt und revolutionär, häufiger aber moderat und besonnen, sind jeweils rückgebunden an subjektive Erfahrungen, utilitaristische und humanitäre Prinzipien und an Hinweise, die aus den historischen und rechtsvergleichenden Studien zum Strafprozess abgeleitet sind. Zum besseren Verständnis der umfassenden Bedeutung und zur vollen Erfassung der Ziele des Werkes und der Absichten des Autors empfiehlt es sich, an zwei Bemerkungen zu erinnern, die Pagano in die abschließenden Passagen seines Werkes aufnimmt. Er merkt in erster Linie an, dass

> ein schneller und strömender Bach etwas von seinem Lauf abgelenkt werden kann, nicht aber in die Gegenrichtung gebracht werden kann. Wer in der Reformpolitik nicht diesen heilsamen Grundsatz vor Augen hat, kann wunderschöne und bewundernswerte Dinge vorschlagen, nicht aber nützliche und realisierbare.

Und sodann ergänzt er noch als Kommentar zu seinen Reformvorschlägen:

> Wenn man mich fragt, ob denn dies die beste Reform sei, wiederhole ich die Worte dieser Abhandlung: jene Gesetze sind die besten, zu denen die gegenwärtigen Verhältnisse in der Lage sind.

11.10 Abschließende Betrachtungen

Mit den *Considerazioni sul processo criminale* schließt in Italien, zumindest was unser Thema angeht, die lebhafteste und intensivste Phase der aufklärerischen Debatte über den Strafprozess. Zwei Jahre später sollte der Beginn der revolutionären Ereignisse in Frankreich einen radikalen Wandel des ideologischen und wissenschaftlichen Kontextes und den Anfang einer neuen Epoche in der Geschichte des strafrechtlichen Denkens und der strafrechtlichen Systeme bezeichnen. Die Darstellung der Gedanken Francesco Mario Paganos ermöglicht uns somit, abschließend einige kurze Überlegungen allgemeiner Art zu den Meinungen und Präferenzen der auf den vorigen Seiten betrachteten Autoren anzustellen.

Vorweg kann bemerkt werden, dass diese Autoren einerseits ohne jedes Schwanken die Unterscheidung der Lehre zwischen akkusatorischem Verfahren und inquisitorischem Verfahren übernehmen, andererseits als dauernden Bezugspunkt die von Montesquieu in *De l'Esprit des lois* entwickelte Position beibehalten.

Was den ersten Punkt angeht, bildet die Unterscheidung zwischen akkusatorischem und inquisitorischem Modell das formale Schema, innerhalb dessen alle Juristen ihre Überzeugungen zum Strafverfahren einordnen, um diesen Entscheidungen eine rationale und akzeptierte Systematisierung zu verleihen. Das Verhältnis Anklage/Inquisition bildet somit das sichere Terrain, auf dem man sich in einer Zeit bewegen kann, in welcher der moderne Strafprozess sich zwischen Widersprüchen und Ungewissheiten zu entwickeln beginnt.

Zum zweiten Punkt: Das Denken Montesquieus bildet einen Wendepunkt, dessen sich die hier betrachteten Autoren sehr wohl bewusst sind. Dies bedeutet nicht unbedingt, dass *De l'Esprit des lois* stets und überall unkritisch übernommen wird. Einige, unter ihnen Filangieri, bestreiten nämlich ausdrücklich und mit Gründen die Lehren Montesquieus, können aber zugleich nicht unterlassen, sie als zentrales und nicht zu ignorierendes Element der strafprozessualen Debatte anzusehen.

Dies vorausgeschickt muss bemerkt werden, dass die Antworten, die das italienische Strafrechtsdenken des ausgehenden 18. Jahrhunderts auf die Fragen der Reform des Strafverfahrens gibt, keineswegs ein einheitliches Bild ergeben. Die Autoren der Aufklärungsepoche weisen zwar einige Berührungspunkte in ihrer wissenschaftlichen Ausbildung und in ihren rechtsphilosophischen und rechtspolitischen Leseerfahrungen auf und erkennen im Großen und Ganzen dem römischen Recht aus historischer und aus theoretischer Sicht eine herausragende Stellung zu. Dennoch sind die Lösungen, welche für die hier interessierende Problematik angeboten werden, recht unterschiedlich, und selbst dort, wo sie in der Bezeichnung

11.10 Abschließende Betrachtungen

einer spezifischen Verfahrensform übereinzustimmen scheinen, weichen sie doch voneinander ab, wenn es darum geht, die Gründe zu benennen, welche zu dieser Position geführt haben.

So gelangen die Juristen (und zwar nicht zufällig die akademischen Juristen, wie hier anzumerken ist), welche die Überlegenheit des inquisitorischen Modells verteidigen – Cremani und Renazzi – zu dieser Folgerung auf ganz verschiedenen Wegen. Der erstere rechtfertigt es auf der Grundlage einer engen Interpretation des Denkens Montesquieus und ausschließlich mit Bezug auf die Form der Regierung. Der letztere hingegen vertritt die größere Effizienz und Konkretheit eines Systems, das freilich wegen seiner historischen Entwicklung aus garantistischer und humanitärer Sicht recht mangelhaft erscheint und deshalb gesetzgeberischer Eingriffe bedarf, mit denen die schlimmen Wirkungen richterlicher Gewohnheit, die sich unkontrolliert entwickelt hat, beseitigt werden sollen.

Die Juristen wiederum, welche die mit der freien Anklage verbundene Methode favorisieren, leiten diese Option sowohl aus einer strengen Beurteilung der ungerechten persekutorischen und inhumanen Aspekte, die sie als dem geltenden inquisitorischen Verfahren wesenseigen ansehen, ab (De Simoni), als auch aus einer breiteren Sicht, in der dieselben garantistischen und humanitären Motive die Folgerungen aus einer innovativen Auffassung von den sozialen Beziehungen und von der Rolle des Rechts sind (Filangieri).

Schließlich gibt es noch differenzierende Stellungnahmen wie diejenige von Pagano, die einer deutlichen Neigung für das akkusatorische System einen Vorschlag für überwiegend moderate und durch lange Laufzeit dosierte Reformen an die Seite stellt – in der Überzeugung, dass ein radikaler Eingriff in der Situation, in der die Reform geschaffen werden soll, nicht durchsetzbar sei. Tatsächlich besitzen die Schlüsse, zu denen die Überlegungen Paganos gelangen, fast prophetische Aspekte, denn sie nehmen mit erstaunlicher Luzidität die Entscheidungen der revolutionären und napoleonischen Epoche vorweg, von denen die „gemischten" Verfahrensformen ausgehen, die dann für zwei Jahrhunderte das Bild der strafprozessualen Regelungen des Kodifikationszeitalters dominieren werden.

Die erwähnte Kluft erklärt sich, wenn man die unterschiedlichen persönlichen Empfindsamkeiten und die unterschiedlichen ideologischen Positionen zu einer Reihe von Problemen berücksichtigt, die in ihrem Kern einerseits die Humanisierung und Rationalisierung der Verfahren betreffen, andererseits die Wahl der Instrumente, die zur Verwirklichung des Schutzes dieser Rechte geeignet sind. Während allerdings allmählich sich der Gedanke durchsetzt, dass die Lösung der strafprozessualen Probleme sich mit der Ermittlung des Gleichgewichtspunktes zwischen Verteidigung des Einzelnen und Schutz der kollektiven Interessen verbinden muss, finden die erwähnten Differenzen einen sicheren Berührungspunkt in dem verbreiteten Bewusstsein, dass das geltende System ein Ende finden muss. Bei dem Versuch, Formen zu benennen, welche zugleich sicher und funktional, wirksam und rechtsschützend sind, findet dieses Moment der Synthese seinen Ausdruck in den Reformvorschlägen, welche von der bloßen Modifizierung des inquisitorischen Verfahrens im garantistischen Sinne über den schrittweisen und sanften Übergang zum Akkusationsprozess mittels gemischter Formen bis hin zu voller und absoluter Durchsetzung dieses Modells reichen[7].

Im Ergebnis macht eine Lektüre der strafrechtlichen Werke der zweiten Hälfte des 18. Jahrhunderts die Überzeugung sichtbar, dass es nicht möglich sei, noch länger einer gesetzlichen Transformation auszuweichen, die den vorzüglichsten Denkern noch dringender erscheint als diejenige des materiellen Strafrechts. Zeugen dieser allgemeinen Ansicht sind die Lebhaftigkeit und der Reichtum einer Debatte, welche tatsächlich eine Zeit des Übergangs zu konkreten gesetzlichen Umsetzungen zwischen Reform, Revolution und Kodifikation bezeichnet.

---

[7]In diesem Kontext ist Luigi Cremani der einzige, der sich nicht direkt in den reformistischen Diskurs einbringt. Er beschränkt sich auf eine rationale Systematisierung der Materie mit einer scheinbar rigiden Stellungnahme, die jedoch nicht nur mit der persönlichen Stellung und den politischen Ansichten des Autors gerechtfertigt wird, sondern auch mit der besonderen Natur (einer universitären Einführungsvorlesung) der paveser *Orazio* von 1775. Hierzu muss daran erinnert werden, dass in einem völlig anderen politischen und ideologischen Klima eine viel deutlichere Stellungnahme Cremanis zugunsten des inquisitorischen Modells im ersten Band von *De Iure Criminali Libri Tres* (Pavia 1791) vertreten werden wird.

Ergänzende Hinweise auf deutschsprachiges Schrifttum

IGNOR, Alexander, Geschichte des Strafprozesses in Deutschland 1532–1846. Von der Carolina Karls V. bis zu den Reformen des Vormärz. Paderborn 2002.
KANTOROWICZ, Hermann Ulrich: Albertus Gandinus und das Strafrecht der Scholastik.
Bd. 1: Die Praxis. Ausgewählte Prozeßakten des 13. Jahrhunderts nebst diplomatischer Einleitung. Berlin 1907.
Bd. 2: Die Theorie. Kritische Ausgabe des Tractatus de maleficiis, nebst textkritischer Einleitung. Berlin und Leipzig 1926.
KOCH, Arnd: Denunciatio. Zur Geschichte eines strafprozessualen Rechtsinstituts. Frankfurt a. M. 2004.
KOHLER, Josef, und Willy SCHEEL (Hrsg.): Die Carolina und ihre Vorgängerinnen. Text Erläuterung, Geschichte. 4 Bände. Halle a. d. Saale 1900, 1902, 1904, 1915. Neudruck Aalen 1968.
LANDAU, Peter, und Friedrich-Christian SCHROEDER: Strafrecht, Strafprozess und Rezeption. Grundlagen, Entwicklung und Wirkung der Constitutio Criminalis Carolina. Frankfurt am Main 1984.
MÖLLER, Ernst von: Julius Clarus aus Alessandria. Der Kriminalist des 16. Jahrhunderts, der Rat Philipps II. (1525–1575). Brelau 1911. Neudruck Frankfurt/M. 1977.
RÜPING, Hinrich, und Günter Jerouschek: Grundriss der Strafrechtsgeschichte. 6. Auflage. München 2011, S. 13–79.
SCHAFFSTEIN, Friedrich: Verdachtsstrafe, außerordentliche Strafe und Sicherungsmittel im Inquisitionsprozeß des 17. und 18. Jahrhunderts, in: Zeitschrift für die gesamte Strafrechtswissenschaft 101 (1989), S. 493–515.
SCHLOSSER, Hans (Hrsg. und Einleitung): Die „Leopoldina". Toskanisches Strafgesetzbuch vom 30. November 1786. Originaltext, deutsche Übersetzung und Kommentierung. Berlin, New York 2010.
SCHMIDT, Eberhard: Einführung in die Geschichte der deutschen Strafrechtspflege. 3. Auflage. Göttingen 1965, insb. S. 76–107, 122–134, 194–219.

SCHMOECKEL, Mathias: Humanität und Staatsraison. Die Abschaffung der Folter in Europa und die Entwicklung des gemeinen Strafprozess- und Beweisrechts seit dem hohen Mittelalter. Köln, Weimar, Wien 2000.

SCHROEDER, Friedrich-Christian (Hrsg. und erl.): Die Peinliche Gerichtsordnung Kaiser Karls V. und des Heiligen Römischen Reichs von 1532 (Carolina). Textausgabe. Stuttgart 2000.

SCHROEDER, Friedrich-Christian (Hrsg.): Die Carolina. Die Peinliche Gerichtsordnung Kaiser Karls V. von 1532. Darmstadt 1986.

SELLERT, Wolfgang: Die Bedeutung des Inquisitionsprinzips aus rechtshistorischer Sicht, in: Recht und Staat im sozialen Wandel, Festschrift für Hans Ulrich Scupin, Berlin 1983, S. 161–182.

The manufacturer's authorised representative in the EU is Springer Nature Customer Service Centre GmbH, Europaplatz 3, 69115 Heidelberg, Germany. If you have any concerns regarding our products, please contact ProductSafety@springernature.com

Printed and bound by CPI Group (UK) Ltd, Croydon, CR0 4YY
25/03/2026
02078195-0014